集人文社科之思 刊专业学术之声

集 刊 名: 知识产权研究
主办单位: 中国社会科学院知识产权中心
主　　编: 周　林

STUDIES ON INTELLECTUAL PROPERTY RIGHTS

编委会

主　　编: 周　林
执行编辑: 张　鹏
编　　委: 管育鹰　肖　华　杨延超　李菊丹

学术顾问（按姓氏笔画顺序）

王　迁（华东政法大学教授）

卢明辉（南京大学教授）

刘晓海（同济大学教授）

李雨峰（西南政法大学教授）

吴伟光（清华大学法学院副教授）

托马斯·霍伦（Thomas Hoeren）（德国明斯特大学教授）

余家明（Peter K. Yu）（美国德克萨斯 A&M 大学教授）

彼得·德霍斯（Peter Drahos）（欧洲大学意大利佛罗伦萨学院教授）

第二十六卷

集刊序列号: PIJ-2018-324
中国集刊网: www.jikan.com.cn
集刊投约稿平台: www.iedol.cn

中国社会科学院知识产权中心

INTELLECTUAL PROPERTY CENTER CHINESE ACADEMY OF SOCIAL SCIENCES

创办于1996年

知识产权研究

第二十六卷

STUDIES ON
INTELLECTUAL PROPERTY RIGHTS

NO. 26

周林 / 主编

ZHOU LIN

社会科学文献出版社

SOCIAL SCIENCES ACADEMIC PRESS (CHINA)

编者的话

主题研讨

信息法研究

研究生论坛

编者的话

《知识产权研究》第二十六卷

第 3~8 页

© SSAP，2020

"科技成果转化"重在落实

张　鹏[*]

　　本卷以"专利与科技成果转化"为主题发表五篇论文。之所以选取这一主题就是因为在当下中美贸易争端不断升级与我国经济转型升级和产业结构调整的关键时期，促进科技成果转化对于推进结构性改革，促进大众创业、万众创新，打造经济发展新引擎具有突出意义。而专利是科技成果主要的法律保护形式，科研人员通过科学研究与技术开发所产生的具有实用价值的成果往往通过申请专利并获得专利权的形式在市场中获取收益。因此，如何通过专利法治的更新使科技成果成为实实在在的生产力也是今后一段时间内专利法研究的重点课题。

　　为了把握专利法治在促进科技成果转化上的实际效果，第一步就是需要发现专利法实施过程中存在哪些制约科技成果转化的因素，对此问题，杨军、杨煜的《技术成果转化纠纷的实证分析及对策建议》一文以现有司法实践的实证研究［以 2016 年 1 月 1 日至 2018 年 12 月 31 日审理完成的科研机构涉技术类案件为研究对象（共计 365 件）］为基础，分析数据特点，梳理、分析其中的法律问题，并对科技成果转化工作提出法律上的建议。其在研究中指出科技成果转化纠纷主要集中在权属问题、技术开发/转让/实施问题以及商业秘密保护问题。

　　黄敏的《科技成果转化法律实务指引研究》一文，将科技成果转化所

---

　　* 中国社会科学院法学研究所助理研究员，中国社会科学院知识产权中心研究员。

涉及的知识产权问题划分为科技研究与开发、科技成果的转化、科技成果的价值评估、科技成果转化的技术权益、知识产权侵权救济、合同纠纷与救济、科技成果转化实务操作指引七部分内容，并分别给予详尽的法律指引，以便科技工作者在从事科技成果转化实务操作中可以按图索骥。

从上述两篇文章所涉及的实践问题来看，专利与科技成果转化中主要的争议焦点之一就是科技成果的开发者中何者可以成为专利权利的主体问题，其中特别是利用国有资金进行研发而获得的科技成果如何确定专利权利归属与奖酬分配的问题直接决定了高等学校、科研机构和科技人员转化科技成果的积极性，因此具有特别突出的意义。全国人大常委会执法检查组关于检查《中华人民共和国促进科技成果转化法》实施情况的报告[①]就指出："尽管法律下放了科技成果的国有资产管理权限，事业单位国有资产处置、收益管理办法也进行了相应调整，但科技成果若以入股形式实施转化，各有关方面对国有无形资产的后续评估、考核管理看法尚难统一，单位负责人对法律相关规定的落实存在顾虑，'持股难'、'变现难'的问题有待进一步解决。"对此问题，2019年1月全国人大公开征求意见的《专利法（修正案草案）》[②]第六条有关职务发明归属的条款的第一款后半段增加了一句话，即"单位对职务发明创造申请专利的权利和专利权可以依法处置，实行产权激励，采取股权、期权、分红等方式，使发明人或者设计人合理分享创新收益，促进相关发明创造的实施和运用"。这条的修改背景是：在目前利用国有资金研发获得的科技成果市场转化率不高的大环境下，通过奖励发明人专利权相关的权益，激励发明人参与科技成果转化的过程，将更多的科技成果转化成市场上的产品。依据现行《专利法》第六条的规定：执行本单位的任务或者主要是利用本单位的物质技术条件所完成的发明创造为职务发明创造。在现实中，利用国有资金完成的发明创造几乎属于这

---

① http://www.npc.gov.cn/wxzl/gongbao/2017-02/21/content_2007647.htm，最后访问日期：2019年6月1日。

② http://www.npc.gov.cn/npc/flcazqyj/2019-01/04/content_2071709.htm，最后访问日期：2019年6月1日。

两种类型。《专利法》第六条规定了这两种情况下专利权的原始归属是单位，在理论上没有限制单位获得专利权后通过奖励的方式将专利权转移给发明人。但是单位在转移的过程中发现，有很多的国有资产管理的法规和政策限制单位将专利权转移给发明人。

为了最大限度地调动发明人的转化积极性，在实践中某些省份突破《专利法》第六条的规定，将利用国有资金完成的专利权在原始分配的时候直接地奖励给发明人，以实现单位和发明人共有专利的结果，或者虽然没有将专利权在原始分配的时候直接奖励给发明人，但是在成立公司的时候将基于专利权形成的股权奖励给发明人。如在 2019 年 1 月发布的《国务院办公厅关于推广第二批支持创新相关改革举措的通知》① 就指出：支持创新相关改革举措推广清单中提出"以事前产权激励为核心的职务科技成果权属改革"，具体而言"赋予科研人员一定比例的职务科技成果所有权，将事后科技成果转化收益奖励，前置为事前国有知识产权所有权奖励，以产权形式激发职务发明人从事科技成果转化的重要动力"，这一举措要推广至八个改革试验区域。而在事后的奖励方面，在 2019 年 3 月 29 日《财政部关于修改〈事业单位国有资产管理暂行办法〉的决定》② 就规定了：国家设立的研究开发机构、高等院校对其持有的科技成果，可以自主决定转让、许可或者作价投资，无须报主管部门、财政部门审批或备案，并通过协议定价、在技术交易市场挂牌交易、拍卖等方式确定价格；将其持有的科技成果转让、许可或者作价投资给国有全资企业的，可以不进行资产评估；转让、许可或者作价投资给非国有全资企业的，由单位自主决定是否进行资产评估。

从上述相关政策的变化来看，《专利法》第六条第一款后半段增加的新条文，就是上述需要在法条上的反馈。对此，有两种解读可能：第一种，在原始归属的阶段，单位可以直接奖励发明人，和发明人共有专利权；第

---

① 国办发〔2018〕126 号。
② 财政部令第 100 号。

二种，成立公司后，专利权作价入股，基于专利形成的股权、期权、分红等可以奖励给发明人。这样在归属与奖酬方面的制度设计可以最大化地激励发明人转化利用国有资金研发出来的科技成果，有效应对传统高等学校、科研机构和科技人员转化科技成果的积极性不高的现实。

在实践中，除了利用国有资金进行研发而获得科技成果的高等院校与科研机构等对于科技成果转化的制度更新存在广泛需求，对于科创型中小企业来说，其知识产权创造、管理、运用和保护能力也直接关系着国家的整体创新实力。对此，唐丹蕾的《科技型初创企业知识产权战略与对策——南大科学园部分企业调研报告》一文通过对南大科学园部分科技型企业的面对面实地调研指出：初创企业在知识产权战略和布局方面，以及逐步发展壮大后走出去开拓海外市场的知识产权保护方面，存在诸多亟待解决的问题。如果未能及时妥善解决，这些问题将会成为阻碍企业持续发展的极大因素。而重云的《"专利转化"需要高质量服务——乐知新创（北京）咨询服务有限公司总裁高非先生采访记》则通过对乐知新创（北京）咨询服务有限公司总裁高非先生的采访，得出"专利转化"需要高质量的服务这个结论。

在加强科技成果转化的资金保障方面，拓展科创型企业多层次资本市场支持创新的功能，拓宽科技成果转化的投融资渠道不失为一条有力的途径。对此问题，朱琦的《从科创板规则看企业知识产权制度设计——核心技术人员篇》一文通过梳理科创板规则中对核心技术人员的相关规定，分析科创型企业应当如何针对核心技术人员进行知识产权制度设计，并从实务角度出发，对企业核心技术人员的制度设计主要涵盖知识产权权属纠纷问题、竞业限制问题和商业秘密保护问题，做出尽可能全面的法律建议。

本卷除了五篇以"专利与科技成果转化"为主题的论文外，在特色栏目"信息法研究"中也推介了两篇论文。早在20世纪80年代末郑成思先生就在国际上率先提出了"信息产权"的概念，并就"信息与知识产权的关系问题"作出了一系列精辟的论断。伴随着信息社会的迅猛发展，对于哪些信息可以作为权利客体予以专有、应由何者专有、以何种方式特定等问题出现了新的复杂构造，需要进一步从平衡信息的开发主体、传播主体以及利用主体的利益关系角度，建立起一套适应信息社会基本的利益关系格局的制度体系。对此问题，周林的《守住作者底线，回归立法初衷——对版权合同立法和司法中削弱作者地位的反思》一文指出现行著作权法及其相关司法解释在处理委托人与受托人、许可人与被许可人关系问题上偏离了维护创作作品的自然人权益的宗旨，强化了自然人作者与作为委托人、被许可人或雇主的单位之间在缔约地位上的不平等，因此，今后著作权法的改革方向应该是加强规制著作权合同的规范，从而更为有效地维护创作作品的自然人的权益。

托马斯·霍伦与斯蒂芬·皮内利所著《新加利福尼亚数据保护法概述——以欧盟通用数据保护法为蓝本》一文介绍了美国加州《2018加州消费者隐私法案》（CCPA）的具体规范，并将其与《欧盟通用数据保护法》（GDPR）进行了详尽比较，指出对于许多公司来说，CCPA的出台将会使他们面临显著增加的合规要求和文档义务。这些要求和义务与GDPR的规定并不完全一致，而是增加了额外的要求。这一研究也值得我们再次思考在数据上特别是个人数据上设置过多的限制是否有助于信息的自由流动。

本卷在"研究生论坛"栏目中推介了三篇硕士毕业论文，分别是魏琪的《重农主义：作者权视野下的利益平衡之路》、茅理雯的《文学角色的可版权性及其判断标准——美国法的启示》以及臧佳兴的《论非演绎类同人作品所涉"借鉴元素"的侵权问题》。

本卷在"司法前沿"栏目中发表了两位资深法官就商业维权与非法集体管理的见解。王好与曹柯所著《MV作品商业维权与非法集体管理》一文通过法经济学的分析方法和进路，针对目前部分司法判决将商业维权界定为非法集体管理活动的观点提出了不同结论，即商业维权与集体管理组织所适用的许可方式及对象各有侧重，两种方式并存可有效降低著作权人的交易成本和维权成本，最终确保著作权人通过两种方式的相互补充实现作品收益的最大化，因此对于非法集体管理的认定应该更为慎重。

本卷的"外国法前沿"栏目译介了两篇文章，分别是陈璐的《浅析欧盟版权法第十三条"过滤条款"》一文与乔治·孔特雷拉斯著、金松译的《论专利承诺》一文。知识产权制度作为舶来品，如欲使其在我国生根发芽就需要更加注意对于其他国家制度的比较研究。而真正的比较法研究是以问题意识为起点，借由不同法域处理该共通问题的异同参照指引，认识诸法域制度的缘起、生成、发展、冲突等演进因素，进而迈向问题的妥当解决。① 在此理解下也希望本卷推介的两篇译评文章可以促进对于著作权与专利两个领域的热点问题的研究。

在本卷的"书评"栏目中吴璞韵与周辰共同撰写了由伦纳德·杜博夫和迈克尔·默里共同编著的《艺术法：案例与材料》一书的书评，希望这一书评可以带大家领略艺术法的魅力。

---

① 黄舒芃：《比较法作为法学方法：以宪法领域之法比较为例》，《月旦法学杂志》2005 年第 120 期，第 187—189 页。该文详细介绍了真正的比较法研究之构成，即真正的比较法研究由三个阶段构成：寻求对于作为比较对象之外国法秩序与相关制度的认识、理解；在描述性比较法阶段，澄清并对比外国法与本国法相关制度概念的差异；检视外国与本国法秩序面对共同问题时发展出不同因应"管道"的原因，进而回头探讨将外国相关模式或制度引进本国，或者在一定范围内供本国法参考，或者经整修后进入本国法，借以解决本国法之课题。

主题研讨

《知识产权研究》第二十六卷
第 11~30 页
© SSAP，2020

科技成果转化纠纷的实证分析及对策建议

杨　军[*]　杨　煜[**]

摘　要：科技成果是通过科学研究与技术开发所产生的具有实用价值的成果。科技成果转化是科学技术转变为现实生产力的重要途径，是加快实施创新驱动发展战略、促进科技与经济的结合、体现科研价值的重要手段。

本文立足司法层面，以科技成果转化中发生的司法实务纠纷为研究对象，梳理案件特点，重点分析科技成果转化中的权属、技术开发/转让/实施、商业秘密保护等问题，并对科技成果转化工作提出具体的实务建议，以改进并完善科技成果转化工作，促进价值实现。

关键词：科技成果转化　实证分析　司法实务纠纷

一　研究方法

本文采用案例实证研究方法，以 2016 年 1 月 1 日至 2018 年 12 月 31 日审理完成的科研机构涉技术类案件[①]为研究对象，分析数据特点，梳理、分

---

* 上海市华诚律师事务所律师。
** 上海市华诚律师事务所律师。
① 数据库：威科（law. wkinfo. com. cn）。检索条件：（1）当事人名称包含大学/学院/学校/研究所/研究院/科研院/科研所；（2）案由包含技术合同类/专利类/商业秘密类/植物新品种类/集成电路类/其他科技成果类；（3）排除上述检索结果中当事人以"公司""医院"为组织形式的案件，同时排除管辖裁定、执行类案件。检索时间：2018 年 2 月 19 日。

析其中的法律问题，并对科技成果转化工作提出法律上的建议。

二　案件梳理

在本文研究方法下获得案件共计 365 起，具体分布如下。

（一）按审理程序分布

按审理程序分布见图 1。

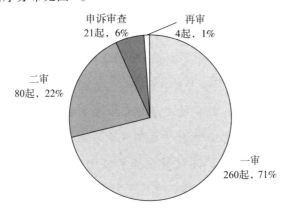

图 1　案件审理程序分布

（二）按时间分布

按时间分布见图 2。

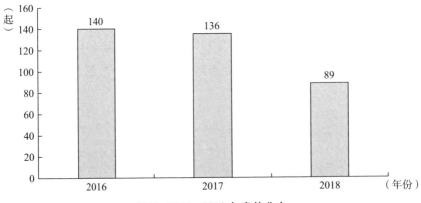

图 2　2016—2018 年案件分布

需要注意的是，2018 年的数据明显少于前两年，可能是裁判文书公开化的滞后、数据库尚未完全更新 2018 年的数据所致。

（三）一审案件地域分布

一审案件受理的地域分布见表 1。

表 1　一审案件受理的地域分布

单位：起

省份	汇总	省份	汇总	省份	汇总
山东省	39	吉林省	9	黑龙江省	5
河南省	31	重庆市	9	湖北省	4
安徽省	21	上海市	8	青海省	4
北京市	21	湖南省	8	新疆维吾尔自治区	2
江苏省	17	福建省	7	天津市	2
四川省	11	陕西省	7	宁夏回族自治区	2
浙江省	11	辽宁省	7	广西壮族自治区	1
广东省	10	山西省	6	贵州省	1
云南省	10	河北省	6	甘肃省	1

由表 1 可知，山东省、河南省、安徽省、北京市、江苏省涉讼较多，有几个突出的因素。

（1）山东省涉讼案件中，山东省地震工程研究院以技术服务合同纠纷为案由提起了 10 起诉讼，从其中判决书记载的事实可以了解到，研究院主要提供地震安全性评价服务；浙江天煌科技实业有限公司以侵犯外观设计专利权和侵犯实用新型专利权为案由在山东提起了 11 起诉讼，事实上，该浙江公司在本文统计期间在全国提起了至少 36 起诉讼，院校主要作为专利的使用人被拖入诉讼，在这些案件中，对院校的诉请全部被驳回或者撤诉。

（2）河南省涉讼案件中，中国地震局地球物理勘探中心郑州基础工程勘察研究院作为原告提起了 10 起诉讼，全部以撤诉结案①；河南省地震局

---

① 其中一起裁定书载明"和解"撤诉。

地震工程勘察研究院作为原告提起了 10 起诉讼。

（3）安徽省涉讼案件中，安徽省地震工程研究院作为原告以技术服务合同纠纷为案由提起了 10 起诉讼，从其中判决书记载的事实可以了解到，研究院主要提供地震安全性评价服务。

剔除上述集中性的纠纷，北京市、江苏省两地的纠纷总数位居前列，从某个角度可以说明这两个地域技术转化的活跃度较高。

（四）一审纠纷争议类型分布

在法院审理的 260 起一审案件中，争议类型分布见图 3。

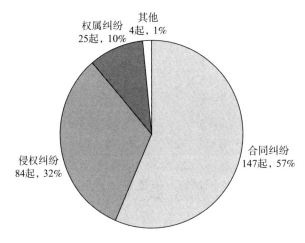

图 3　一审案件争议类型分布

从图 3 可以看出，在涉科研机构技术类纠纷中，合同纠纷占据大半，占 57%，主要包括技术服务和技术咨询合同、技术开发合同、技术转让合同等；权属纠纷占 10%，以专利权权属纠纷为主；侵权纠纷占 32%，如果剔除前述原告浙江天煌科技实业有限公司提起的 36 起侵权诉讼，侵权纠纷的比例将进一步下降。上述纠纷类型的分布比较有特色，提示科研机构纠纷主要以技术合同为主，不同于一般技术类知识产权以侵权纠纷为主的特点。①

---

①　威科数据库中同期技术类一审案件中，技术合同占比 12.3%。

（五）一审纠纷中科研机构的诉讼地位

在合同纠纷中，科研机构为原告的比例为68.7%；在侵权纠纷中，科研机构为原告的比例为27.4%，但剔除之前提到的浙江天煌科技实业有限公司在全国各地起诉的36起侵权案件，科研机构作为原、被告的比例实际差不多；在权属纠纷中，科研机构为原告的比例为36%。

考虑到纠纷产生的原因有一定的多样性和复杂性，通过上述数据比例似乎还不能得出一些必然的推论。

（六）一审纠纷解决方式

虽然科研机构技术类纠纷总体判决率为38%（见图4），似乎高于技术类纠纷总体的判决率（27.6%），但是如果区分争议类型，可以发现院校类技术合同纠纷判决率为42.2%、侵权纠纷判决率为27.4%、权属纠纷判决率为48%，这与普通的技术类案件的审理结果是相似的。[①]

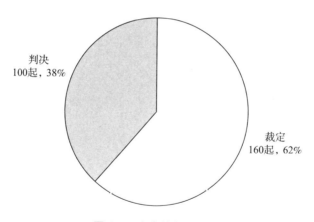

判决
100起，38%

裁定
160起，62%

图4　一审案件解决方式

---

① 威科数据库中同期技术类一审案件中，技术合同判决率为40%，侵权权属判决率为25.9%。

三　法律问题分析

根据对上述案例的分析，可以发现在技术成果转化纠纷中，当前比较核心的法律问题有：技术成果的权属争议，技术开发、转让、实施中的争议，商业秘密的保护。规范上述法律问题的主要有合同、专利、植物新品种、集成电路布图设计等方面的法律、行政法规和司法解释等，涉及技术进出口的，还受到《技术进出口管理条例》的制约。

（一）权属问题

权属是技术成果转化中的基础法律问题，也是研发单位、研发人员不可回避的问题，以下场景涉及权属的法定及约定：单位独立研发、员工离职后研发、委托开发、合作开发等。以下分述。

1. 单位独立研发

单位独立研发中的权属争议主要在于技术成果归属于单位，还是归属于完成技术成果的个人。对此，我国的《合同法》《专利法》都做了比较明确的规定。司法实践中，权属争议最多的发生于专利领域，故本文以专利权属为例分析相关规定。

（1）职务发明创造的权属（专利申请权、专利权）原则上为单位。所谓职务发明创造是指，执行本单位的任务或者主要利用本单位的物质技术条件所完成的发明创造。

执行本单位的任务是指：在本职工作中作出的发明创造；履行本单位交付的本职工作之外的任务所作出的发明创造；退休、调离原单位后或者劳动、人事关系终止后 1 年内作出的，与其在原单位承担的本职工作或者原单位分配的任务有关的发明创造。

本单位的物质技术条件，则是指本单位（包括临时单位）的资金、设备、零部件、原材料或者不对外公开的技术资料等。但如果约定返还资金或者交纳使用费，或者是在技术成果完成后才利用法人或者其他组织的物质技术条件对技术方案进行验证、测试的，则不能被定性为"利用本单位的物质技术条件"。

关于"利用本单位的物质技术条件"，在中科院××研究所与罗××专利权权属纠纷案（〔2016〕京73民初281号）中，判决书的一段论述比较有借鉴意义：本案现有证据表明，在被告罗××就涉案技术成果的研发提出《离心雾化法制备球形锡合金粉末的装置》的相应技术方案并向铝粉课题组组长王某汇报后，课题组决定采用该技术方案并由罗××负责项目的具体工作。课题组为此依据罗××提出的技术方案和专用设备图纸、通用设备的技术要求等，以原告中科院××研究所的名义加工、订购了电主轴、变频器等相关设备，并利用原实验室的部分铝粉装置设备和厂房进行了改造，在此过程中均使用了原告中科院××研究所铝粉课题组的经费。据此，本院认定涉案技术成果系利用了原告中科院××研究所的物质技术条件所完成的职务发明创造，涉案专利权应归属原告中科院××研究所所有。

（2）非职务发明创造的权属归发明人或者设计人。这里的发明人或者设计人是指对发明成果作出创造性贡献的人，如果仅提供资金、设备、材料、试验条件，进行组织管理，协助绘制图纸、整理资料、翻译文献等，则不属于完成技术成果的个人。

（3）对于利用本单位的物质技术条件所完成的发明创造，单位可以与发明人或者设计人约定权属。虽然职务发明创造的权利人原则上为单位，但是对于利用本单位的物质技术条件所完成的发明创造，约定优先。

2. 员工离职后研发

对于企业，特别是科技初创型企业而言，员工离职流动是经常发生的。前已述及，退休、调离原单位后或者劳动、人事关系终止后1年内作出的，与其在原单位承担的本职工作或者原单位分配的任务有关的发明创造，法律明确规定属于职务发明创造，正常情况下专利申请权及后续专利权归单位所有。

那么员工离职1年后所完成的发明创造是否归属于个人或者新的入职单位呢？司法实践给出了判断标准。

在雷××、微纳公司与武汉××大学专利申请权权属纠纷案（〔2018〕鄂民终714号）中，判决载明：根据《中华人民共和国民法总则》第七条规定，民事主体从事民事活动，应当遵循诚信原则，秉持诚实，恪守承诺。雷×担任法定代表人的微纳公司申请"一种可挥发性有机物气体敏感材料及其制造方法"发明（发明人为雷×）专利时虽然超出了雷×离职后的1年期间，但该专利申请既与雷×在原公司的工作任务相关，也属于在先撤回专利申请技术的拆分，并且，雷×和微纳公司二审中提交的证据也不能证明该专利申请的技术系其自行研发，微纳公司申请"一种可挥发性有机物气体敏感材料及其制造方法"发明专利，有违诚实信用原则，侵犯了原公司和武汉××大学的专利申请权，应当予以撤回。

在具体纠纷的审理中，法院会实质考察离职后发明的基础、状况、所利用的条件等，综合判断发明与原单位的关系，并作出权属认定。

比较复杂的可能是同时利用了新旧单位的物质技术条件所完成的发明创造。对此，《最高人民法院关于审理技术合同纠纷案件适用法律若干问题的解释》给出了原则性的规定：个人完成的技术成果，属于执行原所在法人或者其他组织的工作任务，又主要利用了现所在法人或者其他组织的物质技术条件的，应当按照该自然人原所在和现所在法人或者其他组织达成的协议确认权益。不能达成协议的，根据对完成该项技术成果的贡献大小由双方合理分享。

3. 合作开发和委托开发

技术的合作开发和委托开发是技术开发的常见模式，如果没有特别约定，相关权属归完成发明创造的单位或者个人。

需要关注的是在合作期间，往往涉及多个事项，涉及多份协议，其中可能涉及对权属的不同约定，哪份协议的约定具有最终的效力与协议的签订时间、签订背景、合作内容等都有关系。如在××工业株式会社与深圳××研究院等专利权权属纠纷案（〔2016〕粤03民初2785号）中，一份协议约定"如果OSZ和YH任何一方基于另一方提供的信息或材料创造、构想或付诸实践任何发明、思想或者设计（统称为发明），一方应立即将该发明告诉另一方。OSZ和YH将讨论并约定哪方（一方或几方）有权提交申请获得涉及该发明的专利并拥有所获专利权（包括实用新型和外观设计）"，即双方对专利权归属没有约定。但是，另案证据材料又显示原、被告双方对合作期间产生的专利权约定归深圳一方所有，深圳一方还提交了对外获奖证明及与银行的证明材料，均反映其拥有 ATM 机知识产权，即对内对外的证据均反映合作期间 ATM 机产生的专利权归深圳一方所有。法院最终也认定了深圳一方享有权利。

在实践中，还会发生因对合同是"委托开发合同"还是"合作开发合同"的定性认识不清，而产生争议，在没有特别约定的情形下，也将直接导致权属争议。如常州市××技术研究院与常州××科技有限公司技术委托开发合同纠纷案（〔2016〕苏 0412 民初 7327 号）中，原告认为按照《技术（合作）开发协议书》名称约定，双方系合作开发合同关系，被告认为按照协议书所约定的权利义务，双方系委托开发合同关系。法院认为，审查合同的性质时，不能只从合同的名称考虑，还应从合同约定的主要权利、义务等内容分析。技术开发合同包括委托开发合同和合作开发合同两种。委托开发合同是当事人一方委托另一方进行研究开发所订立的合同，而合作开发合同是指当事人各方就共同进行研究所订立的合同。其主要区别是：当事人进行研究开发工作的方式不同。前者采取的是一方进行物质投资，不参与合同标的新技术成果的实质性研究开发工作，而参与研究开发的协助性或辅助性工作，另一方从事实质性研究开发工作的方式。后者采取的是双方当事人共同参加并进行实质性研究开发的工作方式。《最高人民法院关于审理技术合同纠纷案件适用法律若干问题的解释》第十九条规定："合同法第三百三十五条所称'分工参与研究开发工作'，包括当事人按照约定的计划和分工，共同或者分别承担设计、工艺、试验、试制等工作。技术开发合同当事人一方仅提供资金、设备、材料等物质条件或者承担辅助协作事项，另一方进行研究开发工作的，属于委托开发合同。"按照《中华人民共和国合同法》（简称《合同法》）第三百三十五条、《最高人民法院关于审理技术合同纠纷案件适用法律若干问题的解释》第十九条的规定，技术合作开发要求合同的当事人对技术成果的完成在技术上均作出创造性的贡献。本案合同约定整个研究开发工作由原告负责，被告只进行物质投资，未承担实质性研究开发工作。可见，本案双方订立的合同符合《中华人民共和国合同法》第三百三十五条、《最高人民法院关于审理技术合同纠纷案件适用法律若干问题的解释》第十九条的规定，应认定为技术委托开发合同。

4. 技术咨询及技术服务中的技术成果

技术咨询合同、技术服务合同在履行过程中，受托人利用委托人提供的技术资料和工作条件完成的新的技术成果，属于受托人。委托人利用受托人的工作成果完成的新的技术成果，属于委托人。当事人另有约定的，按照其约定。

5. 技术改进

技术需要不断更新迭代，在技术转让过程中，为了适于实际应用，常常需要对被许可的技术进行改进或者改善，在技术改进、更新迭代的过程中，往往会产生新的技术成果。新的技术成果归属于谁？

《合同法》确立了约定优先的规则，同时规定在没有约定的情形下，一方后续改进的技术成果，其他各方无权分享。但是这样的规定会引发新的问题，很容易发生在先技术方拒绝在后方继续使用之前技术的问题，这会导致在先和在后的技术都无法得到有效的使用。因此，企业或者科研机构在技术转让合同中一定要将后续"技术改进"的权利归属作为重要内容在合同中约定。

与《合同法》"可以约定权属"规定不同的是，2011 年《技术进出口管理条例》的第二十七条对于进出口技术的改进权属直接作了"在技术进口合同有效期内，改进技术的成果属于改进方"的规定，即排除当事人约定，这主要是从保护国内技术受让方角度作出的规定，一度也是技术进出口环节的争议焦点。不过，随着 2019 年 3 月 2 日《国务院关于修改部分行政法规的决定》的发布，第二十七条被删除，该争议将不再存在。

改进技术还会遇到的权属问题有：技术合同无效或者被撤销后，因履行合同所完成新的技术成果或者在他人技术成果基础上完成后续改进技术成果的权利归谁。对此，《最高人民法院关于审理技术合同纠纷案件适用法律若干问题的解释》也作了明确规定：首先尊重当事人的约定，但当事人不能重新协议确定的，人民法院可以判决由完成技术成果的一方享有。

6. 技术出资场景下的权属

根据法律规定，当事人以技术成果向企业出资但未明确约定权属，接受出资的企业主张该技术成果归其享有的，人民法院一般应当予以支持，但是该技术成果价值与该技术成果所占出资额比例明显不合理损害出资人利益的除外。

7. 擅自将他人技术申请专利

"擅自将他人技术申请专利"并非典型权属争议，其实质为发明人/设计人争议，在实践中也多有发生，这类纠纷解决主要看证据材料。

如在锡探公司等与安迈公司专利权权属纠纷案（〔2016〕苏02民初263号）中，根据证据，屠×担任过探矿总厂的总工程师、技术中心主任及锡探公司的总经理，并在技术协议和商务合同上签了字，其应当明知锡探公司为涉案技术成果的研发方并享有技术协议约定的专利申请权。屠×在任职期间利用其妻女的身份成立了与探矿总厂、锡探公司经营业务相同的安迈公司，担任安迈公司的总经理兼总工程师，为安迈公司的实际控制人，此后安迈公司就将与涉案技术成果相同的技术申请了专利，根据上述事实足以认定安迈公司是在明知该涉案技术成果权利属于他人的情况下，申请并获得了涉案专利权，其行为难谓正当，同时亦侵害了锡探公司等对涉案技术成果应享有的合法权益。

在另外一起公司委托大学进行医药研发的专利申请权权属纠纷案（〔2013〕厦民初字第573号）中，法院认为，被告没有提交证据证明其在哪个实验室做了实验，相关当事人亦陈述该项目被告没有参与研究，故被告申请发明专利依据不足。

（二）技术开发

技术开发合同是指当事人就新技术、新产品、新工艺或者新材料及其系统的研究开发所订立的合同。技术开发合同包括委托开发合同和合作开发合同，当事人就具有产业应用价值的科技成果实施转化订立的合同，参照技术开发合同的规定。除前已提及的权属问题、合同定性问题，技术开发合同中比较容易引发争议的有：（1）开发中的风险承担；（2）是否按约定完成了开发任务。

关于技术开发的风险，在中航××公司与广州××技术研究院技术委托开发合同纠纷案（〔2017〕粤0115民初3332号）中，法院作了描述。技术合同是科技成果商品化的主要法律形式，其融合了普通民商事合同的共性与科技成果的特性，是一种特殊的民商事合同。基于技术委托合同标的物以及知识产权类合同的特殊性，技术委托开发合同不同于买卖、承揽等标的物相对明确的合同，科技成果的开发具有天然的技术风险。合同的特征决定，合同双方在合同订立之初通常仅能对开发事项作出大致的、方向性的约定，而在合同实际履行过程中则需要通过协商不断调整。因此，双方在合同履行期间，应根据合同的性质、目的和交易习惯合理地履行通知、协助等义务，本着诚信原则协商解决争议，最终实现订立合同的目的。……当事人在发生争议后，若均未遵循诚实信用的原则为促成合同目的的实现作进一步努力，则应各自承担相应的责任。

《合同法》也专门作了规定，在技术开发合同履行过程中，出现无法克服的技术困难，致使研究开发失败或者部分失败的，该风险责任由当事人约定。没有约定或者约定不明确，依照本法第六十一条的规定仍不能确定的，风险责任由当事人合理分担。

关于是否按约完成了开发任务，则主要取决于两个因素：一是合同是否对于开发任务作了明确具体的约定；二是对于开发过程、交付、验收等过程是否做了证据材料的固定。

如在北京××科技开发有限公司与北京市××医疗科学研究所技术委托开发合同纠纷案（〔2018〕京0101民初7789号）中，法院认为就原告委托被告研发蜜蜂毒新制品事宜，双方虽未另行签订书面协议，但根据《北京市科技计划课题任务书》所载内容，原告系蜜蜂毒优质高产及深加工技术研究应用课题的承担单位，被告系该课题的参加单位，课题任务书对被告应承担的具体研发工作内容、目标及计划进度等有明确约定，且盖有原告及被告公章，上述内容系双方当事人真实意思表示，且不违反法律、行政法规的强制性规定，应为有效的合同，双方均应依约履行相应的权利义务。

又如西安××大学与上海××电气公司等技术委托开发合同纠纷案（〔2017〕陕民终890号）中，法院指出，《最高人民法院关于适用〈中华人民共和国民事诉讼法〉的解释》第一百零八条规定，"对负有举证证明责任的当事人提供的证据，人民法院经审查并结合相关事实，确信待证事实的存在具有高度可能性的，应当认定该事实存在"。该条对作为民事诉讼证明标准的盖然性规则进行了规定。当待证事实的存在达到高度盖然性时，可以认定该事实存在。法院进而认定，双方在合同签订后，进行了大量的研发工作，双方也在研发过程中进行了大量的沟通、交流与合作，最终研制出氙灯检测平台。该平台虽与合同的书面约定不同，但根据胡×自书的证明及工作邮件证明的事实，可以认定双方实际履行的是修改后的名称及参数存在高度可能性，同时，西安××大学已经按照合同履行了合同义务亦存在高度可能性。

（三）技术转让

广义来说，技术转让合同是指合法拥有技术的权利人，包括其他有权对外转让技术的人，将现有特定的专利、专利申请、技术秘密的相关权利让与他人，或者许可他人实施、使用所订立的合同，包括专利权转让合同、专利申请权转让合同、技术秘密转让合同、专利实施许可合同。需要注意的是，当事人以技术入股方式订立联营合同，但技术入股人不参与联营体的经营管理，并且以保底条款形式约定联营体或者联营对方支付其技术价款或者使用费的，视为技术转让合同。

技术转让合同需要关注的几点如下。

1. 技术转让合同的形式

根据法律规定，技术转让合同应当采用书面形式。虽然很难说如果技术转让合同不采用书面形式就无效，然而转让合同涉及转让内容、转让方式、权属约定等，如果不采用书面形式，恐极易引起争议并发生当事人未予期待的后果。

2. 转让的效力

专利申请权或者专利权的转让自登记之日起生效。在委托开发或者合作开发技术秘密成果的法律关系中，若对于转让没有明确约定且无法确定，则如果一方将技术秘密成果的转让权让与他人，需经另一方同意或者追认，否则无效。[①] 中国单位或者个人向外国人、外国企业或者外国其他组织转让专利申请权或者专利权的，应当依照有关法律、行政法规的规定办理手续。

3. 优先受让权

法人或者其他组织订立技术合同转让职务技术成果时，职务技术成果的完成人享有以同等条件优先受让的权利；在委托开发的法律关系中，研究开发人转让专利申请权的，委托人享有以同等条件优先受让的权利；在合作开发的法律关系中，当事人一方转让其共有的专利申请权的，其他各方享有以同等条件优先受让的权利。

4. 技术实施

技术成果转化需要实现技术实施的效果，技术实施包括本人的实施及对他人的许可实施，在技术实施中，需要关注以下事项。

（1）普通实施许可、排他实施许可、独占实施许可

独占实施许可，是指让与人在约定许可实施专利的范围内，将该专利仅许可一个受让人实施，让与人依约定不得实施该专利；排他实施许可，是指让与人在约定许可实施专利的范围内，将该专利仅许可一个受让人实施，但

---

① 《合同法》第三百四十一条规定，当事人未就委托开发或者合作开发完成的技术秘密成果的转让权等权利进行约定或者约定不明确，且无法确定的，当事人均有使用和转让的权利；而《最高人民法院关于审理技术合同纠纷案件适用法律若干问题的解释》对上述"当事人均有使用和转让的权利"作了进一步的解释，指包括当事人均有不经对方同意而自己使用或者以普通使用许可的方式许可他人使用技术秘密，并独占由此所获利益的权利。该解释进一步指出：当事人一方将技术秘密成果的转让权让与他人，或者以独占或者排他使用许可的方式许可他人使用技术秘密，未经对方当事人同意或者追认的，应当认定该让与或者许可行为无效。

让与人依约定可以自行实施该专利；普通实施许可，是指让与人在约定许可实施专利的范围内许可他人实施该专利，并且可以自行实施该专利。当事人对专利实施许可方式没有约定或者约定不明确的，认定为普通实施许可。

故在专利实施许可合同中，为避免后续争议，需要对许可模式予以明确的约定。而无论是哪种模式，除非另有约定，专利实施许可合同的受让人都不得许可约定以外的第三人实施该专利。

（2）共有人对他人的实施许可

专利申请权或者专利权的共有人对权利的行使有约定的，从其约定。没有约定的，共有人可以单独实施或者以普通许可方式许可他人实施该专利；许可他人实施该专利的，收取的使用费应当在共有人之间分配。

（3）委托开发及合作开发法律关系中专利的实施

在委托开发中，研究开发人取得专利权的，委托人可以免费实施该专利；在合作开发中，合作开发的当事人一方声明放弃其共有的专利申请权的，可以由另一方单独申请或者由其他各方共同申请，申请人取得专利权的，放弃专利申请权的一方可以免费实施该专利。

（4）委托开发及合作开发法律关系中技术秘密的实施

委托开发或者合作开发完成的技术秘密的使用权由当事人约定。没有约定或者约定不明确，依照《合同法》第六十一条的规定仍不能确定的，当事人均有使用的权利。

5. 权利瑕疵责任承担

技术转让合同的让与人应当保证自己是所提供技术的合法拥有者，在没有特别约定的情形下，受让人按照约定实施专利、使用技术秘密侵害他人合法权益的，由让与人承担责任。

技术让与人和受让人就转让技术存在权利瑕疵下责任承担的约定，在不涉及技术进出口的场景下，一般不会发生争议，因为根据法律规定，约定优先。但是在涉及技术进出口的场景下，一度争议很大，原因在于2011年的《技术进出口管理条例》第二十四条第三款明确规定，"技术进口合同的受让人按照合同约定使用让与人提供的技术，侵害他人合法权益的，由让与人承担责任"，而不像《合同法》第三百五十三条存在"但当事人另有约定的除外"的规定。但随着 2019 年 3 月 2 日《国务院关于修改部分行政法规的决定》的发布，该争议将不再存在，在该决定中，《技术进出口管理条例》的第二十四条第三款已经被删除。

6. 技术合同被确认无效后技术秘密的实施

侵害他人技术秘密的技术合同被确认无效后，除法律、行政法规另有规定的以外，善意取得该技术秘密的一方当事人可以在其取得的范围内继续使用该技术秘密，但应当向权利人支付合理的使用费并承担保密义务。

（四）奖励和署名

这是与权属对应的一项权益，完成技术成果的个人有权获得相应的奖励和报酬，并有权获得署名，只有这样才能促进技术进步，对此，《专利法》和《合同法》都作了明确的规定，包含对发明人或者设计人的发明奖励以及专利实施后基于经济效益的奖励。《专利法实施细则》作了非常具体的规定。

在没有约定的情形下，单位应当自专利权公告之日起 3 个月内发给发明人或者设计人奖金。一项发明专利的奖金最低不少于 3000 元；一项实用新型专利或者外观设计专利的奖金最低不少于 1000 元。

在专利权有效期限内，实施发明创造专利后，每年应当从实施该项发明或者实用新型专利的营业利润中提取不低于 2% 或者从实施该项外观设计专利的营业利润中提取不低于 0.2%，作为报酬给予发明人或者设计人，或者参照上述比例，给予发明人或者设计人一次性报酬；被授予专利权的单位许可其他单位或者个人实施其专利的，应当从收取的使用费中提取不低于 10%，作为报酬给予发明人或者设计人。

（五）商业秘密的保护

商业秘密，是指不为公众所知悉、具有商业价值并经权利人采取相应保密措施的技术信息和经营信息。商业秘密是技术开发及成果转让中的重要事项，尤其对科研机构和技术型企业而言。在激烈的竞争形势下，核心人物的流动、商业秘密的泄露往往意味着巨大的经济损失。

就司法实践而言，商业秘密的保护可以有两种途径。一是通过合同约定商业秘密保护的内容及义务，在发生争议时，以《合同法》为依据，根据合同的约定来判断对方当事人是否存在违约行为，并根据合同约定确定违约赔偿。二是通过法律的规定及对应权利人所采取的措施以商业秘密侵权来寻求救济，在发生争议时，主要根据我国《反不正当竞争法》的规定来判断权利人主张的内容是否构成商业秘密、对方当事人是否构成侵权，并根据权利人的证据材料来确认权利人的损失或者侵权人的获利，从而确定侵权赔偿数额。

一般来说，从合同角度来主张权利比从侵权角度来主张权利相对容易，权利人承担较轻的举证责任，但这同时也要求权利人在合同签订时就商业秘密事项有更为具体的约定。

四　建议和对策

科技成果转化涉及技术开发、技术转让、技术实施、技术咨询和服务等环节，如前分析，比较容易引发争议的有技术成果的权属、技术合同的效力及履行、商业秘密的保护等问题。为更好地促进科技成果的转化，有效发挥技术的应用价值，避免转化过程的争议，从实务角度，我们提出如下建议。

（一）合理的知识产权布局和策略

传统的科研机构和企业多将知识产权事项作为一个点，就点论点，碰到知识产权争议后，再开始寻求知识产权的救济途径。但随着《国家知识产权战略纲要》的颁布实施，知识产权工作上升到国家战略层面，知识产权制度也展现了前所未有的生命力、创造力和影响力。在这样一个大的背景下，科研机构和企业如果能够将知识产权问题也提升到一个战略高度，从总体进行知识产权布局，谋划发展重点、发展路径和发展策略，就可以"顺势而为"，借国家之力、借社会之力最大化地实现科研价值和企业价值。

（二）知识产权要从源头抓起，而不只是诉讼阶段的被动应对

对于技术创新而言，有两个核心因素：一是应用价值，可期待的经济利益；二是有效的保护手段。经济价值要通过技术开发、技术转让、技术实施、技术服务等实现，而有效的保护手段需要体现在这些工作的进展中，因为每个环节都可能被定位到后续的诉讼中，而每个环节的工作也都会影响到可能的诉讼的结果。就前述法律分析而言，至少有以下几个方面需要特别注意。

1. 明确约定权属

法律对于特定情形下的权属做了规定，但在更多情形下，权属需要当事人的明确约定，否则在争议发生时需要根据各方当事人的举证结合法律规定来确定，不仅耗费人力、财力，得到的结果也未必是当事人期待的。根据前面的分析可知，权属问题发生在很多阶段、发生于很多场景中，在这些情形下都需要有权属意识。

在实践中，也会发生就权属无法达成一致的情形，而且权属条款会成为合同顺利进展的障碍。为保障交易能够顺利进行，可以考虑签订权利保留和实施条款，如未经双方同意，任何一方不得擅自转让，不得申请专利，以避免落入法定状态。

2. 重视专利申请文件的撰写

专利申请文件不只是技术的说明书、技术实施的指导文件，还是法律属性很强的文件。有司法实务经验的人都很清楚，权利要求书直接决定了专利权利的保护范围，而专利说明书对于解释权利要求也发挥着极其重要的作用，各技术特征如何表述、权利要求书如何措辞、实施例如何列举都会影响对权利保护范围的判断。因此，专利申请人务必要重视对专利申请文件的撰写，对于确有价值的专利，最好委托资深、靠谱的专利代理人，并在撰写过程中和专利代理人充分沟通。

3. 对于交易技术、交易对象作必要的检索

对于交易技术进行必要的检索，主要目的在于：如果是专利权的转让或者实施，应确保专利权是有效的（包括没有被无效、尚在保护期内等）；如果是技术秘密的转让或者实施，也应对相关的技术做一定的检索，以确保相关技术并未公开，毕竟就未公开的技术秘密进行转让或实施与依托已经公开的技术提供服务的价值是不一样的。

对于交易对象进行必要的检索，主要目的在于一则确认交易对象是否为权利人，二则了解交易对象是否曾经涉讼，进而确认本次交易的安全性。

4. 技术转让环节对权利瑕疵的责任承担有认知，必要时作好约定

在技术转让合同中，各方当事人对于涉案技术如果侵犯他人权利的责任承担人应有认知，如果不希望按照法定默认状态处理，则应就相关内容作好约定。

5. 充分预估风险并做好提前约定

开发风险是每位技术研发人员都清楚的事实，但未必是技术开发合同撰写人都清楚的问题，其实不仅是技术开发，即便是已经开发完成的技术，在落地转化过程中也会发生很多现实的风险导致技术无法实施。技术交易各方应清楚地意识到该问题，并提前做好预案，以妥善应对后续问题。

6. 商业秘密保护

涉及技术开发或者转让实施的，一般都会和相关人员签订保密协议，这里面还需要注意的：一是在可能的情况下尽量细化需要保护的商业秘密（特别是本领域比较独特的）的内容并作兜底条款的设计；二是对于确需保密的内容采取必要的措施，比如保密印章、限定接触等；三是对于委托受托方、合作方、离职员工等，做好保密义务的确认、保密资料的移交和处理等。

7. 竞业限制

技术人员跳槽是所有科研机构和企业都会面对的问题，为避免跳槽员工将在"前手机构"积累的知识、经验等优势用于竞争机构，并给"前手机构"带来损失，法律确立了竞业限制制度。《劳动法》规定，对负有保密义务的劳动者，用人单位可以在劳动合同或者保密协议中与劳动者约定竞业限制条款，并约定在解除或者终止劳动合同后，在竞业限制期限内按月给予劳动者经济补偿。对于机构而言，其需要注意的是，只有在竞业限制期限内向劳动者支付经济补偿，劳动者才有义务履行竞业限制协议，否则劳动者可以选择要求用人单位支付经济补偿或者解除竞业限制协议。

8. 及时固定证据材料

技术项目的开发、转让等都有一定的流程，即从需求分析、立项，到最后的交付、验收、维护等。及时固定各阶段的证据材料，对于明确合同双方的权利义务、确认双方合同履行情况是非常必要的。就诉讼而言，从某种角度来讲，就是证据之争。

9. 涉及技术进出口的，需要根据《技术进出口管理条例》的相关规定进行操作

技术进出口，是指从中华人民共和国境外向中华人民共和国境内，或者从中华人民共和国境内向中华人民共和国境外，通过贸易、投资或者经济技术合作的方式转移技术的行为，包括专利权转让、专利申请权转让、专利实施许可、技术秘密转让、技术服务和其他方式的技术转移。我国对技术进出口实行统一的管理制度，并于2001年发布了《技术进出口管理条例》，该条例于2011年第一次修订，并于2019年被《国务院关于修改部分行政法规的决定》作了第二次修订。

以上是我们基于司法实务对于科技成果转化中的法律问题作的分析及建议，我们也期待用法律服务为科技成果转化保驾护航，为科技创新、科技强国作出贡献。

《知识产权研究》第二十六卷

第 31~46 页

© SSAP, 2020

科技成果转化法律实务指引研究

黄 敏*

摘 要：本文是基于中国科学技术法学会的委托所做的课题研究报告，旨在为科研院所、高校、企事业单位、科研工作者等主体将自身的科技成果进行投资、孵化、创办企业，进而转化为现实生产力提供参考。

关键词：知识产权 科技成果 科技成果转化

一 引言

2015 年，国家对《中华人民共和国促进科技成果转化法》进行了大范围的修改。2016 年，国务院、中科院、科技部、财政部、教育部单独和联合出台多项配套政策促进科技成果转化工作的实施。2018 年，习近平总书记在党的十九大报告中指出，深化科技体制改革，建立以企业为主体、市场为导向、产学研深度融合的技术创新体系，加强对中小企业创新的支持，促进科技成果转化。倡导创新文化，强化知识产权创造、保护、运用。

为了更好地服务我国广大科技工作者，促进我国科技成果转化为现实生产力，北京德恒（合肥）律师事务所接受中国科学技术法学会的横向课题委托，负责撰写科技成果转化法律实务指引工作。

---

* 北京德恒（合肥）律师事务所律师。

课题内容全面贯彻科技成果转化实施战略和党的十九大报告提出的知识产权战略。从科技法律服务的视角，课题内容被分为七大块，即科技研究与开发、科技成果的转化、科技成果的价值评估、科技成果转化的技术权益、知识产权侵权救济、合同纠纷与救济、科技成果转化实务操作指引。

二 研究目标

为了增强实用性、简明性与针对性，避开教材的体系性、理论性等不切实际的要求，课题内容的撰写采取问题导向的做法，不谈少谈理论，直接切中操作实践，所有问题来源于科技工作者的实际困惑和在实践中遇到的棘手问题，贴近受众实际，以便科技工作者按图索骥、照方抓药。总体目标是为我国广大科技工作者从事科技成果转化实务提供操作指引。

三 研究资料

（一）中国现有的法律、法规及政策；

（二）我国科研院所、高等院校、高科技企业、科技工作者的问卷调查和反馈材料；

（三）专家论证、企业走访、行业座谈和网络问卷调查等；

（四）其他与研究课题有关的实务资料。

四 研究步骤及主要时间节点

（一）研究步骤

1. 前期通过调研分析，搜集科技工作者面临的热点、重点、难点、疑点问题，形成调研问卷、调研方案和编写框架；

2. 通过向科技工作者征求意见，修改、确定编写提纲；

3. 召开课题组会议，制订各阶段目标，明确各自的任务；

4. 利用图书文献、互联网搜集相关资料；

5. 资料汇总，研究、分类，确定哪些资料适合用于课题报告内容的撰写；

6. 课题组根据撰写过程中遇到的问题召开研讨会，分析解决实际操作中出现的问题，及时更新，同时注意收集相应材料和数据资料；

7. 对研讨中积累的资料进行分析、筛选和保存，完成初稿的撰写工作；

8. 结题，向课题委托人呈交研究成果。

（二）主要时间节点

阶段	工作内容	时间
第一阶段	开始撰写、形成初稿	2018 年 6 月 30 日前完成
第二阶段	审查修改、形成终稿	2018 年 8 月 31 日前完成
第三阶段	正式定稿、编辑出版	2018 年 12 月 31 日前完成

五　研究对象

主要选取从事科技成果转化的科研院所、高等院校、高科技企业、科技工作者等主体作为研究对象。

六　研究方法

主要有文献研究法、行动研究法、经验总结法、观察法。

（一）文献研究法：通过对国内国外相关法律法规及政策的搜集、学习、分析和理解，了解关于我国科技成果转化的现状，为提高国家科技成果转化效率，解决科技成果转化过程中的一些问题，提供理论参考和实务操作指导。

（二）行动研究法：课题组经过实际行动，到科研院所、高科技企业走访，进行调查、询问，了解科技成果转化实施主体在科技成果转化实务中所关心的问题、困惑、顾虑、法律法规及政策有无不合理情况等。注重行动研究、反思、提出问题、解决问题，再次修改，紧密结合实践中出现的问题进行研究。

（三）经验总结法：将实务中先进的、成功的经验合理吸收，取得对课题内容撰写的经验，概括出支持课题研究的先进方法，并加以利用。

（四）观察法：观察科研院所、高校、国家及地方科技成果孵化平台、被孵化的科技企业的表现，进行研究、分析和比较，发现有价值的东西。

七　研究内容

（一）科技成果的相关概念及权属界定；

（二）科技成果的研发与科技查新；

（三）科技成果转化实施过程中的知识产权申请与保护；

（四）科技成果的转化方式和科技成果的转化流程；

（五）科技成果的价值评估与备案；

（六）科技奖励和收益分配的冲突解决；

（七）科技奖励与税收；

（八）科技成果转化实施关键环节中的注意事项以及重点法律法规及政策解读；

（九）知识产权侵权救济；

（十）合同纠纷与救济；

（十一）科技成果转化实务操作指引；

（十二）其他与科技成果研发、转化相关的内容。

八　研究成果

经过近两个月的撰写和四个多月的专家、学者论证、修改、完善，已完成《科技工作者法律实务手册》第一章"科技成果权利归属与保障"前四节和第四章"科技活动纠纷解决"前两节近 60000 文字内容的撰写工作。同时修订、完成了"科技成果转化操作指引"（简称"指引"）内容的研究工作，见下文附件。

本"指引"是我们第一次接受中国科学技术法学会的课题委托所做的研究。刚开始时，由于可资参考的文献甚少，研究团队颇感困难重重，无从下手。研究工作开始后，我们从法律法规、国家政策、实践以及纷繁的材料中寻找有价值、有指导意义的资料和素材，并不断调研、讨论、修改、完善。在编委会、专家学者的指导和帮助下，团队按时完成了课题内容，并取得两项重要成果。在此，我们要感谢本"指引"所有参编人员，感谢中国政法大学的刘瑛教授，感谢所有给课题提出宝贵意见的专家学者！

附　科技成果转化操作指引①

第一章　总则

第一条【制定目的】

为促进科技成果转化为现实生产力，规范科技成果转化活动，加速科学技术进步，推动经济建设和社会发展，根据《中华人民共和国促进科技成果转化法》等相关法律法规，制定本操作指引。

第二条【适用范围】

本操作指引旨在为科研院所、高校、企事业单位、科研工作者等主体将自身的科技成果进行投资、孵化、创办企业，进而转化为现实生产力提供参考。

第三条【宗旨】

科技成果转化活动应当有利于加快实施创新驱动发展战略，促进科技与经济的结合，合理利用资源，提高经济效益，促进经济建设和社会发展。

第四条【原则】

科技成果转化活动应当尊重市场规律，发挥企业的主体作用，遵循自愿、互利、公平、诚实信用的原则，依照法律法规规定和合同约定，享有权益，承担风险。

第二章　科技成果权属

第五条【国家所有的科技成果】

---

① 本操作指引旨在为科研院所、高校、企事业单位、科研工作者等主体将自身的科技成果进行投资、孵化、创办企业，进而转化为现实生产力提供参考。本操作指引按照 GB/T 33450—2016 给出的相关规则起草。本操作指引由北京德恒（合肥）律师事务所知识产权部提出并组织调研、起草和论证。执笔人：黄敏。对本指引作出重大贡献的还有陶雨童、王永芳、唐大森。

国家设立的研究开发机构、高等院校完成的科研项目研究成果及其形成的知识产权属国家所有，除涉及国家安全、国家利益和重大社会公共利益的以外，国家授予项目承担单位持有。

第六条【企业所有的科技成果】

企业自行研发的科技成果、企业人员为执行工作任务或主要利用本企业的物质技术条件所完成的科技成果属企业所有。委托开发或合作开发的科技成果所有权归属根据法律或协议确定。

第七条【团队或个人所有的科技成果】

研究开发机构、高等院校、企业等单位的人员，在办理离职交接手续后，利用自身的物质技术条件研发的科技成果属于团队或个人所有。

第三章 科技成果转化方式

第八条【自行投资】

自行投资实施转化，即由科技成果所有人或持有人自行出资设立转化平台或项目运营主体实施转化。

第九条【转让】

向他人转让科技成果实施转化，即科技成果所有人或持有人直接将科技成果有偿或无偿转让给他人，由他人进行开发、运用、产业化运营或以其他方式实施转化。

第十条【许可使用】

以许可使用方式实施转化，即科技成果所有人或持有人保留成果的所有权，将成果的占有、使用、收益权许可第三方进行开发、运用、产业化运营或以其他方式实施转化。

第十一条【合作转化】

与他人合作共同转化，即科技成果所有人或持有人与其他第三方通过协议约定对科技成果进行开发、运用、产业化运营或以其他方式实施转化。

第十二条【作价投资、折算股份或出资比例】

以科技成果作价投资、折算股份或出资比例实施转化，即科技成果所有人或持有人将成果评估作价后与第三方共同设立项目公司或参股第三方进行科技成果的开发、运用、产业化运营或以其他方式实施转化。

第十三条【其他】

其他方式转化，即除上述转化之外的其他方式。

第四章 科技成果转化流程

第十四条【科技成果整理】

（1）明确科技成果转化管理部门；

（2）明确科技成果转化实施部门；

（3）梳理科技成果转化规章制度，规范转化活动；

（4）整理科技成果的申请、取得、变更、许可、转让等事宜；

（5）梳理科技成果的权属关系；

（6）统计单位科技成果的数量，确定可用于转化的科技成果；

（7）其他准备工作。

第十五条【科技成果的选定】

科技成果转化实施部门定期向管理部门上报可用于转化的科技成果，并提交初步方案。

第十六条【可行性论证】

科技成果选定后，由科技成果转化实施部门组织相关专家对下列内容进行可行性论证，做好事前、事中、事后严判：

（1）科技成果的合法性；

（2）科技成果的稳定性；

（3）科技成果的市场前景；

（4）科技成果的产业化空间；

（5）科技成果转化的最佳方式及转化方案；

（6）科技成果转化的可操作性；

（7）科技成果转化可能存在的风险；

（8）其他。

第十七条【科技成果评估】

（1）科技成果转化实施部门负责寻找有资质的中介机构，对中介机构进行审查、确认；涉及国有资产依法应当招标的，须履行招投标程序；

（2）中介机构确认后与中介机构签订委托评估合同；

（3）督促中介机构及时出具评估报告，并按时签收评估报告；

（4）转化主体可以委托专业律师参与评估，确保评估合理合法；

（5）其他与评估相关的事项。

第十八条【科技成果定价】

国家所有的科技成果，由持有该科技成果的研究开发机构、高等院校自主决定转让、许可或者作价投资行为，除涉及国家秘密、国家安全外，无须审批或备案。在科技成果资产评估备案的基础上，可采用的定价方式如下：

（1）以在技术交易市场挂牌交易、拍卖等方式确定价格；

（2）协议定价，但须在本单位公示科技成果名称和拟交易价格，其中，公示时间应不少于 15 日，同时还应公示异议处理程序和办法；

（3）其中，职务科技成果定价交易，完成人和参加人与本单位通过协议参与转化，享受权益。

企业、团队及个人所有的科技成果可以在技术交易市场挂牌交易、拍卖或协议等方式定价。

第十九条【信息公示与发布】

（1）公开转化的科技成果，转化主体可委托产权交易所、转移机构、孵化平台、行业媒体以及其他中介机构发布科技成果信息；

（2）不宜公开转化的科技成果，转化主体可通过定向邀标或其他方式发布科技成果信息；

（3）采用自行转化的科技成果，转化主体可通过内部平台发布科技成果信息。

第二十条【明确转化方式】

科技成果转化实施部门根据科技成果的性质选择转化方式，制定商业计划书或相关推介材料，向第三方平台发布，寻找可能接收的企业或机构进行转化；

采用自行转化或内部转化的，在进行内部审批或备案后，由内部设立的转化机构实施转化。

第二十一条【达成合作意向】

涉及与第三方合作的，科技成果转化实施部门应与第三方进行洽谈、磋商，达成合作意向。为规避后期合作过程中可能存在的法律风险，建议委托专业律师提供法律服务。

第二十二条【确定运营主体】

（1）自行转化或内部转化的，由国家设立的研究开发机构、高等院校、其他机构或其设立的转化组织作为运营主体；

（2）采用产学研方式转化的，由参与方共同协商确定运营主体；

（3）需要引进外部资金的，可以与私募股权投资基金、风险投资基金、国家产业发展基金或其他资金方进行合作，共同发起设立运营主体；

（4）借助孵化平台或转化平台进行转化的，可以与平台方共同设立运营主体；

（5）研发团队或项目负责人参与职务科技成果转化的，可以与本单位、第三方共同发起设立运营主体。研发团队或项目负责人获得科技成果奖励资金的，鼓励将奖励资金投资、入股参与运营主体；

（6）其他方式确定运营主体。

第二十三条【合作协议签订】

根据合作方达成的意向，可就下列主要内容达成合作协议：

（1）运营主体的落户地；

（2）运营主体的组织形式；

（3）合作方的任务分工；

（4）合作方的出资形式和数额；

（5）出资时间及资金投入；

（6）合作方的权利义务；

（7）科技成果和后期开发的知识产权归属；

（8）权益分配及风险分担；

（9）运营过程中各方的退出；

（10）保密及竞业禁止；

（11）违约责任；

（12）争议解决；

（13）其他主要合同条款。

采用自行转化或内部转化的，建议与运营主体签订协议；未签订协议的，严格按照国家设立的研究开发机构、高等院校及其他机构的规章制度实施转化。

第二十四条【新设运营主体】

自行转化或与现有运营主体合作转化的，依据内部制度或协议办理；新设运营主体的，按照下列程序办理：

（1）企业名称商标检索及工商核名；

（2）委托专业律师起草发起人协议、章程、决议等相关材料；

（3）办理工商登记注册；

（4）制定各项规章制度，建立健全公司法人治理结构；

（5）知识产权申请及战略布局；

（6）其他相关事宜。

第二十五条【知识产权权属转移】

（1）运营主体设立后，科技成果已申请专利和其他知识产权的，应委托专业中介机构办理科技成果的变更、转让、许可、备案等相关手续，另有约定的除外；

（2）未申请专利或其他知识产权的，建议及时以运营主体的名义进行申请，以避免产生争议。

第二十六条【转化落地】

上述事项完成后，运营主体进入市场，按照市场经济发展规律进行市场化运营，将科技成果转化为现实生产力。

第五章 科技成果转化管理

第二十七条【国家管理】

国务院科学技术行政部门、经济综合管理部门和其他有关行政部门依照国务院规定的职责，管理、指导和协调科技成果转化工作。

第二十八条【地方管理】

地方各级人民政府负责管理、指导和协调本行政区域内的科技成果转化工作。县级以上地方各级人民政府科学技术行政部门和其他有关部门应当根据职责分工，为企业获取所需的科技成果提供帮助和支持。

第二十九条【科技成果转化相关制度】

科技成果转化管理部门或实施部门应制定的相关制度：

（1）科技成果转化发展规划、年度计划和项目实施制度；

（2）科技成果转化重大事项领导班子集体决策制度；

（3）科技成果转化情况年度报告制度；

（4）科技成果转化资金筹备、管理和使用制度；

（5）科技成果转化工作程序、权益保护、异议处理、公示制度；

（6）科技成果转化绩效考核评价制度；

（7）科技成果转化信息系统管理制度；

（8）科技成果市场定价制度；

（9）内设机构或专门岗位管理制度；

（10）知识产权和技术秘密管理与保密制度；

（11）科研人员的职称评定、岗位管理、绩效考核、兼职和离岗创业、评价制度；

（12）科研人员收入分配、激励和约束制度；

（13）其他相关制度。

第三十条【科技成果奖励】

国家设立的研究开发机构、高等院校转化科技成果所获得的收入全部留归本单位，对完成、转化职务科技成果做出重要贡献的人员给予奖励和报酬；

职务科技成果转化后，由科技成果完成单位对完成、转化该项科技成果做出重要贡献的人员给予奖励和报酬；

国务院部门、单位和各地方所属研究开发机构、高等院校等事业单位（不含内设机构）正职领导，以及上述事业单位所属具有独立法人资格单位的正职领导，可以获得现金奖励，但原则上不进行股权激励。其他担任领导职务的科技人员除外。

第三十一条【奖励和报酬约定】

科技成果完成单位可以规定或者与科研人员约定奖励和报酬的方式、数额和时限。单位制定相关规定，应当充分听取本单位科研人员的意见，并在本单位公开相关规定。

国家设立的研究开发机构、高等院校规定或者与科研人员约定奖励和报酬的方式和数额应当符合本指引第三十二条规定的标准。

第三十二条【奖励和报酬基本标准】

科技成果完成单位未规定，也未与科研人员约定奖励和报酬的方式和数额的，按照下列标准对完成、转化职务科技成果做出重要贡献的人员给予奖励和报酬：

（1）将该项职务科技成果转让、许可给他人实施的，从该项科技成果转让净收入或者许可净收入中提取不低于百分之五十的比例；

（2）利用该项职务科技成果作价投资的，从该项科技成果形成的股份或者出资比例中提取不低于百分之五十的比例；

（3）将该项职务科技成果自行实施或者与他人合作实施的，应当在实施转化成功投产后连续三至五年，每年从实施该项科技成果的营业利润中提取不低于百分之五的比例。

第三十三条【人事管理规定】

国有企业、事业单位依照本法规定对完成、转化职务科技成果做出重要贡献的人员给予奖励和报酬的支出计入当年本单位工资总额，但不受当年本单位工资总额限制、不纳入本单位工资总额基数。

第三十四条【离职、离岗】

（1）国家设立的研究开发机构、高等院校通过建立制度规定或者与科研人员约定兼职、离岗从事科技成果研发和转化活动期间和期满后的权利和义务。有约定的，约定优先。

（2）离岗创业期间，科研人员所承担的国家科技计划和基金项目原则上不得中止，确需中止的应当按照有关规定办理手续。

（3）离职离岗的，原单位保留不超过 3 年的人事关系。

第三十五条【年度报告】

国家设立的研究开发机构、高等院校应于每年 3 月 30 日前向其主管部门报送本单位上一年度科技成果转化情况的年度报告，主管部门审核后于每年 4 月 30 日前报送至科技、财政行政主管部门指定的信息管理系统。

第三十六条【年度报告内容】

（1）科技成果转化取得的总体成效和面临的问题；

（2）依法取得科技成果的数量及有关情况；

（3）科技成果转让、许可和作价投资等情况；

（4）产学研合作情况，包括自建、共建研究开发机构、技术转移机构、服务平台情况，签订技术、咨询、服务合同情况，人才培养和人员流动情况等；

（5）科技成果转化绩效和奖惩、收入及分配、奖励和报酬等情况；

（6）其他内容。

第六章 附则

第三十七条【依据效力】

本操作指引根据 2017 年 10 月 1 日以前发布的法律、法规及司法解释规定，并结合科技成果转化实践编写。转化主体办理具体业务还应充分注意个案事实及新颁布的法律、法规和司法解释。

第三十八条【指引效力】

本操作指引不具有强制性，仅作为科技成果转化主体办理科技成果转化时的参考。

第三十九条【共同创作】

本操作指引由北京德恒（合肥）律师事务所知识产权部创作完成。执笔人：黄敏。对本指引作出贡献的还有陶雨童、王永芳、唐大森。

第四十条【术语解释】

本指引所称科技成果，是指通过科学研究与技术开发所产生的具有实用价值的成果。职务科技成果，是指执行研究开发机构、高等院校和企业等单位的工作任务，或者主要是利用上述单位的物质技术条件所完成的科技成果。

本指引所称科技成果转化，是指为提高生产力水平而对科技成果所进行的后续试验、开发、应用、推广直至形成新技术、新工艺、新材料、新产品，发展新产业等活动。

本指引所称转化主体，是指所有或持有科技成果并用于科技成果转化的权利人。

本指引所称运营主体，是指直接负责将科技成果转化为现实生产力的科研机构、高等院校、企业及其他组织。

第四十一条【其他】

国家建立有效的军民科技成果相互转化体系，完善国防科技协同创新体制机制。军品科研生产应当依法优先采用先进适用的民用标准，推动军用、民用技术相互转移、转化。军民融合科技成果转化操作指引另行制定，本指引不再规定。

流程图

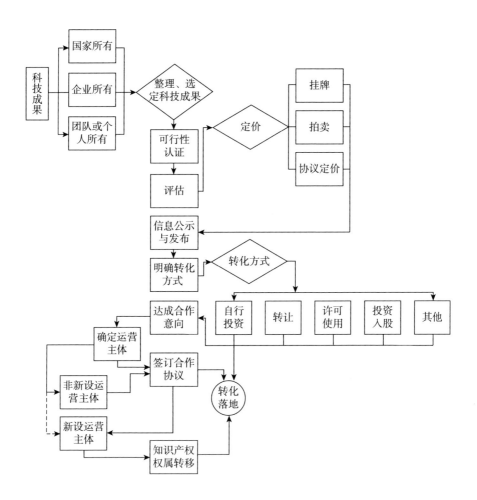

《知识产权研究》 第二十六卷
第 47～58 页
© SSAP, 2020

从科创板规则看企业知识产权制度设计
——核心技术人员篇

朱 琦*

摘 要：从证监会、上海证券交易所等监管机构公布的科创板系列规则来看，核心技术人员及其开发或掌握的核心技术已然成为科创企业上市过程中的重要因素。本文旨在梳理科创板规则对核心技术人员的相关规定，通过核心技术人员的概念与认定、核心技术人员的法律属性两个层面，分析企业应当如何针对核心技术人员进行知识产权制度设计。从实务角度出发，对企业核心技术人员的制度设计主要涵盖知识产权权属纠纷问题、竞业限制问题和商业秘密保护问题，本文将在法律规定的基础上，结合实务经验对上述问题做出尽可能全面的法律建议。

关键词：科创板 核心技术人员 知识产权 竞业限制 商业秘密

自科创板在 2018 年 11 月进口博览会上被宣布设立，到 2019 年相关监管机构相继公布《关于在上海证券交易所设立科创板并试点注册制的实施意见》①、《科创板首次公开发行股票注册管理办法（试行）》②、《科创板上市公司持续监管办法（试行）》③（以下简称《持续监管办法》）、《上海证券

---

* 上海市华诚律师事务所律师。
① 中国证券监督管理委员会公告〔2019〕2 号。
② 中国证券监督管理委员会令第 153 号。
③ 中国证券监督管理委员会令第 154 号。

交易所科创板股票发行上市审核规则》①、《上海证券交易所科创板股票上市规则》②（以下简称《上市规则》），再到上述监管规则公布不到半个月，证监会和上交所又公布了《上海证券交易所科创板股票发行上市审核问答》③（以下简称《上市审核问答》）、《上海证券交易所科创板企业上市推荐指引》④等，对科创企业的发行、上市条件作出说明与解答，国家通过"增量式改革"助力科创企业享受资本市场红利的决心显而易见。摆脱了"净利润至上"的注册制，使企业甄选的任务再次回到市场手中。但证监会同时也表态，注册制的试点和审批制一样，同样有严格的标准和程序，在受理、审核、注册、发行、交易等各个环节都会更加注重信息披露的真实、全面。⑤

综观现行配套监管规则，作为科创企业的"生命线"——企业知识产权和其核心技术人员，无疑也成了信息披露的关注重点。核心技术人员，不仅可能是企业核心技术的来源与使用者，在目前的发行条件下，更可能穿透知识产权，成为影响企业上市的重要因素。所以，研究企业核心技术人员的法律属性及定位，对企业的知识产权制度设计尤为关键。

一　核心技术人员的概念与认定

企业实体中，具备法律属性及权利义务内容的主体常见于公司高管，如《公司法》第六章专章规定"公司董事、监事、高级管理人员的资格和义务"，因此企业经营的个体关注及制度设计也多针对企业高管。但随着知识产权工作上升到国家战略层面以及科技创新驱动发展战略的提出，"技术"被提到了前所未有的高度，而"核心技术人员"在发挥技术价值的同时，其法律属性也逐渐被定义并被认识，在最新的科创板上市要求中，"核

---

① 上证发〔2019〕18号。
② 上证发〔2019〕22号。
③ 上证发〔2019〕29、36号（分问答一和问答二）。
④ 上证发〔2019〕30号。
⑤ 证监会：《注册制的试点有严格的标准和程序》，《证券时报》2018年11月5日。

心技术人员"的相关状况也是衡量企业上市的重要因素。

核心技术人员包括哪些人员？在《上市审核问答》中，上海证券交易所给出了指引：申请在科创板上市的企业，应当根据企业生产经营需要和相关人员对企业生产经营发挥的实际作用，确定核心技术人员范围，并在招股说明书中披露认定情况和认定依据。原则上，核心技术人员通常包括公司技术负责人、研发负责人、研发部门主要成员、主要知识产权和非专利技术的发明人或设计人、主要技术标准的起草者等。即核心技术人员范围可以由企业自主确认，该问答同时给出了一个原则性的判断标准，我们理解，该判断标准可以用于争议时的属性判断。

从认定要素来看，根据证监会公布的《公开发行证券的公司信息披露内容与格式准则第 41 号——科创板公司招股说明书》①，核心技术人员占员工总数的比例、学历背景、取得的专业资质、科研成果获奖情况、对公司研发的具体贡献均为企业披露内容。这些认定要素从反向来说，也是企业确定核心技术人员范畴的依据，随意认定将可能不符合发行条件的要求，从而影响拟上市企业。

二　核心技术人员的法律属性

根据当前的政策法规，核心技术人员主要在以下方面对上市（拟上市）企业运营有影响。

① 金融企业中核心技术人员可以享有特殊薪酬及奖励。根据《金融企业财务规则》②，金融企业根据有关法律、法规和政策的规定，经股东（大）会或者董事会决议，可以对经营者、核心技术人员和核心管理人员实行与其他职工不同的薪酬办法。金融企业经股东（大）会或者董事会决议，可以在工资计划中安排一定数额，对研发核心技术、促进安全营运、开拓市

---

① 证监会公告〔2019〕6 号。
② 财政部令〔2006〕第 42 号。

场等做出突出贡献的职工给予奖励。

② 核心技术人员可以成为股权激励对象。股权激励对于维持企业人员的稳定性、增强企业人员的自主精神及投入有重要作用。根据《上市公司股权激励管理办法》①《持续监管办法》②，核心技术人员与上市公司的董事、高级管理人员一样，可以成为股权激励对象；而虽然单独或合计持有上市公司 5% 以上股份的股东或实际控制人及其配偶、父母、子女不能作为股权激励对象③，但对于科创公司而言，上述人员在作为董事、高级管理人员、核心技术人员或者核心业务人员的情况下，同样可以成为激励对象。④

③ 核心技术人员应具有稳定性。《上市公司证券发行管理办法》规定核心技术人员稳定，最近十二个月内未发生重大不利变化⑤；而《科创板首次公开发行股票注册管理办法（试行）》则作出了更严格的规定，要求发行人最近 2 年内核心技术人员没有发生重大不利变化。⑥

④ 核心技术人员的股份减持应遵循交易所相关规定。根据《上市规则》2.4.3 的规定，公司上市时未盈利的，在公司实现盈利前，董事、监事、高级管理人员及核心技术人员自公司股票上市之日起 3 个完整会计年度内，不得减持首发前股份；在前述期间内离职的，应当继续遵守本款规定。根据《上市规则》2.4.5 的规定，上市公司核心技术人员减持本公司首发前股份的，自公司股票上市之日起 12 个月内和离职后 6 个月内不得转让本公司首发前股份，且自所持首发前股份限售期满之日起 4 年内，每年转让的首发前股份不得超过上市时所持公司首发前股份总数的 25%，减持比例可以累积使用。

———————

① 第八条。
② 第二十二条。
③ 《上市公司股权激励管理办法》第八条。
④ 《持续监管办法》第二十二条。
⑤ 第七条。
⑥ 第十二条。

⑤ 科创板上市公司应披露核心技术人员的相关信息，便于投资者合理决策①，因为核心技术人员的相关信息决定了公司的技术方向和发展趋势，披露信息内容如下。

1. 基本情况

包括姓名、国籍及境外居留权；性别、年龄；学历及专业背景、职称；主要业务经历及实际负责的业务活动；曾经担任的重要职务及任期；现任发行人的职务及任期②；研发人员占员工总数的比例、取得的专业资质及重要科研成果和获得奖项情况，对公司研发的具体贡献③等；对发行人设立、发展有重要影响的核心技术人员，还应披露其创业或从业历程。上述基本情况还包括核心技术人员的兼职情况，兼职单位与发行人的关联关系，核心人员与发行人其他董事、监事、高级管理人员及核心技术人员的亲属关系。④

2. 薪酬与收入情况

包括核心技术人员的薪酬组成、确定依据、所履行的程序及报告期内薪酬总额占各期发行人利润总额的比重，最近一年从发行人及其关联企业领取收入的情况，所享受的其他待遇和退休金计划，等等。⑤

3. 股份信息

包括核心技术人员持股情况、股权激励措施⑥、股份锁定期安排⑦、关

---

① 《科创板上市公司持续监管办法（试行）》第十一条。
② 《公开发行证券的公司信息披露内容与格式准则第 41 号——科创板公司招股说明书》第四十三条。
③ 《公开发行证券的公司信息披露内容与格式准则第 41 号——科创板公司招股说明书》第五十四条。
④ 《公开发行证券的公司信息披露内容与格式准则第 41 号——科创板公司招股说明书》第四十三条。
⑤ 《公开发行证券的公司信息披露内容与格式准则第 41 号——科创板公司招股说明书》第四十七条。
⑥ 《公开发行证券的公司信息披露内容与格式准则第 41 号——科创板公司招股说明书》第四十七条。
⑦ 《科创板首次公开发行股票注册管理办法（试行）》第四十二条。

于减持股票所做的特殊安排或承诺①、股份变动等②，核心技术人员所持股份发生被质押、冻结或发生诉讼纠纷等情形的，应充分披露上述情形的产生原因及对发行人可能产生的影响。③ 甚至核心技术人员的配偶、父母、配偶的父母、子女、子女的配偶以任何方式直接或间接持有发行人股份的情况、持有人姓名及所持股份的质押或冻结情况也需要被披露。④

4. 内控风险

发行人应披露内控风险，包括依赖单一管理人员或核心技术人员等。⑤因为随之而来的就是技术风险，如交易标的涉及的技术不成熟、技术尚未产业化、技术缺乏有效保护或保护期限短或保护到期、缺乏核心技术或核心技术依赖他人、产品或技术的快速更新换代可能导致现有产品或技术面临被淘汰、核心技术人员流失及核心技术失密等风险。⑥

5. 发行人与核心技术人员签订的重大协议

发行人应披露与董事、监事、高级管理人员及核心技术人员所签订的对投资者作出价值判断和投资决策有重大影响的协议，以及有关协议的履行情况。⑦

6. 对外投资

发行人应披露董事、监事、高级管理人员及核心技术人员与发行人及其业务相关的对外投资情况，包括投资金额、持股比例、有关承诺和协议，

---

① 《公开发行证券的公司信息披露内容与格式准则第41号——科创板公司招股说明书》第九十二条。
② 《上市规则》4.2.7。
③ 《公开发行证券的公司信息披露内容与格式准则第41号——科创板公司招股说明书》第四十四条。
④ 《公开发行证券的公司信息披露内容与格式准则第41号——科创板公司招股说明书》第四十六条。
⑤ 《公开发行证券的公司信息披露内容与格式准则第41号——科创板公司招股说明书》第三十三条。
⑥ 《公开发行证券的公司信息披露内容与格式准则第26号——上市公司重大资产重组》（2018年修订）第四十条。
⑦ 《公开发行证券的公司信息披露内容与格式准则第41号——科创板公司招股说明书》第四十四条。

对于存在利益冲突情形的，应披露解决情况。①

7. 拟购买资产核心技术人员情况

资产交易涉及重大资产购买的，上市公司应当根据重要性原则，结合行业特点，披露拟购买资产主营业务的具体情况，包括核心技术人员特点分析及变动情况等。②

8. 人事变动

核心技术人员在最近 2 年内曾发生变动的，应披露变动情况、原因以及对公司的影响。③

9. 司法活动

根据《公开发行证券的公司信息披露内容与格式准则第 41 号——科创板公司招股说明书》第九十六条，发行人应披露核心技术人员作为一方当事人可能对发行人产生影响的刑事诉讼、重大诉讼或仲裁事项，主要包括：案件受理情况和基本案情；诉讼或仲裁请求；判决、裁决结果及执行情况；诉讼、仲裁案件对发行人的影响。发行人应披露董事、监事、高级管理人员和核心技术人员最近 3 年涉及行政处罚、被司法机关立案侦查、被中国证监会立案调查情况。根据《上海证券交易所科创板股票上市规则》3.2.7，当核心技术人员涉嫌犯罪被司法机关采取强制措施的时候，上市公司、保荐机构、保荐代表人应当就相关事项对公司核心竞争力和日常经营的影响，以及是否存在其他未披露重大风险发表意见并披露。

综上，核心技术人员除了在劳动法的意义上是公司员工，履行劳动者义务、享受劳动者权利外，对于企业上市（拟上市）都具有不可忽视的重要作用，他们不仅是技术价值的创造者，同时也会影响企业法律上的状态

---

① 《公开发行证券的公司信息披露内容与格式准则第 41 号——科创板公司招股说明书》第四十六条。

② 《公开发行证券的公司信息披露内容与格式准则第 26 号——上市公司重大资产重组》（2018 年修订）第二十一条。

③ 《公开发行证券的公司信息披露内容与格式准则第 41 号——科创板公司招股说明书》第四十五条；《公开发行证券的公司信息披露内容与格式准则第 28 号——创业板公司招股说明书》（2015 年修订）第四十六条、第六十二条。

及权利义务。企业重视核心技术人员，已经刻不容缓。

三 核心技术人员相关制度设计

为更好地发挥企业核心技术人员的价值，促进企业发展，在有关制度设计上，我们建议企业做到以下几点：明晰核心技术人员权利义务，促进人员价值发挥，维持人员稳定，避免各类纷争。

（一）明晰核心技术人员权利义务

如第二部分论述，在特定场景下，核心技术人员具有特别的法律属性，企业需要根据自身发展，把握核心技术人员的范畴以及相应的权利义务，以使企业的运营符合法律规范的要求，从而获取国家、社会对企业的最大支持。

在核心技术人员的录用及委任上，由上文的披露要求可见，核心技术人员在真实性要求上是超过一般员工的，因为他们的学历背景、专业素质、人员构成、对研发的贡献、稳定性、科研成果的独立性将直接影响到对企业核心技术是否存在竞争力的直观判断。所以，科创板要求的企业核心技术人员必须是存在一定的科研能力、技术背景且和企业核心技术、所属行业相适应的人员。当然，披露的前提也是建立在该人员的真实表述和呈现上的，故而我们认为核心技术人员首先应当履行上报企业自身真实情况的义务。另外，核心技术人员涉讼及受处罚状况也是企业上市过程中需要披露的信息，投资者也会基于此去判断企业人员状况及未来发展状况，这同样是企业需要关注的。

（二）促进人员价值发挥，维持人员稳定

企业最核心的就是人，而对于技术型企业来说，最核心的是"技术人员"，核心之核心则是"核心技术人员"。为了促进核心技术人员最大化发挥价值，除了良好的企业运营机制和工作机制，企业应该为核心技术人员合理规划股权激励和薪酬激励。对于上市（拟上市）企业，在

进行股权激励时，无论是企业还是技术人员，都应特别关注前述相关规定，以确保股权激励能有效转化为生产力和动力，这也是维持人员稳定的重要因素。

（三）避免各类纷争

对于技术型企业来说，比较容易发生争议的场景有：知识产权权属争议；竞业限制；商业秘密侵权。

1. 知识产权权属争议

首先是权利问题，即核心技术的来源是什么、该来源是否真实合法，是否存在权利瑕疵及该来源是否具备稳定性和独立性。针对权利问题，需首先对技术来源进行区分，防止权利瑕疵引发不必要的上市障碍。以下场景容易引发权属争议：职务技术成果（创造发明）和非职务技术成果（创造发明）、技术委托开发、技术合作开发、技术许可实施及技术改进、在企业任职的同时在高校或科研机构兼职。表1简单地列举了一些法律规定，在实际应用中还需结合具体场景、法律规定和合同约定判断。

表1　法律规定

应用场景	场景界定	权利归属
职务技术成果	职务技术成果是执行法人或者其他组织的工作任务，或者主要是利用法人或者其他组织的物质技术条件所完成的技术成果[①]	职务技术成果的使用权、转让权属于法人或者其他组织
非职务技术成果	不符合职务技术成果定义的成果	使用权、转让权属于完成技术成果的个人
职务发明创造	执行本单位的任务（在本职工作中做出的发明创造、履行本单位交付的本职工作之外的任务所做出的发明创造，退休、调离原单位后或者劳动、人事关系终止后1年内作出的，与其在原单位承担的本职工作或原单位分配的任务有关的发明创造[②]）或者主要是利用本单位的物质技术条件所完成的发明创造[③]	申请专利的权利属于该单位；申请被批准后，该单位为专利权人[*]

续表

应用场景	场景界定	权利归属
非职务发明创造	不符合职务发明创造定义的发明创造	申请专利的权利属于发明人或者设计人；申请被批准后，该发明人或者设计人为专利权人
技术开发	当事人之间就新技术、新产品、新工艺或者新材料及其系统的研究开发所订立的合同，包括委托开发合同和合作开发合同[④]	委托开发完成的发明创造，除当事人另有约定的以外，申请专利的权利属于研究开发人。合作开发的，除当事人另有约定的以外，申请专利的权利属于合作开发的当事人共有。开发形成的技术秘密的使用权和转让权如无约定，双方均有
技术实施许可	合法拥有技术的权利人许可一个或多个受让人实施技术	区分独占、排他、普通实施许可，要特别注意改进技术的权属约定

注：①《中华人民共和国合同法》第三百二十六条；②《中华人民共和国专利法实施细则》第十二条；③《中华人民共和国专利法》第六条；④《中华人民共和国合同法》第三百三十条。

＊利用本单位的物质技术条件所完成的发明创造，单位与发明人或者设计人订有合同，对申请专利的权利和专利权的归属作出约定的，从其约定

可见，解决权属争议的最佳方案是事前约定，当然约定不能违反法律强制性规定。

2. 竞业限制

竞业限制，是指根据核心技术人员与用人单位的约定，在任职期间以及解除或终止劳动合同后不超过 2 年，在约定的地域、范围内不到与该用人单位生产或经营同类产品、从事同类业务的有竞争关系的其他用人单位，不自营或与他人经营与用人单位相同或同类产品，或从事同类业务。[①]

针对原用人单位来说，企业至少需要在以下方面做好安排。

（1）首先是在员工入职时就对实施竞业限制的必要性进行综合考虑，比如该人员掌握的是不是符合法律规定的商业秘密，支付不超过两年任意期限的经济补偿金从技术更新速度和市场需求来说是否确有必要，如有明

---

① 《中华人民共和国劳动合同法》第二十三条。

确意向，可与劳动合同一并签署，以争取最佳签订时间。

（2）其次是竞业限制的地域范围和竞争对象的界定，这需要企业根据经营的实际情况，划定区域、明确竞争企业的范围或直接指定某些竞争企业的名称以进一步明确员工义务。

（3）最后是根据《中华人民共和国劳动法》①《最高人民法院关于审理劳动争议案件适用法律若干问题的解释（四）》② 等一系列法律及各地规范性文件对竞业禁止所涉补偿金的具体标准和实施方案进行综合考量，并确保竞业限制协议的其他条款不存在与法律规定相悖的情况。在员工离职后，企业可以根据具体情形对实施方案进行再次调整。

而针对新用人单位来说，其主要注意点在于核查该员工是否存在仍处于竞业限制期的情形，以免产生不必要的侵权风险。具体来说，就是做好充分的背景调查，要求该员工明确原单位的名称、工作性质、解除劳动合同关系的事实、关于竞业限制的约定情况等，在有真实证明材料佐证的情况下，方可考虑聘用。

3. 商业秘密侵权

2019 年 4 月 23 日新修订的《反不正当竞争法》③ 正式实施。根据《反不正当竞争法》中的定义，商业秘密是指不为公众所知悉、具有商业价值并经权利人采取相应保密措施的技术信息、经营信息等商业信息。商业秘密对于技术型企业来说至关重要，对于创业的技术型企业来说，核心技术人员所掌握的技术秘密更可能是与企业生死攸关的因素，因此，商业秘密保护是企业必须面对且必须严肃面对的重大事项。

对于技术秘密，企业往往会与在职技术人员签订保密协议，较为常见的是要求技术人员无论是在职还是离职以后，均需对所接触或掌握的商业秘密保密。不同于竞业限制，对于保密期限，法律并无明确规定的限制。

---

① 主席令第 73 号。
② 法释〔2013〕4 号。
③ 主席令第 29 号。

一旦该技术人员实施了违反保密协议的行为，极有可能因为侵权招惹诉累和相应赔偿。

虽然新修订的《反不正当竞争法》增强了对商业秘密权利人的保护，商业秘密保护仍然是技术型企业面临的难题。为了降低商业秘密被侵权的风险，企业至少需要在以下方面做好安排。

（1）明确界定商业秘密的具体内容，包括定期固定具有商业秘密价值的技术信息内容及生成时间。

（2）有明确的保密措施，包括切实有效的隔离政策，如根据权限设定保密文件的接触制度，必要时只有多人同时操作才能获取完整的保密资料等。

（3）文件操作留痕记录。

（4）设立负有保密义务的员工离职时的特殊流程，关注离职人员的去向及相关联的公司的产品开发及方向等。

《知识产权研究》第二十六卷
第 59～68 页
© SSAP，2020

科技型初创企业知识产权战略与对策

——南大科学园部分企业调研报告

唐丹蕾*

摘　要： 建立和完善知识产权管理战略和制度，是科技型初创企业维护自身发展的必经之路。妥善处理跨国合作中的知识产权问题，是企业在国际市场中保护自己并提高自身实力的必然要求。本文立足于对南大科学园部分企业的调研，归纳了科技型初创企业在知识产权战略制定过程中，以及企业的跨国合作中遇到的问题，并提出了相应的对策。

关键词： 企业知识产权战略　初创企业　科技型企业　企业跨国合作

企业是创新的主体，是推动市场发展的生力军。南大科学园是一个以南京大学和周边高校为依托的产学研一体的科技创新基地，是创新驱动经济发展战略下，中国大地上无数产学研一体的科创基地的一个缩影。2019年5月，我们通过对部分南大科学园科技型企业的实地调研，发现许多企业，尤其是初创企业，在知识产权战略和布局方面，以及"走出去"开拓海外市场方面，存在诸多亟待解决的问题。这些问题如果未能及时得到妥善解决，将会成为企业持续发展的极大障碍。本文将立足于调研结果，对部分南大科学园科技型企业，尤其是初创中小型企业面临的主要问题进行剖析，并提出解决方案。

　＊　中国社会科学院研究生院法律硕士研究生。

一　主要问题

（一）知识产权保护与管理意识淡薄

通过对南大科学园部分初创型企业的调研，笔者发现，这些企业普遍缺乏保护和管理本企业知识产权的意识。在信息飞速发展的今天，对于初创企业来说，机遇稍纵即逝，如果不加快速度，迅速在市场中站稳脚跟，企业会很快面临被淘汰的危险。在初创时期，由于没有稳定的客户与市场，为了谋发展，中小型企业往往拼命接项目，整个公司围绕着商机在运转。而知识产权战略和制度架构的搭建，需要企业长期的投入，一般不会带来立竿见影的效果，这便成了中小型企业的"次优选择"——很多公司忽视了预先搭好企业知识产权战略和制度架构的重要性。例如，某家以教育信息化产品为核心产品的研发企业，在成立后不久，就接到了好几个研发产品的项目。为了拿到项目，尽快满足客户需求，在没有与合作方就项目中的知识产权权属进行约定的情况下，它便将很多人力和财力投入研发之中。在知识产权权属尚不清晰的情况下，一旦形成市场将很容易发生纠纷，影响企业未来的发展。

（二）知识产权保护与管理能力薄弱

知识产权战略的制定，不仅需要企业决策者的重视，更需要长期的人力和财力的投入。一些初创型企业，还未有稳定的收入来源，营利能力弱，维护自身的运转已属不易，如果再投入人力和财力进行知识产权管理，则难上加难。另外，初创企业一般也没有信心和能力去面对大公司对其知识产权的不正当利用和巧取豪夺。一方面，面对其他大公司的侵权行为，初创企业自身难以应对，也没有足够资金去聘请专业人士进行维权诉讼。另一方面，当开展与大公司的合作时，初创企业往往处于劣势，为了抓住商机，有时只能选择让渡一些自己原本不想让渡的知识产权。一些企业，由于缺乏知识产权专人，对于其他公司骗取本企业知识产权的行为，缺少辨识力。知识产权是初创科技型企业的核心和立足之本，一旦被骗取，便会动摇其生存和发展的根基。

（三）知识产权保护与管理制度建设不健全

通过对南大科学园部分企业的调研，笔者发现，一些初创企业，甚至是那些已经有一定发展规模的企业，普遍缺乏对于自身知识产权的整体布局和制度建设。一些企业对于知识产权保护和管理的概念，仅限于用诉讼来维权，却忽视了在企业的日常运营中建立相应的知识产权管理制度。知识产权管理制度是企业生存和发展的支柱，而维权诉讼只是对大厦遭到破坏时的一种修复手段。如果支柱不稳，即企业未能建立起完善的知识产权管理制度的话，维权诉讼所能起到的作用其实微乎其微。另外，一些企业缺乏对于自身知识产权制度的体系化建设，在保护自身技术方面，仅限于一件一件专利的申请和罗列，并没有搭建一个属于自己的技术保护体系。如何保护企业的核心技术，如何处理企业拥有的存量专利，以及如何协调各种知识产权保护之间的关系，都是每个企业必然面对的课题。而这些，很多初创型企业都没有考虑到。

二 对策

（一）积极营造企业知识产权文化，建立与知识产权相关的人事制度

企业员工的素质和整体的企业文化是企业内部环境的主要组成部分，对企业的生存和发展至关重要。[①] 企业知识产权文化是企业文化的重要组成部分，是企业重要的软资源。所以，初创型企业，从一开始就应该加强对企业工作人员的知识产权培训，既包括对全体员工的知识产权常识培训，

---

① 冯晓青：《企业知识产权战略管理研究——以战略管理过程为视角》，《科技与法律》2008年第5期，第51页。

又包括根据员工岗位的不同而进行的专门培训。

初创企业应当在一开始，就建立起与知识产权相关的人事制度。该制度主要包括两个方面。第一，企业应当建立专门的知识产权保护与管理部门。该部门的建立有赖于企业单独划拨的预算资金和聘请的专业人才。在调研当中，笔者发现，很多企业的专利申请书是由研发人员撰写的。虽然研发人员对自己研发的专利更为熟悉，但是因为相关经验和法律知识的缺乏，其所撰写的专利材料有时并不能真正地突出自身优势，或者阻止其他企业对该技术的不当利用。所以，企业知识产权人事制度的建立，需要做到让专业的人做专业的事。另外，虽然大多数的企业会在企业内部配备法务。然而，却鲜有企业的法务精于知识产权的布局与管理。在专门知识产权保护与管理部门的建设中，企业应当寻找与自身业务相贴合的、能够切实有效维护其知识产权的专人。第二，企业应当提前设置公司内部的职务发明制度。预先对职务作品的权属进行约定，可以有效预防人事调配和员工跳槽而引发的知识产权争议。另外，企业应当与员工签订相应的竞业禁止协议和保密协议等。在职务发明制度的设置当中，企业应当严格遵守相关的法律，充分尊重劳动者的各项权益。

（二）建立符合企业特点的知识产权保护与管理系统制度

企业的运营，通常会涉及版权、商标、专利、商业秘密等多种知识产权的保护。企业应当根据本企业的实际经营状况，建立起符合本企业发展的知识产权保护与管理体系。具体地，企业可以运用所拥有的专业人才，或者与第三方专业知识产权服务机构合作，对自身的知识产权状况进行梳理，进行体系化的知识产权管理与保护。在该梳理和合作过程中，企业决策者应当与第三方机构和企业员工充分沟通。只有这样，才能产生一加一大于二的实际效果。

对于技术性中小企业如何具体进行知识产权布局，笔者有以下建议。首先，企业需要对自身已有的技术进行分类与整理，以确定不同技术的保护方式。各种知识产权保护的方式不同，企业应从自身的需求和技术的特点出发选择适合的保护方式。比如海智环保拥有用于军工方面的特殊材料，对于该材料，海智环保可采取的保护方式有两种：一种是按照商业秘密来保护；另一种是申请方法专利来保护。如果公司不希望该材料的配方有任何的泄露，那么可以选择用商业秘密的方式来保护该技术。此时，公司应当确保本公司已经建立起严密的商业秘密保护机制。在用方法专利保护该材料时，虽然会公开该材料的各种成分的比例范围，但是该范围通常并不会特别精确。如果企业认为这种方式的公开不会影响企业的运营，也可以选择专利的保护方式。其次，当企业拥有的技术达到一定数量时，须对其所拥有的技术重要程度和应用前景进行区分。不同技术可能需要不同的保护方式，同样，它们也并不要求完全相同的保护程度。根据企业的经营范围，企业应当确认自身的核心技术，并加强对其的保护。围绕着核心技术，企业可以建立相应的专利池，或者提前进行 PCT 国际专利布局。另外，对于与企业的未来发展方向并不完全符合，或者属于"次优"的存量专利，企业也可以选择将其转让，以获得更多的资金专注于核心业务的运营。

总之，企业知识产权制度架构的搭建并非千篇一律，而是要根据每个企业的实际情况决定。另外，企业知识产权评估具有时效性的特点①，随着业务的不断拓展，企业应当对自身的知识产权制度进行相应的调整。对于初创型中小企业来说，因企业现有的技术数量并不多，所以搭建相应的知识产权管理制度的难度并不大。知识产权管理制度的搭建，可以稳固企业这座"大厦"，使企业发展之路走得更顺。因此，初创型中小企业更应该重视自身知识产权管理制度架构的搭建，不应"等、停、靠"，将自身置于风险之中。

（三）正确把握公司与政府和外部企业的关系

国家的政策和政府的行为，是影响企业外部战略环境的主要因素。② 从

---

① 张阳：《企业知识产权评估探析》，《科技与法律》2006 年第 4 期，第 68 页。
② 冯晓青：《企业知识产权战略管理研究——以战略管理过程为视角》，《科技与法律》2008 年第 5 期，第 51 页。

2016 年起，我国大力实施"创新驱动经济发展战略"，把对知识产权的保护和创新企业的支持提到了一个新的高度。对于中小型初创企业来说，其在自身尚缺乏知识产权保护与管理的能力时，政府的支持至关重要。南大科学园便是一个以政府为主导的孵化器，入驻的企业都获得了一定的优惠政策。同时，该园区还会为企业提供相关的知识产权辅导与培训。另外，目前，我国很多地方政府，会为符合《企业知识产权管理规范》标准的企业提供补贴。作为科技型初创中小型企业，其在自身能力仍有不足时，可以积极寻求政府的帮助。

当今时代是一个开放式创新的时代，每个企业在研发自身的技术时，不再像过去那样严防死守，而是习惯于企业之间的相互借鉴与合作。[①] "开放源码软件"的出现与发展便是开放创新、共同创新时代的典型产物。不过，应当注意，知识产权具有排他性特质。所有的企业，尤其是中小型初创企业，在开放式创新的时代，也应当正确处理与其他企业的知识产权关系。一方面，在实践中，为了使自身的产品获得更高的公众认可度和关注度，一些初创中小型企业会采取"搭便车"的方式，在自己的产品中使用涉及大公司知识产权的元素。这种常见的做法虽然会帮助企业快速获得市场份额，却给企业的发展埋下风险。对于大公司知识产权的不当使用，会导致企业本身知识产权的权利瑕疵，成为企业日后发展的障碍——其他公司并不会选择一个有权利瑕疵的合作伙伴。所以，初创企业要学会在法律允许范围内，合理地获取和使用他人信息，避免自己给自己"挖坑"。另一方面，初创企业应当时刻警惕他人对自身知识产权的"攫取"。当与大公司商谈合作时，企业应保持良好心态，不要被商机冲昏了头脑，与拥有良好资质和口碑的法律服务机构合作，注重维护自身权益，选择合适的商业模式。

---

① 胡承浩、金明浩：《论开放式创新模式下的企业知识产权战略》，《科技与法律》2008 年第 2 期，第 49 页。

三 科技型企业"引进来"与"走出去" 之难题与对策

在经济全球化的今天，每个企业都是国际生产链中的一部分。企业随着实力的逐渐增强，必然要面临跨国合作的情形。对于科技型企业来说，如何通过"引进来"与"走出去"与其他国家的企业达成技术上的优势互补，同时又保证自己的技术安全，是一个永恒的课题。由于法律和国情的不同，企业之间跨国合作的达成，比国内合作的难度更大，面临着更多的问题。

（一）合作双方难以建立互信

在南大科学园的调研中，笔者发现，在一些企业的跨国合作或洽谈中，合作双方会经历长时间的犹疑，很难建立稳定的合作关系。例如，园区内的某公司目前正在和法国的一家公司洽谈合作。该法国公司规模不大，却在某领域拥有先进的技术，而园区内的某公司在该领域有着丰富的生产经验，希望与法国公司合作，由法国公司提供技术，其负责生产。然而，正是由于法国公司规模较小，非常惧怕在合作中自身技术流失，从而影响公司的生存，故而迟迟未能签约。

这样的"惧怕"源于政治、法律、经济等多种因素，有的并非可以由企业单独解决。不过，企业仍然可以采取一些措施，以期建立双方之间的信任。对于企业双方来说，相互的信任首先建立在相互的了解之上。所以，当合作双方无法建立信任时，企业可以委托专业的代理人与律师，各自在对方所在地区进行前期的技术与法律的调查和评估，以评估对方是不是一个合格的合作者。在跨国合作中，合作双方所在地区的法律总是不甚相同，甚至有巨大差异。那么，在对方的法律框架之中来评估对方公司的诚信度与双方合作的可能性，是非常必要的。另外，在一定条件下，信任是人的本能，而是否采取信任行动是信任者的倾向和感知到的可信赖性的综合结果。[①]
所以，合作双方需要秉持诚实守信原则，尊重各自的诉求，努力使对方感知到自身的可信赖性。以上述合作为例，法国公司最大的诉求便是在合作中保护自身的知识产权，防止流失。园区内的某公司可以主动与法国公司在知识产权流失的责任方面达成约定，打消法国公司的顾虑。在现代社会，依靠制度、法律与合同约定，信任不再虚无缥缈，"守信"或许也可以被确保。

（二）跨国合作的模式难以确定

当跨国合作的双方已经进行了初步的接触之后，双方便会进入合作模式的探讨中。合作模式的选择，关系着跨国合作的深度和广度，也决定了企业在跨国合作中，是否能既保护自己的知识产权，又与对方进行优势互补。跨国的技术型企业合作，不仅涉及两个国家的知识产权法律问题，甚至会涉及两国的国家安全问题。这是因为，许多科技型的跨国合作，一方的主体很有可能涉及各国的高校。虽然每个国家的具体规定各有不同，但是各国基本都规定高校的科技成果属于国家，高校的科技成果的流失，被上升到了损害国家安全的层面。尤其是在"引进来"的情况中，中方企业是技术的需求方，在与别国高校进行合作时，面临着极大的阻力和风险，因此在商业模式的选择上容易出现进退两难的现象。

知识产权具有明显的地域性。面对各国在知识产权法上的差异，我国企业应当首先加深对合作国家法律的了解。技术的"引进来"与"走出去"是一个持续性的长期行为，所以企业需要与合作方当地的优秀律所建立良好的合作关系。依靠当地的律所与本国律所的共同服务，可以帮助企业对两国的法律有更深的了解，在两国的法律框架之内寻找合作模式的最优解。跨国的企业合作模式并不是一蹴而就的，在两国专业律师的帮助下，企业

---

① 钱海燕、杨忠：《跨国合作组织间信任修复：基于制度与文化视角的分析》，《江海学刊》2010年第5期，第91页。

需要做的，是进一步厘清双方的合作目的和所受到的制度与法律约束。首先，企业需要梳理本企业欲在该次合作中获得什么。比如对一项技术的引进，企业需要明晰自身对该技术的需求度究竟如何，对该技术的需求周期大致有多长。其次，企业应当与对方充分沟通，明确合作方可以以何种方式输出技术，合作方希望用技术输出来获得什么。另外，对于涉及别国高校和机构的合作，企业还应该充分了解，在当地的法律框架之下，合作方自身的自由度，它究竟受到法律何种方式和何种程度的约束。只有明确了合作双方的诉求与所受的约束，在双方的平等协商下，才能帮助企业完成合理合法的最优模式选择。

四　技术"走出去"面临政治与技术流失的双重风险

随着我国"一带一路"政策的实施，中国企业"走出去"的脚步逐渐加快，有越来越多的企业开始在海外投资设厂，运用自身的技术，填补当地的市场空白。然而，这样的技术输出面临着比国内高几倍的风险。首先，部分国家的政治和社会还不甚稳定，"走出去"的企业很有可能面临着项目临时被叫停的风险。另外，还有很多国家的知识产权保护的法律与制度并不完善，我国企业的知识产权可能并不能受到合理的保护，技术面临着流失的风险。

政治风险并不是单个的企业可以解决的问题。我国的企业，尤其是中小企业，当在别国遭受不公平待遇，或者遇到紧急情况时，应当积极寻求我国政府的帮助。另外，为了使本企业的技术在"走出去"过程中免于流失，企业应当做到以下两点。第一，企业需要在基础知识产权布局的时候预先考虑到国际知识产权保护的问题。这是企业在发展的过程中，对自身知识产权保护与管理体系不断升级的必然要求。如果企业能够预先对自身技术进行知识产权国际保护，就可以在"走出去"过程中大大降低被侵权的风险。第二，考虑到知识产权被侵犯的风险，在确定合作模式时，企业应该就知识产权的保护与对方进行约定，并且约定对方导致知识产权受到侵犯或流失的责任。有了制度和合同的双重保障，可以有效降低企业技术流失的。

结　论

对于每一个企业来说，知识产权的保护与管理都任重道远。笔者所调研的南大科学园中部分企业所面临的知识产权保护与管理的问题，是我国所有企业，尤其是中小型企业所面临的共性问题。为了自身的长期稳定发展，企业应当建立与不断完善与企业经营状况相适应的知识产权保护与管理制度——投入足够的资金，组建专门的部门，引进专业的人士来进行企业整体的知识产权战略布局与管理。另外，企业应同时致力于营造良好的企业内部知识产权文化与和谐的知识产权外部关系，优化企业发展的微观与宏观环境。在跨国合作中，企业应当积极与合作方建立互信关系，在专业律师的帮助下谨慎选择合理合法的最优合作模式，以最大限度地实现对自身知识产权的保护和提升。在面临仅靠自身力量无法改变的困境时，企业应当积极寻求政府的帮助。

《知识产权研究》第二十六卷

第 69~79 页

© SSAP，2020

"专利转化"需要高质量服务

——乐知新创（北京）咨询服务有限公司总裁高非先生采访记

重 云[*]

摘 要：通过对知识产权服务机构的采访，本文为读者提供了对"专利的保护与转化"问题的独特视角。采访的内容主要涉及企业的专利保护与诉讼、高校的专利转化以及知识产权服务行业的现状。被采访人高非总裁就企业如何进行专利保护与转化、高校科技成果转化率低的原因与对策以及知识产权服务行业的现状与前景发表了自己的看法。

关键词：知识产权服务机构　知识产权服务行业　专利转化　高校科技成果转化

时　间：2019 年 3 月 11 日

地　点：乐知新创（北京）咨询服务有限公司

2019 年 3 月 11 日上午，中国社会科学院研究生院的周林教授带领其硕士生，对乐知新创（北京）咨询服务有限公司（简称"乐知新创"或"乐知新创公司"），进行了一次有关"专利转化问题"的调研。乐知新创公司的高非总裁以及刘婧专家回答了调研中的相关问题。

周林问：高非总裁，结合您公司的业务，您对"专利的转化"有什么看法呢？您公司一般向企业提供什么样的服务？

---

[*]　中国社会科学院研究生院法律硕士研究生。

高非答：我们乐知新创，是一家以知识产权为切入点，为企业提供创新一体化服务的咨询公司。它不仅为中小企业提供知识产权综合解决方案，同时也为一些大企业提供知识产权顾问的服务。

根据我们公司处理的数个案例，我想从三个方面来谈谈"专利转化"的问题：第一是企业在成长过程中，对于知识产权的认知与保护需求的问题；第二是整体知识产权服务行业的问题；第三是知识产权整体的司法环境的问题。

由于激烈的市场竞争，以及不断的创新需求和挑战，国内中小企业必须解决创新、资金、知识产权等各方面的问题，面临着生存与升级的双重难题。而其中，科技型初创企业活力较强，有着自己独特的诉求与特点。近几年，它们对于知识产权的保护意识逐渐增强，诉求逐渐增多，但是时有碰壁。以浙江一家主营"智能家居"的企业 A 为例，该企业原本以劳动密集型的传统制造业为主业，因其前瞻性的眼光，开始进行业务转型与升级，同时注重对知识产权的投入。一开始，它委托了当地比较知名的知识产权服务机构为其服务。不过，该家知识产权服务机构的服务没有取得预想的效果。不久，A 公司的产品出口到韩国，在韩国被诉讼了知识产权侵权。因此，A 公司需要面临禁售或赔偿的问题，这给其整个成长期间都带来负面影响。为了解决该问题，A 公司的管理层开始寻找更好的机构。

一个偶然的机会，A 公司找到我们，咨询知识产权保护与诉讼的注意事项。我们和其进行了沟通，实地考察了这家企业，也对其曾经申请的知识产权，包括专利进行了梳理。结果发现：（1）该公司专利文件撰写质量整体较差；（2）其竞争对手，一家台湾企业在知识产权的保护方面做得相对较好。在把 A 公司的专利与该台湾企业的专利进行对比时，我们发现 A 公司申请的专利基本上可以被该台湾企业的专利涵盖，这将导致它做的产品都处于别人专利的保护范围之内。由此可见，在专利的微观布局上，A 公司与对方的水平存在客观差距。A 公司专利的权利要求基本上都是针对具体的结构关系与部件设计，而针对同一个产品，台湾企业的权利要求，基本上涵盖了功能的设计以及结构的实现，层次感较强。这对该企业的未来影响非常大，因为它涉及的相关技术及解决方案，都是在别人划定的圈子里。后来，我们为其做了整体的知识产权规划——提供了管家式的服务，涉及知识产权体系架构的搭建、战略的规划、挖掘布局，甚至细化到对案例撰写的指导。所以，企业对于知识产权服务的需求，实质上是多层次的，但是企业在初创时期，对于多层次的需求往往不够重视。

另外，A公司在洽谈中表示过，也谈到过服务价格的问题，我们的价格高于本地一些机构。其实，这是一个正常的现象。这就是我们之前提到的知识产权服务行业的挑战。在知识产权服务市场上，确实存在很多便宜的代理机构。虽然不能通过个案来认定这些机构是好还是不好，但是它们提供给客户的业务，仅仅是单纯递交专利申请，谈不上其他服务。在便宜的价格下，它们很难花更多的时间为客户提供整体的规划和布局，也没有意愿去了解客户整体的创新与商业情况，客户与竞争对手的关系，以及客户在行业里处于什么样的位置。它们只负责把技术专利转化为申请文件交上去，不会考虑除此以外的其他东西。所以，它们对客户商业活动的支撑是很片面的，也少了很多很重要的环节。我们发现，中小企业对"整体规划"的需求是存在的，但是其没有能力建立完善的团队来解决这个问题。此外，它们也缺乏雄厚的资金或者不愿意付出更多资金，认为这不划算。所以，这是创新主体（企业）和服务机构需求不对等的问题，也折射出中小企业在知识产权保护中面临的问题。

我们发现，不仅是一些中小企业，包括一些大企业，都对诉讼存在恐惧，尤其是面对海外诉讼时，企业普遍非常紧张。2018年，在一次活动中，我们公司针对海外诉讼的应对、海外专利的布局以及其他内容，对在京部分企业举办了一场讲座。有一家北京规模并不小的公司，因为在美国遭到了"337调查"，不知道如何应诉，不知道到哪里选择一家机构与其配合。因为"337调查"可能会造成禁售，会导致这个公司失去市场，所以非常麻烦。对很多国内企业来说，其对司法程序的不熟悉是非常致命的。面对国内的诉讼，大企业也许会相对轻松，但小企业并不得心应手。稍微大一点的企业，如果之前没接触过国外诉讼，也会很紧张。我们几个合伙人都在大的企业处理过一些事情，对涉外诉讼的相关事项有一定的了解，也对费用控制有一定经验。很多企业，看到高昂的费用可能就放弃了。尤其是在美国打官司，找美国的律所费用更高，仅仅前期咨询就花费颇多。所以，很多公司可能会找一个费用较低但是能力不够的律所，这可能导致该公司输掉诉讼。在第一次诉讼失败之后，该企业就会掉进诉讼漩涡之中很难走出来。所以，在知识产权诉讼的整体司法环境不断改善的同时，公司的应诉能力也需要不断加强。

周林问：确实，如高总刚才所说，高质量的知识产权咨询公司可以为企业提供更好的服务。另外，关于海外诉讼的布局和战略，确实令很多企业头疼。您介绍的经验，也给我们很多启发。

高非答：是的，我们跟企业走得更近一些，更贴近企业的创新过程。当然，同时也应该注意，我刚刚提及的许多案例都还在持续中，并没有盖棺定论，还需要我们后续的工作。整体上，在我们的全流程工作中，我们发现不管是在前端的知识产权布局，还是在后端的知识产权保护与运用上，企业出现的问题还是挺多的，我们也在不断探索和尝试解决的办法。

周林问：请问您认为"专利转化"的定义是什么？因为我们也采访过一些大企业，这些企业有的告诉我们，他们其实很少面临"转化"问题。有些大企业要么将专利直接放入生产链使用，要么利用专利构筑起专利池，用于保持企业自身的技术水平。这是不是也是一种"转化"，或是"转化"的一个方面呢？

高非答：我认为这种看法是正确的。就我自身而言，我认为"专利转化"并不仅是所谓的一种货币化，它其实包括很多种转化的方式和形态。专利并不是单独存在的，是依附在企业上、依附在产品中的。所以，虽然大家经常谈论，专利的货币化、资本化、证券化、如何变现等，但是对于大企业来说，货币化不一定就是最好的转化方式，商业化、产业化也是很重要的方式。所以，方式不分好坏，还是要看具体的情况。现实情况中，并不是专利被卖掉了，有了一些可视的成果就是对企业最好的。很多时候，采取一种经营策略时，大家并没有看见成果，但是这个策略对企业的运营更好。企业在进行专利转化时，经常通过交叉许可的形式完成。很多企业，尤其是中国的企业，通过专利许可得到收益的并不是很多。通过交叉许可，例如，甲企业将 A 专利许可乙企业使用，交换从乙企业获得 B 专利使用许可，它们相互原本应该交的钱就不用交了，省下来的都是纯利润。这是一种普遍现象，也是很多企业做专利资源储备很重要的一个原因，如果你手里什么都没有的话，那就只能一直向别人交钱。有无专利，有无好专利，对于企业来讲差别还是很大的。

此外，我认为，专利转化的运营手段是多种多样的，而且不同的行业、不同的专利类型，差别也很大。比如说 SEP（标准必要专利），它的运行其实已经趋向标准化，其价格、许可费率、运作方式等都已经比较成熟，这类专利在转化途径上也比较清晰。很多企业在标准制定中会投入大量的精力，希望自己更多的专利技术都进入这个标准。到最后，实际上，这些专利能收取的费用是需要相对公允的。大家同样遵循的是公平合理无歧视的规则。

剩下大量的就是非标准专利，它的运营手段相对来讲更多。举个例子，B 公司拥有一个非标准专利，属于器件上的专利。B 公司的一个供应商 C 在生产中，需要使用该器件来为下游企业供货。如果使用了该器件，C 就可以降低生产产品的成本。C 供应商希望能使用这个专利为别的企业供货，这个别的企业可能就是 B 企业的竞争对手。那么，在这个过程中，从业务的角度来讲，B 企业需要判断，它的需求是用专利来垄断市场，还是获得更多的竞争优势。最后，B 企业选择了获得更多的竞争优势，它与 C 公司达成协议，通过专利许可的方式降低了器件的采购价格。这样的方法，实现了专利的转化，产生了竞争优势，但是没有看到直观的变现。

周林问：我们明白了，这就是专利运用的具体例子，非常巧妙。虽然没有将专利直接变现，但是保持了自己的竞争优势。所以说，归根到底，一家企业需要保持自己的技术领先或者一定的优势，做到这一步，不管是什么样的转化方式，都能对自己有利。我们刚才讨论的"专利转化"的概念，以及所涉及的方方面面，并不仅仅是教科书上写的或是我们一般认知的专利的转化。

同学问：高总，您刚才所说的都是关于企业"专利转化"的问题和看法。根据教育部和国家知识产权局的排名，N大学的论文发表量在全国名列前茅，但是在高校科技成果转化的排名榜上落后了。您认为，这中间可能出现了什么问题，有什么困难吗？

高非答：这其实是一个被大家提及很多次的问题。我认为可能涉及以下几个方面问题。第一，因为高校的成果涉及国有资产，它怎么去转化，怎么去定价涉及的问题较多且复杂。比如，在转化过程中是否涉及国有资产的流失，是否涉及定价不合理导致贱卖？这都是高校专利成果转化需要解决的现实问题。

第二，"信息孤岛"问题，其实现在，涉及知识产权的各方都力图打破信息孤岛，让企业能找到想要的创新成果，让这些成果也能找到合适的土壤去生根发芽。但是，这个问题始终都没有很好地被解决。当然，也有一些模式的探索。比如，有些科研院所会让科研团队去创业，自己将成果带走去做产业化。但毕竟不是每一个课题组和高校都适合这样的模式。因为让科研人员去管理一个企业，挑战是非常大的。这一块其实我们也在做一个探索，怎样才能找到匹配的对象，不让辛苦研发的成果沉淀在手里。我想，技术经理人要增强对所从事的行业和产业的了解。现在，提到知识产权的转化和交易，很多可能还是证书的交易。但是专利的转化跟技术相关，也与知识有关。得到证书之后，还有很长的路要走，也不一定能很快地转化成产品。我们也一直在聚焦一些行业和产业来做，从专利入手，但最终还是落在了技术本身。我们也试图更深入地了解产业的需求，以及源头端的一些成果。为了打破这样的"信息孤岛"问题，单纯靠一些大品牌，然后把所有的专利全部放上去推动专利的转化，相对来讲困难还是比较大。正如大家所看见的那样，专利与专利之间，不管在文书的撰写方面，还是背后的技术方面，都存在很大的差距。

第三，理工科的院校，技术的研发跟产业化之间可能还存在相当的距离。它中间有一段要通过小试、中试。实验室做出的东西，良率、稳定性等在产业化生产时都会发生巨大的变化，导致产品不达标。可能实验室中的工艺条件，在工厂中被放大时，无法完全复制。而偏电子信息技术这一类的专利，这个问题相对就没那么明显，可能转化会稍微快点。化工类、材料类会出现以上问题。现在我们也在尝试跟一些孵化器、加速器合作，如果高校的技术真的好，前景真的不错，那么怎么样帮助其度过这一段原始投入的阶段？

第四，高校的专利质量参差不齐。这个质量不仅包括技术质量，更包括文件撰写的质量。专利到底能否对应到核心技术也是很关键的问题。我们之前也帮助过企业去寻找和对接想要的专利，找到的专利技术上都很好，但是文件不能令人满意。买过来诉别人也诉不了，自己防御呢，问题也比较多。

同学问：您刚才也讲到了为企业进行专利的梳理，那您认为好的专利应该具有什么样的条件呢？

高非答：对不同的企业，在不同阶段，专利工作的投入点是不一样的。作为知识产权评估与服务机构，我们有一个评价体系，这是一个系统化的工程，当然包括市场化的因素、它自身的因素以及专利本身的三性要求，从这几方面综合来看某专利是不是一个好专利。什么是好专利，对于一个企业来说，也许好回答一些，但也不能说这个判断就是完全正确的，还需要时间的检验。对于企业来说，如果一个专利是关于核心产品的，并且能够提供有效保护，还能去制造一些竞争壁垒，限制一些其他竞争对手，那么这个专利在某种程度上就是一个好的专利。

同学问：您的公司聚焦服务哪些产业呢？

高非答：我们公司主要聚焦电子信息产业，例如人工智能、智能制造等，这也是我们比较擅长的领域。

同学问：高总，您刚才提到了收费价格的问题，你认为，怎样才能让中小企业既得到好的知识产权服务，也让其觉得费用是在合理范围之内呢？

高非答：这个问题很有意思，也是我们在思考的。其实知识产权的服务是一个相对来讲主要看人的服务，是服务类工作，那么人的层次就决定了服务的层级。小企业肯定需要更好的服务，但价格是否合理是从两方面来考量的。一方面，知识产权服务机构也有自身成本的压力，企业不会做亏本的生意；另一方面，我们也希望能把自己的服务，在自身承受范围内，推给更多的企业去享受。我们也会采取一些成本控制、产品开发的措施。

但是，现状是，知识产权服务市场被普遍低估，大家都低估了这个需要高质量服务的行业。我们希望看到，好的服务获得好的价格。所以，我们也不会进行低价竞争。在美国，专利代理人的收入基本上是国内的七八倍。现在国内发明专利代理的价格已经有低到每件收费 2000 元人民币的。我认为从整个行业来讲，应该是，好的服务必须得有好的价格。花 2000 元做出来的东西，能否取得专利应有的效果？如果仅仅是为了专利而专利，其实是在浪费资源——不光是递交审查就完事，其中需要耗费代理人的精力，还有服务企业的其他物质消耗和资金成本。这是这个行业存在的问题，我们也希望其往正常的趋势发展。知识产权服务行业的从业者都不是低学历，低价格对不起他们的服务质量。

周林问：您刚才提到了好的专利的判断标准，那么当一个技术做出来之后，怎么知道该技术符合申请专利的"三性"，知道它属于亚洲一流还是世界一流？要不要做这个评估，怎么做这个评估？

高非答：第一，一个尽职尽责的知识产权服务机构，其实是要帮助客户去做这样的工作，或者给出专业的意见。只有做到这样，才能帮助企业提升知识产权的质量与价值。所以，我们的回答是确定的，而我们也正在这么做。第二，从手段上来说，我们的工作也是比较成熟的，有数据库的支持——专利的数据库、科技文献的数据库等。实际上，我们基本上都会帮客户做早期的检索和分析等工作。我们会给客户关于它们所拥有的专利能否满足自身需求的建议。否则，从申请专利的角度来说，就是在浪费时间；从企业研发的角度来讲，也会浪费其成本。所以，针对客户，我们也一直在进行专利的产业检索、风险分析、侵权分析等工作。

周林问：举个例子，比如某个大学教授，做超导材料，它的技术在国内领先，甚至在国际上领先。现实中，有没有这样的技术评估机构，可以对该技术进行分析，通过技术评估，给出准确权威的判断？比如，还要不要做某方面的研究，如果做的话谁来做比较好？或者，要不要开辟欧洲市场？如果开辟的话可以要价多少？我想，好的咨询公司一定知道怎样做出更好的判断。您是怎么看的？

高非答：其实，每个咨询公司都有自己的业务领域。您说的是技术咨询公司，但是问题在于，单纯做这样的技术咨询业务其实很难存活，因为并没有这么大的业务量，这对于人的要求也非常高，几乎就是专家水平。顶尖的知识产权咨询公司实际上更多的是从商业的角度做咨询，因为技术咨询相对来讲难度更大，有不同的技术路径和路线、流派的问题。你说的这种技术咨询公司，业界的确需要，但是只靠一家公司很难把它做起来。

周林问：对，因为技术太难，很难做全，不可能一家就做好。还有一个问题，某高校，想发挥他们在某方面的优势，它们想就某个特定的领域、特定的技术建立一个技术鉴定的机构和数据库，您认为这个可行吗？

高非答：其实讲到这一块的话，我们是愿意合作的。因为很多高校有很多专家，也没有人能把这些专家都聘过来。专家具有更好的科研背景，而我们这些机构更了解市场，我们也拥有着自己的数据库。这样的合作类似于专家委员会和服务平台的对接。专家委员会可以对技术做评估，评估了之后交给我们，这是一个相对好的模式。不过，因为这样的需求还在发展过程中，所以单独地构建这样一个平台成本相对较高。目前信息产业也有专家组织，它是一个松散组织，但是有案例可以一起讨论。您说的专家库可以这样建立，建好之后也不是每天都有需求，而是有需要的时候提供支持即可。有一些企业，会有技术鉴定的需求、新技术引入的需求。它们也会委托我们找这样的专家资源。

同学问：您刚才提到，在高校专利的转化过程中，会有一个"信息差"的问题，那是不是可以把接收信息的过程提前呢？或者高校接收信息有没有更好的方式？

高非答：有这样的方式。其实现在很多高校的课题都是分横向和纵向的，横向就是和企业的合作，帮企业做一些前期研发的工作。但这是一个定向的渠道，而且不是所有的企业都能做这样的事情。一些大的企业也会把自己的研发中心或者研究院分为一级、二级，一级研究院做1—3年要做的东西，二级研究院做未来3—5年的东西。它并不以营利为目的，所以需要有一定体量的企业才可以支撑。未来，它会把这些成果推给产业，去做产业化。这些大企业，也会连接很多高校的资源。对于科技成果转化来说，其需要这样的平台，但不是所有的企业都能投入这么大。所以，在这块，行业也一直在模式上进行探索，包括孵化器、加速器等一些模式。

同学问： 高总，请问您对高校成果转化率的提高有没有什么建议？

高非答： 其实，如果想把转化率提高，市场化的运作非常重要。另外，直白点说，仅仅提升转化率，可能手段有很多，也很容易，但是最终真正达到自己想要的那种"转化"可能很难。采用不同的统计方式，转化率的高低也不同。实打实的转化率，需要尽量多商业化的运作。有很多种方式，比如通过基金推动，通过像我们这样的技术经理人、专利运营机构推动。在这个过程中，高校需要有开放的心态，我们要有专业的水准，再加上现在开放的政策，借助市场化、专业化，也许会更好推动。

同学问： 如果说跟咱们这样的专业机构合作，需要高校有一部分经费支持吗？

高非答： 这个其实是涉及商业模式的问题，要看我们双方具体如何合作。方式有很多，对我来说，最重要的是把事情做成，倒不一定急着收服务费。只要专利是最终能在商业上转化的，能够去把它做成，那怎么都行。但如果不能转化，那就是纯成本。

同学问： 在这种情况下，我们的知识产权咨询公司是一个什么角色呢？

高非答： 我们更多的时候是一个技术经理人的角色，相当于一个技术经纪人，但并不是专门做这个的，也会为客户提供法律上、技术上的咨询。比如现在的技术交易大市场，也属于试图把信息打通，把需求匹配到一起的角色。

周林问： 是的，国家出台很多政策，也是希望企业往标准化、规范化方面走。这其实也是专利转化的一个方面。但是我们可以看到，专利转化各式各样，只要占住了技术制高点，就会有各种用途。

高非答：其实，政策的出发点是好的，想把知识产权的保护提升，只有强保护。在强保护的前提下，被侵权的企业受到了很好的保护，知识产权的质量也能提升。所以，我们很赞成这样的政策。

同学问：您为企业做专利规划的时候，是做具体的个案分析呢，还是有一些常用的模型呢？

高非答：咨询工作很难说全流程标准化，我们有自己的一套方法论和模型设计，当然也要结合个案来分析。整体上，这两者是结合起来用的。

同学问：那您在帮助企业应对诉讼时，有什么特别的办法吗？

高非答：特别的办法不好说，因为面对不同的对手、不同的专利、不同的国家，我们的诉讼策略都不一样，这也是我们这些知识产权咨询机构和律所存在的意义。

周林问：对，很难有标准化的策略，这是一种靠人的责任心，以及智慧和经验完成的工作。有的律师能打赢，也有的律师打不赢。

同学问：高总，请问贵公司的客户一般是通过什么渠道找到的您？

高非答：这个渠道非常多。有我们自己的宣传渠道，合作的渠道，熟人介绍，投资方的渠道，地方政府、合作伙伴的渠道，还有客户通过我们的网站过找来。当然，我们希望能够有更多的合作伙伴，互通有无，一起推动行业的发展。

信息法研究

《知识产权研究》第二十六卷
第 83~92 页
© SSAP，2020

守住作者底线，回归立法初衷

——对梁信与"中芭"版权纠纷案的反思

周　林[*]

摘　要：梁信与中央芭蕾舞团的版权纠纷案，是一起并不复杂的普通民事案件。法院结合查明的事实，做出有利于梁信的判决。一审判决后，双方均不服判决提起上诉。二审判决维持一审原判。二审后，中央芭蕾舞团仍然不服。作为败诉方的中央芭蕾舞团不但不执行法院生效判决，反而在 2018 年初，对外发布一纸声明，指责本案一审法院错误地强制执行渎职法官的枉法判决。本文结合这起版权纠纷案件，分析在版权立法和司法中，版权合同偏离立法初衷的原因，探讨中国版权法改革的方向。

关键词：比较法研究　版权法　版权合同　版权法改革

引　言

2018 年初，梁信与中央芭蕾舞团（以下简称"中芭"）的版权纠纷案，通过中芭的一纸声明得以曝光。这是一起并不复杂的普通民事案件。争议的焦点在于，梁信与中芭于 1993 年 6 月就电影《红色娘子军》改编为芭蕾舞剧签订的许可使用协议中的有效期，及伍仟元报酬的约定，如何认定。

＊　中国社会科学院知识产权中心研究员，《知识产权研究》集刊主编。

法院结合查明的事实，认定该协议有效期为十年，伍仟元报酬应为十年内的报酬数额，而非永久性的报酬数额。法院并据此做出有利于梁信的判决。

一审判决后，双方均不服判决提起上诉。二审判决维持一审原判。二审后，中芭仍然不服，向最高人民法院提出再审请求。再审经审理后，裁定驳回中芭的再审申请。有学者撰文指出，该案两审法院对案件主要焦点问题的分析细致入理，判决结论准确，几乎无可挑剔。但是，作为败诉方的中芭不但不执行法院生效判决，反而在2018年初，对外发布一纸声明，指责本案一审法院错误地强制执行渎职法官的枉法判决，严重伤害了芭蕾舞剧《红色娘子军》以及中芭利益，对法院的强制执行"予以坚决反对和严厉谴责！"中芭拒绝执行并肆意诋毁法院判决的做法理所当然地受到了来自各方面的批判和谴责。但是，对中芭的这种违法之举不应止于谴责。本案在很多方面都值得进一步深入思考和研究，特别是深究发生中芭这种违法之举的根源，分析在版权立法和司法中，版权合同偏离立法初衷的原因，探讨版权法改革的方向，鼓励原创，推动建设创新型国家。

一 版权始于版权合同（订立与履行）

版权法教科书，对版权的产生是这样说的：版权自创作完成之日起自动产生。然而，就版权可能产生的实际价值来说，仅仅创作完成，是毫无意义的，既不能给作者带来精神上的荣耀，也不能给作者带来经济上的利益。版权只有付诸利用才有意义。

一般来说，作者的创作是非常个性化的。许多经典的、传世的优秀文学艺术作品，它们的创作者，并不是因为有了版权才去从事那些在普通人看来是艰苦的差事。在人类文明史的相当长一段时间里，经典似乎总是自由散漫的结果。就中国而言，早期的版权保护萌芽所针对的是图书复制。书商为了自身利益，企图借助官府的力量，维护其对特定图书印刷复制的垄断。这种情况一直延续到作者走到前台。在信息技术快速发展的背景下，市场对信息内容的需求剧增。如果不对信息生产者给予一些鼓励和刺激，这种需求将很难满足。于是，现代版权制度建立起来，它通过赋予信息生产者——作者对其所生产的信息——文学艺术作品加以控制的权利，来满足市场对信息源源不断的需求。

对版权的利用是从跟作者订立许可使用合同开始的。既然法律赋予作者版权，而版权又是对作品加以市场利用的专有权，使用人就只有通过购买或征求许可的方式从作者手里获得版权使用许可，此后的使用方为合法正当。这种购买或征求许可通常采用的形式就是跟作者订立书面合同。从这个意义上说，版权并非自动产生，而是始于作者与使用者签订版权合同。

二　1990年《著作权法》倾向于作者的两个条款

1990年颁布的《著作权法》专门有一章规定"著作权许可使用合同"。其中第二十三条规定："使用他人作品应当同著作权人订立合同或者取得许可，本法规定可以不经许可的除外。"这是在一般情况下，对版权利用必须经过订立合同这个步骤，做出的硬性规定。接着，其第二十六条规定，"合同的有效期限不超过十年。合同期满可以续订"。从这条规定看，立法者的意图十分明显，那就是通过设置合同上限（最长不得超过十年），保护在合同订立时处于弱势地位的作者。在许多情况下，在谈判桌上的作者很难在合同价款方面与使用者讨价还价。立法者考虑到这种情况，便设定一个十年期限，目的是在十年期满后赋予作者重新谈判的地位。作者可以根据第一个十年期内合同执行及市场情况，确定新的要价。

1990年《著作权法》第一个体现立法者倾向保护作者的条款，是第十七条关于"委托作品"的规定。其第十七条规定："受委托创作的作品，著作权的归属由委托人和受托人通过合同约定。合同未作明确约定或者没有订立合同的，著作权属于受托人。"很明显，在委托创作中，如果合同没有就版权归属作出约定或者约定不明，版权归作者（让作者通过享有版权而获益）。这个条款也是明显倾向于保护作者的。实践中，很多作品的委托创作，委托人（通常为出资方）和受托人（通常为作者）没有订立合同，或者订立的合同在版权归属上不明确。在这种情况下，立法者选择了"作者主义"，即对在委托创作中没有订立合同，或者订立的合同没有明确约定的，版权归受托人即作者享有。这个规定从形式上看跟"雇主主义"立法截然相反。但是，我们不能据此得出"作者主义"与"雇主主义"孰优孰劣的结论。结合《著作权法》第一条的规定，对立法者这个选择的解读，只能是它要凸显我国的版权立法重在保护作者的立法初衷或立法原意。

三 2010年《著作权法》删除了"合同的有效期限不超过十年"的规定

2010 年国家对《著作权法》进行修订，第三章的内容被修改为"著作权许可使用和转让合同"。该章不仅规定了许可使用合同，还把版权转让的内容加进来。其第二十四条规定："使用他人作品应当同著作权人订立许可使用合同，本法规定可以不经许可的除外。"从文字表达看，这一条几乎照搬了 1990 年《著作权法》第二十三条的规定，删除了"或者取得许可"几个字，立法者似乎强调许可使用合同须订立（书面）许可使用合同。从这个要求看，立法者似乎想通过订立许可使用合同这个形式上的要求保护作者，但是在接下来的法条中，删除了 1990 年《著作权法》（第二十六条）中关于"合同的有效期限不超过十年"的规定。接着，2010 年《著作权法》第二十五条规定："转让本法第十条第一款第（五）项至第（十七）项规定的权利，应当订立书面合同。"根据这一条的规定，作者可以将其版权中的经济权利一次性卖断。从 1990 年《著作权法》不鼓励、不提倡作者卖断版权，到 2010 年明确规定作者可卖断版权，并且删除对许可使用合同不得超过十年的规定，可以看出此时立法已然发生偏离。

关于委托合同，2010 年《著作权法》未做改动。"受委托创作的作品，著作权的归属由委托人和受托人通过合同约定。合同未作明确约定或者没有订立合同的，著作权属于受托人。"从字面上看，立法者采用的仍然是"作者主义"，明显对作者有利。但是，这一条规定在实际运用中不乏问题。

例如，在作者与使用者对委托作品的使用发生争议时，如果作者以享有版权为由，不适当地阻止委托人使用委托创作作品，该如何解决？《著作权法》第十七条的规定仅仅解决了版权归属，但是没有解决版权利用中可能发生的问题。如何解决这个问题，平衡委托人与受托人之间的利益，达到既鼓励创作，又有利于使用的目的，在法律修订之前，司法解释就很有必要。

四　司法解释跟版权法修改草案在委托合同上跑偏？

2002 年 10 月 12 日最高人民法院审判委员会第 1246 次会议通过的《最高人民法院关于审理著作权民事纠纷案件适用法律若干问题的解释》对于版权合同的有效期等内容没有作出规定，仅就非书面形式的版权转让合同及出版者将著作权人交付出版的作品丢失、毁损致使出版合同不能履行的行为作出规定。[①]

但是，司法解释对 1990 年《著作权法》第十七条中关于委托作品的规定，作出了不利于作者的司法解释。该解释第十二条规定："按照著作权法第十七条规定委托作品著作权属于受托人的情形，委托人在约定的使用范围内享有使用作品的权利；双方没有约定使用作品范围的，委托人可以在委托创作的特定目的范围内免费使用该作品。"从这一条的解释看，其似乎仅限于委托作品的使用范围，委托人在无限定条件下，得在合同约定范围内或在委托创作的特定目的范围内免费使用该作品。这种在特定范围内的免费使用，应当是附条件的，即委托人在支付了合理报酬的情况下方可使用，否则，这个解释就是过于偏袒委托人。

最高院的这种偏袒委托人的解释，尤其反映在该司法解释的第十三条，"除著作权法第十一条第三款规定的情形外，由他人执笔，本人审阅定稿并

---

① "第二十二条　著作权转让合同未采取书面形式的，人民法院依据合同法第三十六条、第三十七条的规定审查合同是否成立。""第二十三条　出版者将著作权人交付出版的作品丢失、毁损致使出版合同不能履行的，依据著作权法第五十三条、民法通则第一百一十七条以及合同法第一百二十二条的规定追究出版者的民事责任。"

以本人名义发表的报告、讲话等作品，著作权归报告人或者讲话人享有。著作权人可以支付执笔人适当的报酬"，和第十四条，"当事人合意以特定人物经历为题材完成的自传体作品，当事人对著作权权属有约定的，依其约定；没有约定的，著作权归该特定人物享有，执笔人或整理人对作品完成付出劳动的，著作权人可以向其支付适当的报酬"。司法解释关于"代笔作品"和"自传体作品"的第十三条和第十四条尚且考虑了委托人"可以"向受托人支付"适当的报酬"，但是第十二条关于普通委托作品中的使用，对如何补偿受托人，未置一词。

在立法中吸收司法经验，特别是吸收司法解释中那些合乎法理的内容是很常见的。但是，如果司法解释"跑偏"，立法就不应照搬。《著作权法》第三次修订送审稿不仅没有及时纠正最高院的这种失误，反而把这种偏袒委托人，不利作者的条款规定下来。送审稿第二十一条规定："受委托创作的作品，其著作权归属由当事人约定。""当事人没有约定或者约定不明的，委托作品的著作权由受托人享有，但委托人在约定的使用范围内可以免费使用该作品；当事人没有约定使用范围的，委托人可以在委托创作的特定目的范围内免费使用该作品。"

委托人在约定范围内免费使用委托作品应该有前提，即至少委托人履行了该履行的义务，如支付委托创作的费用或其他对价；委托人使用仅限于自己使用；委托人使用要"合理"，不能损害受托人权益……没有约定使用范围……"在特定目的范围"难以掌握，而且有些多余。都说权利归受托人了，还规定委托人免费使用，那权利岂不虚设？总之觉得不甚清晰，还不如原来原则点好。我们注意到由国务院法制办向特定单位征询意见的"内部稿"第十八条删除了"送审稿"第二十一条中的新增加内容，恢复了2010年《著作权法》第十七条的规定。

五 德国版权法改革做了什么？

德国知识财产法对作者及表演艺术家与文化产业投资方（出版商、电影制作方、电视台）所签订的合同规定了若干条款，如德国版权法第三十二条及随后条款。这些条款涉及个人合同，也涉及作者团体或作者工会与投资方签订的格式合同。

为了强化作者在版权法中的地位，德国在2012年对其版权法进行修订，在第三十二条引入一项规定，作者享有向使用其权利的一方索取适当酬劳的权利。也就是说，不论版权合同是怎样签订的，作者都有权主张适当报酬。换句话说，使用有版权作品，都要向权利人支付适当报酬。然而，问题恰恰出在"适当"一词上。何为"适当"？对此各方争议较大。针对这个问题，2016年修订后的条款规定，在原规定的基础上，使用作品的数量及其产生的经济收益将作为适当报酬的考察要素。此外，现有的有关作者及表演艺术家团体、工会一方与文化产业投资方（如出版商协会）一方签署的格式合同条款，也可作为对报酬是否"适当"进行界定的参考。

六　美国版权法是怎样规定的？

美国版权法第二百零一条对"版权的归属"做出详细规定。（a）款规定："依本篇受保护之作品的原始版权属于作品的作者。"（b）款规定，"雇佣作品——作品为雇佣作品的，雇主或作品为其创作的他人，就本篇而言，视为作者，享有版权中的一切权利，但当事方以签署的书面文件作出明确相反规定的除外"。

美国版权法在雇佣作品的立法上，采取的是"雇主主义"（典型的资本主义），就是在没有相反规定的情况下，版权归雇主。但是，"雇主主义"的背景是，在英美国家，作者协会力量强大，它们均为所属会员提供积极且有效的保护。第一，这类协会向作者普遍开放（中国则只限于知名作家）；第二，这类协会向会员提供示范合同条款和各种维权指导，并向立法机关施加影响。在这个背景下，虽然版权归属雇主（资方），但是雇员依然能够凭借雇佣合同及所属协会的力量，获得他/她应得的创作报酬。

七　版权合同的本质

正如前面第一节所论证的，版权的价值在于利用，只有利用方能体现版权的价值。而版权的利用，是通过订立版权合同实现的。那么，版权合同的本质就是作者与使用者，就版权利用的条件订立合同，确保作者与使用者履行合同，从履行合同中获得各自利益。

在一般民事合同中，最重要的两个内容就是：合同目的与合同价款。尤其是像委托、雇佣等劳务合同，合同目的与合同价款是不可或缺的两个要件。实践中也许会发生漏订合同价款或者合同价款不明的情况。出现这种情况，在发生争议时，首先应查明的就是约定价款与实际给付价款。如果委托方已然给付价款，还要看给付的价款是否跟合同订立时确定的价款一致，或者给付的价款是否跟受托人付出的劳动适当。如果给付价款低于合同价款，或者给付价款不适当，那么，在委托方取得合同标的之前，必然首先要予以解决。

同理，在委托作品发生争议时，解决争议的步骤也应当遵循一般民事合同的规则，首先要查明合同目的与合同价款。委托人在没有履行给付合同价款，或者在合同价款不明的情况下，不给付适当价款，就判定委托人可以在"合同约定的使用范围内"，或者"在委托创作的特定目的范围内"免费使用该作品，显然违反了合同法的一般规则，在委托人与受托人之间显失公平，过于偏袒了委托人。

八　中国版权法修订的方向：回归立法初衷

也许有人说，委托人在和受托人形成委托关系的时候，就必然会有使用的意图，这个受托人肯定是知道的。合同目的或者（作品）使用意图或许容易判断，那是否可以在双方发生争议时，不管是否支付了合同价款，委托人就能在合同目的之下免费使用呢？在实践中，围绕委托创作而发生的纠纷，多是因为委托人（资方）不支付报酬或支付的报酬不充分或不适当。根据合同法一般规则，在没有满足合同价款的条件下的免费使用，不具有正当性。只有在满足向受托人（作者）支付适当报酬这个前提后，委托人的（免费）使用才具有合理性或正当性。

如果本次修订版权法涉及第二十一条关于委托作品的规定，那就需要参看其他国家相关法律，借鉴合同法一般理论和规则。如果委托合同没有约定或约定不明确，遵循版权法首先要鼓励原创，保护作者的立法精神，作有利于作者的推定，对委托人的使用要严格限制。鉴于委托创作目的通常不易判断，因此绝不能由委托人事后自行确定。"免费"二字要删除，至多只能推定授权进行委托人预期的使用，但该付报酬的就要先付报酬，没有约定付报酬方式及付报酬数量的，按一般行业惯例确定。也可以根据使用方式，按照支付版税的方式向受托人支付报酬。以版税方式另付报酬，尤其适用于委托创作目的是营利性使用的情况。

鼓励作品的利用和传播，并不意味着一定要让投资人取得原始版权，或通过合同廉价或无偿取得继受版权。这样做有违立法初衷，是无法鼓励作者创作的。鼓励投资人利用和传播作品，不是让其去切本应属于作者的"蛋糕"，而是打击侵权盗版，改善投资环境，让投资人通过经营尽可能获得更大的利润。在委托作品的版权归属问题上，我们仍应当坚持大陆法国家在某些特殊作品的著作权归属方面的思路和做法，即坚持"作者主义"。否则，如效仿英美法国家，中国作者的地位将会跌到谷底。

我们注意到国务院法制办关于修订版权法的"内部稿"删除了这个新增加部分，恢复了原有（倾向保护作者的）规定。但是，关于委托作品在实际工作中的问题并未解决，立法和司法中削弱作者地位（比如删除合同十年期限），或者说，鼓励原创的立法精神，跟发达国家比起来，与建设创新型国家的目标还有较大差距。

版权合同的关键是给付（作者）报酬。版权法就是通过赋权作者，让其以权获利，从而鼓励创作，乃至传播和使用。德国最近两次修法，就是以各种方式让作者（从创作中）获取酬劳。因此，为妥善解决委托作品使用问题，建议进一步完善立法，在第十八条后面增加一款，"受托人获得适当报酬后，得许可委托人在合同约定范围内使用作品"。此外，为体现著作权法保护原创的精神，建议第二十五条第一款后面增加一句总括性规定，"使用他人作品应当向作者支付合理报酬"。

《知识产权研究》 第二十六卷
第 93～108 页
© SSAP，2020

新加利福尼亚数据保护法概述

——以欧盟通用数据保护法为蓝本

托马斯·霍伦* 　斯蒂芬·皮内利 著** 　唐丹蕾 译***

摘　要： 美国加州《2018 加州消费者隐私法案》（CCPA）的出台，将会对加州以及全球很多公司产生深远影响。本文旨在对该项法案进行提纲挈领的概述——涉及法案中各种法律定义的解释、法案适用的具体范围、各方的权利义务以及权利救济的各种途径。在对加州新法案 CCPA 进行介绍的同时，本文将会以 GDPR（《欧盟通用数据保护法》）为蓝本比较二者的异同。此外，本文将会针对全球的公司及其数据保护策略提供相应的指导。

关键词： 个人数据　数据保护　CCPA　GDPR

美国《2018 加州消费者隐私法案》（CCPA）将于 2020 年 1 月 1 日生效，一旦生效，将会为处理个人信息的公司设立广泛的责任与义务。届时，加州关于数据保护的法律将发生根本性的变化。

一　加州立法历史回溯

美国加利福尼亚州（简称"加州"）始终重视数据保护。加州的宪法将

---

　　* 德国明斯特大学法学院教授。
　** 大众汽车（德国）数字法律部负责人。
*** 中国社会科学院研究生院法律硕士研究生。

隐私权视为公民神圣不可侵犯的基本权利。[1] 也由于宪法的保障，在个人数据保护方面，加州不乏有关人格权保护的各种规定。[2] 不过，以前的法律都将重点放在对公民个人隐私，而不是对数据的保护上。[3]

Facebook 丑闻此前在美国引起轩然大波。出于对其的恐惧，加州公民发起了要求新数据保护法的公投。在法案出台之前，已经有超过 60 万加州居民在请愿书上签名。[4] 此次新法案的出台，正是公投直接催化的结果。为了先发制人，加州议员紧急提出立法草案，并迅速通过了最终的法案。[5] 民主党和共和党都对该法案表示支持。[6] 通过这样的方式，立法者得以确保其对立法程序的控制权。而消费者保护协会也对这一结果喜闻乐见，因为通过立法者的确认，他们的主张上升为了法律。

---

[1] 参见《加利福尼亚州宪法》第一章第一条，https://leginfo. legislature. ca. gov/faces/codes_ display Text. xhtml? lawCode = CONS&division = &title = &part = &chapter = &article = I（last access 09. 08. 2018）。

[2] 参见参议院司法委员会参议员杰克逊、汉娜贝丝的概述，https://digitalcommons. law. scu. edu/historical/1748/（last accessed 09. 08. 2018）。

[3] Schwartz, Paul M. (2009), "Preemption and Privacy", 118 *Yale L. J.*, p. 908 ff.

[4] Wakabayashi, Daisuke, "California Passes Sweeping Law to Protect Online Privacy", https://www. nytimes. com/2018/06/28/technology/california-online-privacy-law. html （last accessed 09. 08. 2018）; or Spies, Axel (2018), "USA: California Privacy Act (CCPA) Up for Vote", ZD-Aktuell, 06156.

[5] Kramer Levin Naftalis & Frankel LLP, "United States: The California Consumer Privacy Act of 2018: Summary and Comparison to GDPR", http://www. mondaq. com/unitedstates/x/724858/ Dodd-Frank + Wall + Street + Reform + Consumer + Protection + Act/The + California + Consumer + Privacy + Act + of + 2018 + Summary + and + Comparison + to + GDPR （last accessed 09. 08. 2018）; Also see https://leginfo. legislature. ca. gov/faces/billHistoryClient. xhtml? bill _ id = 201720180AB375 （last accessed 09. 08. 2018）.

[6] See https://www. nytimes. com/2018/06/28/technology/california-online-privacy-law. html （last accessed 15. 08. 2018）; https://twitter. com/AsmEdChau/status/1012421315507073025? ref _src = twsrc% 5Etfw% 7Ctwcamp% 5Etweetembed% 7Ctwterm% 5E1012421315507073025&ref_url = ht-tps% 3A% 2F% 2Fwww. theverge. com% 2F2018% 2F6% 2F28% 2F17509720% 2Fcalifornia-con-sumer-privacy-act-legislation-law-vote （last accessed 15. 08. 2018）.

二　CCPA 的框架

该法案分为多个部分。[1] 第二节正式重申了立法者的立法申明。第三节
是法案的具体内容，重点明确了责任与权利，并被加入了民法典中（参见
CCPA 第 1798.100 条—第 1798.135 条）。其中第 1798.140 条列举了法案涉
及的众多法律定义。这些法律定义的参考点并未被明确指出。它们可能参
考的是在该条之前规定的权利，也可能参考的是在该条之后规定的处罚。
不适用本法案的例外情况被规定在了法案第三节第 1798.145 条，而众多的
处罚措施则被规定在了第 1798.150 条和第 1798.155 条。

三　CCPA 中的主要法律定义

（一）加州居民

《2018 加州消费者隐私法案》仅仅保护加利福尼亚州的居民。不过，此
法案不仅适用于消费者，还适用于每一个作为患者、租户、学生或者家庭
成员的加州居民。[2] 法案的第 1798.140 条（g）规定，"加州居民"的法律
定义应当以加利福尼亚州法规第 18 篇第 17014 部分规定的为准。根据该部
分，"加州居民"的定义包含所有在该州境内非临时性或非过渡性居住的
人。同时，永久定居在加州，但因临时性或过渡性的原因住在外地的，也
属于"加州居民"。

相对地，完全不涉及加州人的商业活动，并不能适用此法案。当然，
对企业来说，其如果不能确保其商业活动自始至终不影响加州居民，就必

① https://leginfo. legislature. ca. gov/faces/billTextClient. xhtml? bill _ id = 201720180AB375（last accessed 09.08.2018）.

② Determann, Lothar, "Broad Data and Business Regulation", https://iapp. org/news/a/analysis-the-california-consumer-privacy-act-of-2018（last accessed 09.08.2018）; or Andrew Murray, Philipp Gordon, "the APP of 3 July 2018".

须受到此法案的管辖。

（二）消费者

提到 CCPA，人们总会提及"消费者"（Consumer）。然而，"消费者"一词并不能准确表达该法的内涵。在 CCPA 第 1798.140 条（g）中，"消费者"一词被定义为所有属于加利福尼亚州居民的自然人。也就是说，该法案的适用并不止于"消费者保护"的范畴，还涵盖了与自然人有关的所有活动。相应地，法案第二部分的解释备忘录标明，涉及加州居民居住地址、驾驶习惯、睡眠模式、生理特征与健康的信息等，受到法案的保护。因此，法案第 1798.140 条（o）（1）（A）规定，IP 地址、电子邮箱地址、社保号码和驾驶执照号码等信息属于此法的保护范围。并且，法案第 1798.140 条（o）（1）规定了十分广泛的"个人通用信息"的定义，包括所有可能与消费者或家庭有关的信息。不过，根据第 1798.145 条（a）（5），已去标识化的匿名信息并不在此法案规制范围内。

（三）个人和家庭信息

对于 CCPA 中"个人信息"一词的解释，一直存有争议。该法案也没有给出明确的指导方针。此法案的法律定义一节第 1798.140 条（a）概括了"总和消费者信息"的一个特征，即不与任何特定消费者或家庭关联（Link）。相反地，根据第 1798.140 条（o）（1），此法案的适用范围，是所有能够与特定消费者或家庭相关联的信息。因此，对"与家庭相关联"的解释仍旧具有争议性。威斯曼认为，应该对该定义采取广泛的解释——没有指明任何特定的个人，但是与家庭多人有关的信息属于"与家庭相关联"，属于该法案适用的范围。例如，用水量、电力消耗量和互联网协议。① 该分类方法也符合法案第 1798.140 条（x）和第 1798.140 条（o）（1）（A）

---

① Determann, Lothar, "Broad Data and Business Regulation", https://iapp.org/news/a/analysis-the-california-consumer-privacy-act-of-2018（last accessed 09.08.2018）.

的规定。其中,第 1798.140 条(x)规定的唯一标识符(Unique identifier),是第 1798.140 条(o)(1)(A)规定的标识符(Identifier)定义的一部分。从这两条可以看出,识别系统应包括可用于识别消费者或家庭的任何信息。在此法案中,"家庭"被定义为父母和其未成年子女的组合。不过,当未成年子女和父母不住在同一个州时,并不符合此定义。此外,第 1798.140 条(g)将消费者的概念综合定义为,至少可以通过识别系统识别的自然人。所以,虽然各种定义繁复,但仍然可以明晰,CCPA 可以适用于涉及整个家庭的非个人数据。在这方面,CCPA 与 GDPR 有很大不同,GDPR 从一开始就不适用于此种情况。

(四)设备的定义

更具有争议的,是 CCPA 对设备的法律适用情况。从一开始,人们认为有必要使用该法规范物联网。例如,有人直截了当地提出,因电子计量表的使用而产生的数据保护问题,应当纳入该法的规制中。在这方面,新的加州法案是以计划中的《欧洲数字隐私法案》为蓝本的。CCPA 第 1798.140 条(j)规定,"设备"是能够直接或间接连接到互联网或其他设备的物体。因此,CCPA 不仅规制设备联网的情况,也规制两个设备互相连接的情况。对于 CCPA 采取这样规定的原因,并无权威的解释。一个原因可能是,该法案的框架结构本身就不甚清晰。另外,设备信息仅仅在第 1798.140 条(a),作为"总和消费者信息"的一部分被提及。CCPA 文本并未对设备有过其他引用。因此,应该以第 1798.140 条(o)(1)为准,只要信息可以与特定的消费者或家庭产生关联,就属于本法案的适用范围。

综上所述,新的《2018 加州消费者隐私法案》中,"个人信息"的范围,远比现行的《加州数据泄露通知法》(见于《加州民法典》第 1709 条 8.82)更广泛。信息,只要可能与某个特定消费者或者设备联结,就属于"个人信息"。在使用产品期间产生的大量数据,也会受到新加州数据保护系统的约束。

（五）公开可得的信息

根据 CCPA 第 1798.140 条（o）（2），公开可得的信息被排除在"个人信息"的法律定义之外，不适用该法案。不过，CCPA 致力于，在数据保护和公众的信息利益中找寻平衡。因此，"公开可得的信息"被定义为，来自联邦、州，或者其他数据库的，并且在当地的行政级别下可访问的信息。

反过来，在消费者不知情的情况下，公司所收集的、关于消费者生物特征的信息不属于"公开可得"的信息。虽然储存在政府数据库中，但并未按照其原始收集目的被使用的数据，也不是"公开可得"的信息。以上两项规定将"合目的原则"与"数据"的法律定义相结合，以防止公司逃避数据保护法的监管，滥用政府数据库中的信息。总的来说，政府数据库中的数据，并不能自动排除数据保护法的适用。这产生了相当大的复杂性。另外，"总和消费者信息"并不属于"公开可得"的信息。[①] 由于"总和消费者信息"不与任何个人相关联，原本就不受到数据保护法的保护，所以 CCPA 在此"多此一举"强调了其性质。[②] 欧盟数据法也持相同的观点。由于 CCPA 保护的也是特定的个人和家庭，所以就继受了该观点。此法案也旗帜鲜明地排除了对"总和消费者信息"的规制。

（六）医疗信息

医疗信息是 CCPA 的一个例外。受《加利福尼亚医疗信息保密法》和《美国健康保险流通与责任法案》管辖的信息不受 CCPA 规定的约束。[③]

---

① CCPA 1798.140（o）（2）.

② Klar/Kühling, in: Kühling/Buchner（ed.）, DSGVO-BDSG, DS-GVO Art, 4 no. 1 marginal 15, 16; Helfrich, in: Hoeren/Sieber/Holznagel（ed.）, Multimedia-Recht, Teil 16.1 marginal 29, 30, 31.

③ Wagner, Patricia & kim, Daniel, "How will the New California Consumer Privacy Act of 2018 Affect Your Business?" https://www. healthlawadvisor. com/2018/07/05/how-will-the-new-california-consumer-privacy-act-of-2018-will-affect-your-business/（last accessed 15.08.2018）.

四　法规适用的范围

CCPA 适用于全球所有收集和处理加利福尼亚居民个人信息的公司。其第 1798.175 条明确指出，它的适用范围并不局限于互联网，而是包括所有的公司收集和出售个人数据的行为。不管是对于小比萨店，还是像谷歌和脸书这样的商业巨头，它的效力是相同的。不过，要被此法规制，公司还需要至少满足第 1798.140 条（c）（1）所列举的三个条件之一。

根据第 1798.140 条（c）（1）（A），CCPA 只适用于年度总收入在 2500000 美元以上的公司。不过，对这一数字的计算方法还存在争议。它既可以只计算一个公司涉及加利福尼亚州的收入，也可以包括其全球的收入和合并结果。① 目前，GDPR 规定了与全球收入相关的制裁。《加州民法典》第 1714.43 条（a）（1）也持相同的观点。其他加州的法律采纳了只计算加州收入的严格计算法。② 不过，从该法案设立的目的来看，可以假设，此法案采用的是只涉及加利福尼亚州居民的严格计算法。

或者，根据第 1798.140 条（c）（1）（B），本法案适用于，每年处理 50000 以上涉及加州居民数据的公司。鉴于 IP 地址也被包括在内，该数字并不难达到。③因此，在互联网领域，全球运营的公司也必须符合加利福尼亚州特别法的规定。

此外，若某公司 50% 以上的年收入是通过销售加州消费者的个人信息

---

① Determann, Lothar, "Broad Data and Business Regulation", https://iapp. org/news/a/analysis-the-california-consumer-privacy-act-of-2018/（last accessed 09. 08. 2018）; Determann, Lothar, "California Privacy Law-Practical Guide and Commentary U. S. Federal and California Law", 3rd edition 2018.

② E. g. the California Revenue and Taxation Code in Sec. 17942（a）（2），http://leginfo. legislature. ca. gov/faces/codes_displaySection. xhtml? lawCode = RTC&sectionNum = 17942（last access 09. 08. 2018）.

③ Goldman, Eric, "An Introduction to the California Consumer Privacy Act（CCPA）", p. 2, https://poseidon01. ssrn. com/delivery. php? EXT = pdf（last accessed 09. 08. 2018）.

获得的，则其应受到 CCPA 的约束 ［参见第 1798.140 条（c）（1）（C）］。根据第 1798.140 条（t）（1），任何对数据的使用，只要被支付了金钱或者其他有价值的等价物，都是"销售"行为。

然而，根据第 1798.145 条（a）（6），如果一个公司完全在加利福尼亚州以外进行商业活动，则其不受 CCPA 的约束。不过，要满足这个条件，该公司的所有数据处理过程与各种连续不断的交易活动，都必须与加州居民无关。① 所以，结果是，一个公司，只要在加州有经济活动，就要受到 CCPA 的约束。② 因此，所有来自欧盟的，并在加利福尼亚州有销售市场的公司，都必须遵守 CCPA 对它们商业活动的有关规定。在这一点上，可能会出现与美国宪法"至上条款"的冲突。③ 该条款规定，美国联邦法律优于各州的法律。同时，该条还规定了特别的限制，限制各州制定影响该州以外公司的数据保护法案。④ CCPA 并没有违反该限制。在联邦层面，美国现有1974 年的"隐私法"，但它只约束公共当局。⑤ 此外，还有针对个别行业的联邦法规，例如 1978 年的"金融隐私权法案"。但是，并没有会与 CCPA 发生冲突的、普遍适用的数据保护法。CCPA 也明确指出，本法案只涉及公司在加利福尼亚州的经济活动，而并不干涉该公司的其他商业活动。不过，应当注意的是，作为数据保护法，CCPA 也不应该超出美国联邦"海外账户税收合规法"的特定限制。⑥

---

① "Doubts Remain About Constitutional Jurisdiction and Admissibility"; see Goldman, Eric, "An Introduction to the California Consumer Privacy Act（CCPA）", p. 2, https://poseidon01. ssrn. com/delivery. php? EXT = pdf（last access 09.08.2018）.

② Goldman, Eric, "An Introduction to the California Consumer Privacy Act（CCPA）", p. 2, https://poseidon01. ssrn. com/delivery. php? EXT = pdf（last accessed 09.08.2018）.

③ "U. S. Const. art. VI, cl. 2"; Determann, Lothar, "California Privacy Law", p. 10, https://iapp. org/media/pdf/publications/IAPP-California-Privacy-Law-2018-SAMPLE.pdf（last accessed 14.08.2018）.

④ Determann, Lothar, "California Privacy Law", p. 10, https://iapp. org/media/pdf/publications/IAPP-California-Privacy-Law-2018-SAMPLE.pdf（last accessed 14.08.2018）.

⑤ Schwartz, Paul M. （2008）, "Preemption and Privacy", 118 *Yale L. J.* 902, p. 913.

⑥ Schwartz, Paul M. （2008）, "Preemption and Privacy", 118 *Yale L. J.* 902, p. 921.

五 CCPA 带来的义务

CCPA 生效后，受影响的公司必须遵循一系列的行为义务。

（一）信息义务

根据 CCPA 第 1798.100 条（a）的要求，法案所涉及的公司必须向消费者披露它们所收集的数据种类和特定数据。[①] 因此，"收集"这一行为至关重要。根据 CCPA，公司并不需要获得消费者对其"收集"行为的明确接受，而是推定消费者已经接受。而"收集"的法律定义非常广泛，涵盖了接收和处理消费者个人信息的所有行为，既包括主动收集也包括被动收集和观察行为［参见第 1798.140 条（e）］。

为此，在收集个人数据之前或期间，公司负有义务告知消费者本次收集数据的类别和数据处理的目的。[②] 不过，企业无须主动告知，而是经数据主体的特别请求才告知［参见第 1798.100 条（c）］。实践中具体情况的处理，必须运用 CCPA 第二节第 1798.140 条（y）所规定的"可核实的消费者要求"的法律定义，并有赖于第 1798.185 条（a）（7）所规定的总检察长行为指南的实施。这个指南规定，总检察长应当建立规则和程序，来管理企业如何确定消费者请求是"可核实的请求"。例如，在账户属于密码保护账户的前提下，该账户的维护者登录该账户，并且发送了请求，是否可以认定该请求为"可核实的请求"。

在核实消费者的请求之后，企业应该立即通过邮政或电子邮件，以易于阅读的形式免费向消费者发送相关信息。不过，在 12 个月内，消费者只能要求企业履行至多两次该义务。如果信息仅被企业用于日常交易而未出

---

① Goldman, Eric, "An Introduction to the California Consumer Privacy Act（CCPA）", p. 2, https://poseidon01. ssrn. com/delivery. php? EXT = pdf（last accessed 09. 08. 2018）.

② Goldman, Eric, "An Introduction to the California Consumer Privacy Act（CCPA）", p. 2, https://poseidon01. ssrn. com/delivery. php? EXT = pdf（last accessed 09. 08. 2018）.

售，则该义务不存在［参见 CCPA 第 1798.110 条（d）（1）］。

（二）提供信息的具体义务

由于 CCPA 框架的不清晰，各条所规定的公司义务之间的关系并不明晰。根据 CCPA 第 1798.110 条，消费者有权要求企业披露已收集数据的大量信息。但是，对第 1798.110 条规定的信息责任与第 1798.100 条规定的一般信息责任之间究竟是什么关系，还存在疑问。一方面，这两种义务可以看作单独的规则。另一方面，第 1798.110 条的具体规则也可以被看作第 1798.110 条的具体化。区分各种义务的关键词是"销售"（Sale），其只在第 1798.115 条被提及。因此，在本条中，为消费者提供信息的义务，仅仅指向广义的"销售"数据的行为。

在任何情况下，消费者都可以要求任何信息处理公司提供关于个人信息类别、来源类别、信息处理目的和接收数据的第三方类别的信息。当然，消费者必须首先提出"可核实的消费者请求"。

（三）便利用户行使拒绝权的义务

在线服务和网页的用户，应当被赋予权利，禁止公司出售他们的个人数据［参见第 1798.120 条（a）］。① 根据法律定义，"出售""销售"是指，企业以口头、书面、电子，或其他方式来出售、出租、发布、披露、传播、提供、转让消费者的个人信息给另一企业或第三方，以获得金钱或其他有价值的对价。在第 1798.120 条（a），该法案将拒绝的权利描述为"选择退出"。相对地，如果用户并未使用拒绝的权利，则意味着其无条件同意其数据的转售（未满 16 周岁的人例外）。所以，如下文所述，公司必须充分告知用户其所拥有的权利和机会，并采取措施便利用户行使"选择退出"的权利。根据第 1798.140 条（T）（2）（D），因合并或收购等公司交易而产

---

① Goldman, Eric, "An Introduction to the California Consumer Privacy Act（CCPA）", p.2, https://poseidon01.ssrn.com/delivery.php? EXT = pdf（last accessed 09.08.2018）.

生的数据的转让，不属于数据的"出售"。除此之外，消费者主动要求企业向第三方披露信息，也不属于数据的"出售"。

CCPA 第 1798.135 条（a）（1）具体规定了上文所提到的公司的告知义务——网站的运营者必须在自己的网页上提供一个名为"不允许出售我的个人信息"的链接。通过该链接，用户可以轻松禁止公司出售他们的数据。[①] 在用户行使拒绝权之后，公司至少应当在 12 个月内尊重该决定。12 个月后，公司才有权利再次请求该用户的同意。公司可以为加利福尼亚州的消费者提供单独的额外主页，以提供必要的链接和信息。

CCPA 第 1798.120 条（c）和（d）规定了适用于未成年人的特殊规定。和一般规定不同，除非得到了明确授权，否则公司不得转售他们的数据。[②] 不同于"选择退出"体系，适用于他们的规则可被称为"选择加入"体系。[③] 对于 13—16 周岁的未成年人，他们可以自主授权，而所有未满 13 周岁的未成年人，则必须经由他们的法定代理人同意才能授权。[④] 而 GDPR 在

---

① Also see https：//www. hipaajournal. com/california-passes-gdpr-style-data-privacy-law/（last accessed 15.08.2018）.

② CCPA Sec. 1798.120（d）；also see Mathews, Kristen J., Bowman Courtney M., "The California Consumer Privacy Act of 2018", https：//privacylaw. proskauer. com/2018/07/articles/data-privacy-laws/the-california-consumer-privacy-act-of-2018/（last accessed 15.08.2018）；Kramer Levin Naftalis & Frankel LLP, "United States：The California Consumer Privacy Act of 2018：Summary and Comparison To GDPR", http：//www. mondaq. com/unitedstates/x/724858/Dodd-Frank + Wall + Street + Reform + Consumer + Protection + Act/The + California + Consumer + Privacy + Act + of + 2018 + Summary + and + Comparison + to + GDPR（last accessed 15.08.2018）.

③ CCPA Sec. 1798.120（d）；also see Kramer Levin Naftalis & Frankel LLP, "United States：The California Consumer Privacy Act of 2018：Summary and Comparison to GDPR", http：//www. mondaq. com/unitedstates/x/724858/Dodd-Frank + Wall + Street + Reform + Consumer + Protection + Act/The + California + Consumer + Privacy + Act + of + 2018 + Summary + and + Comparison + to + GDPR（last accessed 15.08.2018）.

④ CCPA Sec. 1798.120（d）；also see Mathews, Kristen J., Bowman Courtney M., "The California Consumer Privacy Act of 2018", https：//privacylaw. proskauer. com/2018/07/articles/data-privacy-laws/the-california-consumer-privacy-act-of-2018/（last accessed 15.08.2018）；Kramer Levin Naftalis & Frankel LLP, "United States：The California Consumer Privacy Act of 2018：Summary and Comparison to GDPR", http：//www. mondaq. com/unitedstates/x/724858/Dodd-Frank + Wall + Street + Reform + Consumer + Protection + Act/The + California + Consumer + Privacy + Act + of + 2018 + Summary + and + Comparison + to + GDPR（last accessed 15.08.2018）.

这方面的规定不同，它规定，对 16 周岁以下的任何人的数据进行处理，必须征得其法定代理人的同意。① CCPA 还规定，只要公司知道用户低于 16 周岁，该规则就适用。② 如果公司故意无视消费者的年龄，则推定其知晓其真实年龄状况。③ 公司应当为法定代理人提供一个能够以邮件、传真或扫描方式回复的"征求同意表格"。④

（四） 删除的义务

根据 CCPA 第 1798.105 条，消费者可以要求公司删除他们所有的个人信息。⑤ 而被要求的公司⑥必须删除他们数据库中所有该用户的数据，并且要求所有的服务提供方也这样做。但是，有大量的情形属于该条款的例外。当数据对于公司业务或服务提供商是必要的时，或是公司为了完成交易、检测安全问题、纠正错误或遵守信息自由原则而收集消费者的信息时，则可以不满足消费者要求其删除信息的请求。⑦ 此外，尽管消费者享有拒绝的权利，但 CCPA 也允许公司在原始同意的基础上，利用数据处理进行涉及公共利益的研究，将数据仅用于内部目的或是使用数据来履行公司的法定义

---

① Kramer Levin Naftalis & Frankel LLP, "United States: The California Consumer Privacy Act of 2018: Summary and Comparison to GDPR", http://www. mondaq. com/unitedstates/x/724858/Dodd-Frank + Wall + Street + Reform + Consumer + Protection + Act/The + California + Consumer + Privacy + Act + of + 2018 + Summary + and + Comparison + to + GDPR （last accessed 15.08.2018）.

② CCPA Sec. 1798.120 （d）.

③ CCPA Sec. 1798.120 （d）; also see Goldman, Eric, "An Introduction to the California Consumer Privacy Act （CCPA）", p. 5, https://poseidon01. ssrn. com/delivery. php? EXT = pdf （last accessed 15.08.2018）.

④ Determann, Lothar, "Analysis: The California Consumer Privacy Act of 2018", https://iapp. org/news/a/analysis-the-california-consumer-privacy-act-of-2018/ （last accessed 15.08.2018）.

⑤ Goldman, Eric, "An Introduction to the California Consumer Privacy Act （CCPA）", p. 4, https://poseidon01. ssrn. com/delivery. php? EXT = pdf （last accessed 15.08.2018）.

⑥ CCPA 不对公司中谁负责遵守 CCPA 产生的法律义务做出任何要求。显然，这是留给公司自己设计的。

⑦ Goldman, Eric, "An Introduction to the California Consumer Privacy Act （CCPA）", p. 4, https://poseidon01. ssrn. com/delivery. php? EXT = pdf （last accessed 15.08.2018）.

务。跟随着 GDPR 的脚步，在美国的法律中，"被遗忘权"也被提及。[1] 但是，CCPA 规定的例外情况比欧洲更广泛。因此，在这方面，二者并不是并驾齐驱的。

六　权利救济的途径

（一）制裁和罚款

CCPA 第 1798.155 条规定，如果公司未能在 30 天内回复警告，将面临高额罚款。故意违反该条款，将面临最高 7500 美元的罚款，对于过失来说，这一数字为 2500 美元。这些索赔应由总检察长主张。[2] 20% 的罚款应直接送交司法部，以进一步起诉违法行为。

此外，即使公司是数据窃取或其他形式数据丢失的受害者，根据 CCPA 的第 1798.150 条（a）（1）（A），对于每个遭受其害的居民或发生的事件，公司都要承担 100—750 美元的法律损害赔偿。这是第一次出现对数据安全采取适当方法的需求。但是，它仍然只是强调，公司需要制定和维护"合理的安全程序"。如果法院认为适当，公司也可以提供其他救济方式。这些法规为消费者提供了个人行动权，以便其自己执行这些诉讼。此外，如果有关的人数量太多以至于个别行动不可行，则可以通过集体诉讼主张要求。

由于缺乏个体案例以做参考，CCPA 第 1798.155 条所提到的赔偿额，只有死板的最高限制额。第 1798.150 条规定，关于法律损害赔偿，当消费

---

① Grant, Amy (2018, "The California Consumer Privacy Act of 2018（AB 375）: What You Need to Know", https://www.tripwire.com/state-of-security/featured/california-consumer-privacy-act-2018（last accessed 15.08.2018）.

② Sec. 1798.150 CCPA; De la Torre, Lydia, "GDPR Matchup: The California Consumer Privacy Act of 2018", https://iapp.org/news/a/gdpr-matchup-california-consumer-privacy-act（last accessed 13.08.2018）.

者遭遇的实际损害超过规定限额时，赔偿金额可以超过该数额。[1] 无论消费者是否因侵权而实际遭受金钱或财产损失，均应适用。对于欧洲人来说，该损害赔偿金额可能听起来很荒谬，特别是如果将其与 GDPR 进行比较。但是，在之后，立法者很有可能会增加损害赔偿的金额。要知道，美国规定的对于"破坏形象"的惩罚，对于全球所有营业的公司来说都极为苛刻与严格。

（二）数据故障/数据滥用的规定

在数据被滥用的特殊情况下，CCPA 支持消费者进行个人法律诉讼。[2] 但是，消费者必须首先告知公司，并让其有机会在 30 天内纠正自己的行为。在 30 天后，当消费者没有收到有关整改的书面通知时，他才被允许采取法律行动。[3] 在提起诉讼后，消费者应当在 30 天内通知总检察长。[4] 只有总检察长在 6 个月内没有回应时，消费者才可以采取行动[5]。CCPA 规定，对于每位消费者或者每次事故来说，损害赔偿金额为 100 美元到 750 美元，或实际损害赔偿金，以数额较高者为准。[6] 此外，消费者还可以通过禁止令或宣告手段进行权利救济。[7]

七　CCPA 和 GDPR 之比较

新加利福尼亚州法律的出现，给欧洲企业带来了一个问题。即：是否

---

① S. Wording of Sec. 1798.150（a）（1）（A）"Whichever Is Greater"; Spies, Axel, "USA: New Californian Data Protection Act CCPA as Pioneer", ZD-Aktuell 2018, 04318, p. 4, https://www.morganlewis.com/-/media/files/publication/outside-publication/article/2018/zd-aktuell-cc-pa-pioneer-july-2018.ashx（last accessed 09.08.2018）.

② De la Torre, Lydia, "GDPR Matchup: The California Consumer Privacy Act of 2018", https://iapp.org/news/a/gdpr-matchup-california-consumer-privacy-act/（last accessed 13.08.2018）.

③ CCPA Sec. 1798.150（b）（1）.

④ CCPA Sec. 1798.150（b）（2），（3）.

⑤ CCPA Sec. 1798.150（b）（2）.

⑥ Sec. 1798.150（a）（1）（A）; De la Torre, Lydia, "GDPR Matchup: The California Consumer Privacy Act 2018", https://iapp.org/news/a/gdpr-matchup-california-consumer-privacy-act（last accessed 13.08.2018）.

⑦ CCPA Sec. 1798.150（a）（1）（B）.

只要达到了 GDPR 的相关要求，欧洲的企业就已经符合了 CCPA 的特殊规定?[1] 原则上，没有经过论证，我们不能直接给出肯定的答案。GDPR 并没有 CCPA 要求的数据披露类型，以及消费者在维护其权利方面的合作。特别是，CCPA 要求，公司应在其网站上为消费者提供直接拒绝数据销售的机会，而 GDPR 并无此规定。

此外，两者对于"个人数据"的定义也不尽相同。CCPA 扩展了法案适用的范围，还包括 GDPR 未涵盖的数据，如家庭和家电数据，部分类似于计划中的《欧洲数字隐私法案》。[2]

加利福尼亚州居民所拥有的删除数据和访问数据的权利也更广泛。[3] 例如，上文提到的，要求公司为消费者直接提供拒绝机会的规定。数据保护法的例外情形给予了公司个体的行动自由，是消费者需要加以注意的。而 GDPR 和 CCPA 在例外规定方面也有很多不同。特别是，加州法律对言论和信息自由的保护力度比欧盟要高。[4]

不过，从总体来看，GDPR 对个人数据的保护力度，要比 CCPA 高一

---

[1] Kramer Levin Naftalis & Frankel LLP, "United States: The California Consumer Privacy Act of 2018: Summary and Comparison to GDPR", http://www. mondaq. com/unitedstates/x/724858/Dodd-Frank + Wall + Street + Reform + Consumer + Protection + Act/The + California + Consumer + Privacy + Act + of + 2018 + Summary + and + Comparison + to + GDPR (last accessed 15. 08. 2018).

[2] Determann, Lothar, "Broad Data and Business Regulation", https://iapp. org/news/a/analysis-the-california-consumer-privacy-act-of-2018/ (last accessed 09. 08. 2018); Kramer Levin Naftalis & Frankel LLP, "United States: The California Consumer Privacy Act of 2018: Summary and Comparison to GDPR", http://www. mondaq. com/unitedstates/x/724858/Dodd-Frank + Wall + Street + Reform + Consumer + Protection + Act/The + California + Consumer + Privacy + Act + of + 2018 + Summary + and + Comparison + to + GDPR last a ccessed 15. 08. 2018.

[3] De la Torre, Lydia, "GDPR Matchup: The California Consumer Privacy Act of 2018", https://iapp. org/news/a/gdpr-matchup-california-consumer-privacy-act (last accessed 09. 08. 2018); Kramer Levin Naftalis & Frankel LLP, "United States: The California Consumer Privacy Act of 2018: Summary and Comparison to GDPR", http://www. mondaq. com/unitedstatcs/x/724858/Dodd-Frank + Wall + Street + Reform + Consumer + Protection + Act/The + California + Consumer + Privacy + Act + of + 2018 + Summary + and + Comparison + to + GDPR (last accessed 15. 08. 2018).

[4] Determann, Lothar, *Freedom of Communication on the Internet-Freedom Rights and Legal Restrictions*, 1999, p. 622.

些。因为，对于公司基本的数据收集行为，GDPR 建立的是一套"选择进入"的系统。（参见 GDPR 第五章、第六章、第七章）。相反，CCPA 首先推定消费者接受数据收集，只是给予了消费者"选择退出"的机会。

CCPA 还规定，消费者不因行使其权利而处于不利地位（参见 CCPA 第 1798.125 条）。该项规定，任何公司，无论其规模大小，都不得因行使法律加之的义务而拒绝向用户提供商品或服务，更不得因此而向用户收取不同的价格。GDPR 并没有明确的此类规定。

在诉讼方面，CCPA 在第 1798.160 条（a）规定设立"消费者隐私基金"，以承担法案实施的成本。另外，CCPA 的实施，有赖于个人或集体诉讼，在个别情况下，还可以由司法部来确保（参见第 1798.150 条）。但是，CCPA 并未设立与欧洲相同的、起诉违法行为的特殊数据保护机构。

而且，和 GDPR 不同，CCPA 并不要求公司任命一个数据保护官。

八 展望：对欧盟公司的影响

新的法案 CCPA 的出台，会对欧盟公司的日常业务产生巨大影响——在其与全球客户的关系中，尤其是互联网业务方面，这些公司会受到 CCPA 的规制。因此，有越来越多的公司需要将 CCPA 同时与加州先前的数据保护水平和欧洲的新标准做对比。这意味着它们必须调整许多业务流程，也意味着高昂的时间和金钱支出。[①]

对于许多公司来说，它们面临着显著增加的合规要求和文档义务。如上所述，这些要求和义务与 GDPR 的规定并不完全一致，而是增加了额外的要求。此外，令人惊讶的是，物联网领域已通过立法在加利福尼亚州受到监管，而盟委员会却仍在为规范数字隐私而努力。

---

① Determann, Lothar, "Broad Data and Business Regulation", https://iapp.org/news/a/analysis-the-california-consumer-privacy-act-of-2018（last accessed 09.08.2018）.

研究生论坛

《知识产权研究》第二十六卷
第 111~135 页
© SSAP，2020

重农主义：作者权视野下的利益平衡之路

魏　琪

摘　要：法国作者权制度确立之初的 1777 年法令深受重农主义思想的影响，破除行会垄断，鼓励自由竞争，注重对作者自然权利的保护，同时将对个人利益的追求统一到对社会利益的维护中。交织着自然权利观念和功利主义思想的法国重农主义思想在法国大革命后依然影响着法国作者权制度的形成与发展。大革命时期的法令对于公有领域的承认和扩大，19 世纪相关司法判例对于非自然人主体作者地位的承认，都体现出法国在重农主义思想影响下偏离了完全自然权利的路径。激励创作与公众可获得之间的利益平衡，实际上是作者权制度与版权制度的共同核心。在互联网 2.0 时代，面对技术迅速更迭，利益平衡导向的传统著作权制度仍具有核心价值，而技术产生的问题则应交由技术解决。

关键词：重农主义　1777 年法令　公有领域　利益平衡　互联网 2.0

一　重农主义的介入

1777 年 8 月 30 日路易十六颁布了六项法令，该法令规定了两种特权：一种是基于作者创作事实专属于作者的永久性特权；另一种是与出版者的投资额成比例专属于出版者的有期限特权。① 自此，法国走出了一条与英美

---

① 参见〔西〕德利娅·利普希克《著作权与邻接权》，联合国教科文组织译，中国对外翻译出版公司，2000，第 18 页。

版权制度不同、具有自身特色的作者权制度，将作者中心化作为该制度的逻辑起点。英国版权制度与法国作者权制度皆源于印刷特权，又同样经历了书商垄断与破除垄断的竞争①，那么在破除原有垄断集团的垄断利益后，为何英国选择否认作者因创作作品而享有应永久保护之权利，法国君主却选择在 1777 年法令②中承认作者因作品创造所产生的具有永久性的作者权？我们也许可以在代表着作者权与版权分歧所在而又处处显露重农主义色彩的 1777 年法令中寻找答案。

（一）承认作者自然权利

在 1777 年法令的序言中③，君主承认在图书方面授予特权是一种符合正义的恩惠，但正义与否的判断并非取决于君主意愿，而是取决于是否满足某种条件——作者的创作。作者的创作是一项劳动，作者因为这项劳动值得获得任何奖励，包括在作品上获得专属于作者的排他性权利。这一规定很好地解决了有关权利来源和特权性质的争议。作者创作作品的行为产生了一项明确的个人权利，该权利先于皇室授予的特权而存在，而正是这项权利决定了特权的授予。对于作者来说，其所享有的印刷和销售图书的权利并非取决于君主的自由意志，君主也无法拒绝。特权只是一种法律手段，其性质和目的在于保证作者在其作品上享有排他性权利，使作者能够依靠其智力活动获得生活资料。

作者对于其智力劳动创造的产物——作品，享有权利的缘由，形象地呈现在重农主义思想的创始人魁奈关于自然权利的讨论中。魁奈认为，一

---

① 参见魏琪《政策面向：作者权与版权的分歧与融合》，《电子知识产权》2016 年第 3 期。
② See "Prologue French Decree of 30 August 1777, on the Duration of Privileges, Paris（1777）", *Primary Sources on Copyright*（*1450 - 1900*），eds. L. Bently & M. Kretschmer, http://www. copyrighthistory. org/record/f_1777a, 最后访问日期：2019 年 2 月 1 日。
③ See "Prologue, French Decree of 30 August 1777, on the Duration of Privileges, Paris（1777）", *Primary Sources on Copyright*（*1450 - 1900*），eds L. Bently & M. Kretschmer, http://www. copy-righthistory. org/record/f_1777a, 最后访问日期：2019 年 2 月 1 日。

切人对于一切自然权利的抽象观念，是非常空洞的，为了适应自然秩序①，不如把人的自然权利的范围，归纳到人们可能享受的各种事物上，这种享受只能通过人们自己的劳动来获得。关于人们的自然权利应该满足两方面的要求：一是从性质上说，这种权利应该是确定的，所谓确定就是人们对于其享受的事物能够实际占有；二是从正义上说，这种权利应该是有效的，所谓有效就是人们享受的事物是在不侵犯他人所有权的情况下，依靠自己的劳动获得的。这种权利应该扩及人们可能发现彼此相关的一切领域②，绝不仅仅限于对于地球上各种有形物体的享有。对于人们通过劳动而创造的任何形式的事物，无论有形还是无形，人们对其都应享有权利。谁都无法否认智力劳动应为劳动的一种，精神的能力与肉体的能力本就不应区分主次。因而，作者通过智力劳动所创造出来的作品，自然应被看作作者的私有财产，作者自然应对其享有一切权利。也许，从巴黎书商的主张中，我们更能清楚地看出重农主义的自然权利思想如何影响了作者永久性权利的享有。"确实，一个人能拥有什么？难道作为他学习研究的独特成果的智力产品，不能说是属于他的吗？人所必需的，他的灵魂、牧场、草场、树木在创世之初，便自然而平等地给予了每一个人，每个人也仅能通过劳动，这唯一合理的方式，为自己提出权利要求。那么在出版和销售作品方面，谁能比作者拥有更多的权利呢？"③ 这一植根于重农主义的权利诉求，获得了法国君主的认可。作者对其权利的享有是永久性的，那么 1777 年法令将作者劳动创造的作品作为私有财产进行永久保护的做法，自然是正当而合

---

① 重农学派的哲学基础"重农主义"一词的法语原文是 Physiocratie，其意为自然的统治，人类社会须服从自然法则以谋求最高福利。因后来，斯密在 1776 年发表的《国富论》中，将魁奈及其门徒的理论称为"农业体系"，与重商主义相对应，从而后世将魁奈的团体称为重农学派。但是，追根溯源，"重农主义"则实为"自然秩序的科学"，追求自然秩序才是其理论基础。

② 参见〔法〕魁奈《魁奈〈经济表〉及著作选》，晏智杰译，华夏出版社，2006，第 298 页。

③ See "Diderot's Letter on the Book Trade, *Paris* (*1763*)", *Primary Sources on Copyright* (*1450 – 1900*), eds. L. Bently & M. Kretschmer, http://www.copyrighthistory.org/record/f_1763，最后访问日期：2019 年 2 月 1 日。

理的，毕竟只有"自由和私人利益才能够使国家欣欣向荣"。①

（二）永久性的作者特权与有期限的书商特权

人们对于事物的权利不仅仅在于取得和处置，还包括占有事物的权利，如果没有这项权利，就不能说是真正的所有者，这是重农主义从性质层面对于自然权利的叙述。作为权利的所有者，自然有权行使其权利，但是人们可能将真正的使用和短暂的使用相混淆。在真正使用的概念下，享有这些权利的目的是寻找沃土，是在享有这些权利的同时还能享用通过该权利而创造出来的成果。重农学派希望所有人在使用领域依然是真正的所有人。

基于自然权利理论，作者所享有的具有所有权性质的特权应当是永久不受限的，但是如果当权者对于作者所享有的特权的转让不加任何限制，作者就会因为市场结构不得不把自己的特权完全转给书商②，那么在自然秩序下，作者基于创造本应享有的私有财产被剥夺了，而让书商享有了本应属于创造者的权利。这种有悖于自然秩序的做法，当然需要君主介入加以限制。为了防止书商通过"转让"手段，甚至在作者死后永久性地占有作品，成为作品真正的主人，《1777 年法令》第三条规定，对于新书，书商可以享有十年的特权。③《1777 年法令》第五条明确规定④，作者可以为了自己和继承人的利益永久地保有其特权，但是如果作者将作品转让给书商，

---

① 参见〔法〕魁奈《魁奈〈经济表〉及著作选》，晏智杰译，华夏出版社，2006，第 306 页。
② See Laurent P. Fister ", Author and Work in the French Print Privileges System: Some Milestones, Privilege and Property: Essays on the History of Copyright", Edited by Ronan Deazley, *Martin Kretschmer and Lionel Bently*, Cambridge Open Book Publisher, 2010, pp. 115 – 136; "French Book Trade Regulations, Paris (1725)", *Primary Sources on Copyright* (*1450 – 1900*), eds. L. Bently & M. Kretschmer, http://www.copyrighthistory.org/record/f_1725，最后访问日期：2017 年 4 月 1 日。
③ See "Article Ⅲ, French Decree of 30 August 1777, on the Duration of Privileges, Paris (1777)", *Primary Sources on Copyright* (*1450 – 1900*), eds. L. Bently & M. Kretschmer, http://www.copyrighthistory.org/record/f_1777a，最后访问日期：2019 年 2 月 1 日。
④ See "Article V. French Decree of 30 August 1777, on the Duration of Privileges, Paris (1777)", *Primary Sources on Copyright* (*1450 – 1900*), eds. L. Bently & M. Kretschmer, http://www.copyrighthistory.org/record/f_1777a，最后访问日期：2019 年 2 月 1 日。

作者本来应享有的永久性特权将被贬损为有期限的特权，只及于作者有生之年。在重农学派自然权利观念的影响下，君主极力避免书商永久地行使特权，而成为作品实质意义上的主人。[①]

君主对于作者永久性权利的处分设限，除了自然权利的缘由之外还体现在重农主义关于自由放任政策的重要论述上。主张自由放任政策的重农学派认为应该取消一切特殊的私人利益。商人、工场主和手工业行会所关注的永远是谋取最大的财富，而作为谋取财富的手段，一些特权总能诞生在他们的诉求中。贸易本身会由于商人的贪婪而遭到破坏，也会导致国家财产的减少和力量的消亡，使商人获得财富的垄断只会对本国产生有害的影响。所以，能够符合自然秩序的贸易政策应当是自由放任的，不受限制的。

法国君主在16世纪选择将印刷特权授予巴黎书商的目的在于控制"异端学说"的传播，通过授予书商特权之上的垄断，而使其发挥图书审查者的职能。[②] 然而既为裁判员又为球员的巴黎书商，为了维护自身的垄断利益，开始滥用其图书审查的职权，将其他新兴书商，特别是外省书商排除在利益之外。滥用职权所带来的必然结果则是损害人们对公共福利的关心，破坏政府在内政上所依靠的动力，破坏经济秩序，使国家发生震荡。有顾于此，深受重农主义影响的法国君主对于巴黎书商的态度发生了逆转，认为只有破除巴黎同业工会在印刷行业的垄断，才能使图书贸易真正对公众有利，促使公众以合理价格交换知识的传播。为了保护贸易竞争和自由，分散图书出版，平衡巴黎书商和外省书商之间的利益，保护公共利益，保

---

① 必须于此处加以阐明的是，法令对于作者永久转让特权的限制并非与自然权利的观念相违背。在阐释自然权利的时候，魁奈同时强调了缺乏理性地运用自由，有时会成为给自己招来麻烦的根源。处在实在法和监护当局保护之下的人，能够大大提高他们作为财产占有者的能力，从而大大提高他们对自然权利的运用，而不是限制这种权利。参见〔法〕魁奈《魁奈〈经济表〉及著作选》，晏智杰译，华夏出版社，2006，第306页。

② See "French Censorship Act, Chateaubriand（1551）", *Primary Sources on Copyright（1450 – 1900）*, eds. L. Bently & M. Kretschmer, http://www.copyrighthistory.org/record/f_1551，最后访问日期：2019年2月1日。

证作者及其继承人永久地通过合法手段利用作品，在确认一项排他性的权利同时，有必要通过给作者永久性权利处分设限，为作者提供行使其权利的方法，使之能够获益。

（三）注重公共利益

作为重农主义思想基础的自然权利对于1777年法令的影响是显而易见的，但是自然权利维度的分析绝不能涵盖重农主义思想影响的全部。"个人利益是为公共利益服务的"这一重农主义的口号不容忽视，而1777年法令中大部分的法条同样向我们揭示了一项不容忽视的事实，即重农主义思想对于作者权制度的影响还体现在公共利益维度中。

谋求最高福利的功利主义目标向来是自然秩序概念的重要内涵。魁奈将两个希腊文"自然"和"主宰"合成一个特殊词 Physiocratie，意为自然的统治，并由此引申出人类社会必须服从自然法以谋取最高福利的含义。[①] 自然秩序之所以存在，是为了使人类实现幸福，既然如此，人类就有责任对自然秩序进行研究和理解，从而使人类的日常生活与自然秩序相符合。而在这样的秩序下，人类可以最小的牺牲，或者最小的劳动、痛苦求得最大的满足。正因为魁奈思想中包含着最大幸福原理，美国著名经济学家约瑟夫·熊彼特将其称为功利主义的创始人之一。魁奈认为，最大幸福的实现，需要创造一个自由无拘束的竞争条件。在这样的条件下，每一个人都可以自由地追求其一生的个人利益。这种追逐私利的行为，不仅没有伤害到自然秩序，反而可以更好地满足社会需求，维护社会的有效运转。但是任何追逐私利的行为都有可能引起社会各阶级之间的对抗，因而每个人在完全享受其自然权利的同时，也要同社会协调一致所带来的利益相一致，让那些不能为社会做出贡献的人，也应当能分享这个特定社会能为他们提供的福利，实现竞争社会中各种利益的普遍协调。[②] 这些同样也是1777年

---

① 参见谈敏《法国重农学派学说的中国渊源》，上海人民出版社，2014，第86页。
② 参见〔法〕魁奈《魁奈〈经济表〉及著作选》，晏智杰译，华夏出版社，2006，第303页。

法令的应有之义。

为了使公众能够共享智力创作的成果，1777 年法令承认了作者的权利和出版商的特权，这无疑体现了某种程度的激励。当因智力创作获得了权利，享有了利益时，作者才能更富有激情地创作；当因资本投入而获得了收益时，出版商才能更放心地扩大生产，进一步促进知识的传播。而这种激励是以公共利益为边界的，是为了让公众能够更方便地获得更为平价的图书。而为了提供自由的竞争环境，促使图书的成本可以由购买者决定，1777 年法令竭尽全力扩大竞争，让更多书商参与图书出版。当权者明白，如果某个出版商可以永久地决定某本书的价格，那必然是在为垄断的形成铺路；如果因为允许一小部分书商行使权利，而抹杀了其他书商行使权利的可能，那必然是权利滥用和盗版伪造的源头。因此，《1777 年法令》第六条至第十条对公有领域作出了三种规定①：在作者将特权转让给书商的情况下，一旦作者死亡，该特权下的作品便得自由竞争；第一条已经规定特权授予新作品，那么旧作品上自然不享有排他性权利；书商以作品内容增加四分之一以上为理由，要求续展特权的，在特权期满后，该作品进入公有领域。为了进一步促使获得许可的出版商积极使用该许可，其规定了获得许可要支付相应的费用，以防止出版商尸位素餐。

重农主义以纯粹的功利主义思考人们幸福的实现，个人利益和公众利益统一的实现。正是因为法国作者权的形成和发展受到了重农主义的影响，因而法令对于作者权利的承认、保护与注重公共利益的维护是并重的。而这种影响事实上并未因为法国大革命的发生而被完全割裂。当我们对大革命时期的 1791 年法令和 1793 年法令、19 世纪的司法判例和现代法国相关法律进行分析时，既能看到作者因智力创作的事实被赋予了神圣的权利，又能明确地指出公共利益在其中的重要影响。自然权利思想与功利主义思想统一

---

① See "Article Ⅳ. -Article Ⅹ. French Decree of 30 August 1777, on the Duration of Privileges, Paris (1777)", *Primary Sources on Copyright* (1450 – 1900), eds. L. Bently & M. Kretschmer, http://www.copyrighthistory.org/record/f_1777a，最后访问日期：2019 年 2 月 1 日。

于重农主义的思想之下，指引着法国的作者权制度走出一条独特的道路。

二　后重农时期的延续

在旧制度的土地上，在重农主义思想的促进下，作者与作品相联系，处于权利的中心。这一中心化既是自然权利思想的体现，同时又与破除垄断，维护公共利益的观念不可分割。在这样的双重基础上，作者享有的权利，既是绝对的又是有限的。这样一种特殊的权利很快受到了社会政治变革的考验，1789 年法国大革命爆发了。它凭借对于自由和平等的热爱，妄图摧毁旧制度下的一切事物，摧毁旧制度下的种种特权，在自然权利观念的引导下，试图确认人的各种权利，并将权利神圣化。1789 年 8 月 26 日制宪国民会议颁布的《人权宣言》便呈现了人类自然的、不可让渡的神圣的权利。至此，作者权制度似乎应当摆脱旧制度下的种种模式，完成其自然权利逻辑的蜕变。然而，事实并非如此。正如托克维尔在《旧制度与大革命》中所言"大革命可以分为完全不同的两个阶段：第一阶段，法国人想将旧社会的一切都摧毁，不留半片残砖断瓦；第二阶段，他们似乎发觉了一些东西不应该抛弃，而力图恢复。旧制度中的许多法律与政治习惯，在 1789 年销声匿迹，而过了几年之后又重现世间"。① 法国大革命并没有将作者权制度同重农主义思想剥离开来。尽管当我们从重农主义的视角审视重农主义思想对于作者地位的影响时，这种影响似乎是短暂的，当 1789 年的法国大革命席卷了法国全境时，重农主义思想便不再被人提起。但是，若从大革命之后的相关法令、司法判例的视角来看，重农主义思想仍然在悄悄地影响着法国作者权制度的模样。

（一）　大革命时期的相关法令

《人权宣言》在规定财产权是一项神圣不可侵犯之权利的同时，对于公

---

① 〔法〕托克维尔：《旧制度与大革命》，陈玮译，中央编译出版社，2013，第 8 页。

共需要的例外也作出明确说明。① 而在作者权方面，法国大革命时期的相关法令也秉持着相似的基础思想，将一项排他性权利授予作者，作者因为其智力创作自然而然享有该权利，但是公众在新的文学财产体系下仍然扮演重要角色。

1. 1791 年法令

作为法国大革命时期的法令，1791 年法令自然少不了作者权利的色彩。勒沙普利埃在 1791 年法令的相关报告中，将作品描述为"作者思想的成果，它是一项最为神圣的、最为正当的、最不可撼动的财产，它与人身有着最为紧密的联系"。创作作品的作者也是如此伟大，如果没有戏剧作家，所有市民都没有表演戏剧作品的可能，"而正是这些作品的表演才让 17、18世纪的法国如此的惹人注目"。② 因而《1791 年法令》第三条规定，在法国，作者如果在世，则其创作的作品不属于公有财产，任何公共剧院不经作者书面同意不得随意使用，否则该作品表演的全部收益应作为罚款归于作者。③ 第五条则规定在作者死后五年内，作者的继承人将成为作品的所有人。④ 但同样值得强调的是，上述有关戏剧作家权利的规定确实和某些关于自由和公共财产的原则相联系。

在 1791 年法令颁布之前，法兰西喜剧院作为唯一一家剧院，独享了表演剧作的排他性权利，戏剧家则不得不受其控制。这场戏剧作家和法兰

---

① 参见《人权宣言》第十七条　财产是不可侵犯与神圣的权利，除非合法认定的公共需要对它明白地提出要求，同时基于公正和预先补偿的条件，任何人的财产皆不可受到剥夺。

② See "Le Chapelier's report, Paris（1791）", *Primary Sources on Copyright（1450 - 1900）*, eds. L. Bently & M. Kretschmer, http://www.copyrighthistory.org/record/f_1791，最后访问日期：2019年2月1日。

③ See "Article Ⅲ, Decree Submitted on the Petition of the Dramatic Authors, 13 January 1791, Le Chapelier's Report, Paris（1791）", *Primary Sources on Copyright（1450 - 1900）*, eds. L. Bently & M. Kretschmer, http://www.copyrighthistory.org/record/f_1791，最后访问日期：2019年2月1日。

④ See "Article Ⅴ., Decree Submitted on the Petition of the Dramatic Authors, 13 January 1791, Le Chapelier's Report, Paris（1791）", *Primary Sources on Copyright（1450 - 1900）*, eds. L. Bently & M. Kretschmer, http://www.copyrighthistory.org/record/f_1791，最后访问日期：2019年2月1日。

西喜剧院的冲突也成了 1791 年法令的起源。既然每个人都有追求自己产业的自由，而艺术的完善也仰仗于竞争，那么在法兰西喜剧院一家独大的境况下，戏剧艺术就难以完善，人民也难以自由。因此破除法兰西喜剧院的垄断，使之不再对于戏剧作品享有排他性的特权成了 1791 年法令的主要目的。而破除垄断的主要方式体现在《1791 年法令》第一条①，每位市民都能够开设公共剧院，在该剧院中可以表演各种类型的作品。正是因为全体市民都具有开设剧院的可能，所有作者（活着或去世未满五年）才有可能选择他的剧本在何处被创作为戏剧。作者的权利正是与开设剧院的自由相联系。

同样与作者权利相联系的还有公有领域的规定，这一规定是 1791 年法令的一项基本原则，勒沙普利埃在其报告中将公有领域作为原则而将作者权利作为例外，他甚至抨击同一时期的英国太过看重权利保护而忽视了公有领域原则。从 1791 年法令相关法条的顺序中也可以看出，勒沙普利埃的想法确实代表了当权者的观点。在对作者权利进行规定之前，《1791 年法令》第二条先确定了公有领域的范围。② 即如果创作作品的作者去世超过五年，那么该作品则属于公共财产，此前存在其上的各种特权都将被废除，该作品可以在任何剧院表演。而作者权利的期限则是通过这条反推出来，并于《1791 年法令》第三条和第五条再作具体强调。打破特权主体的垄断，让戏剧家摆脱法兰西喜剧院的桎梏，成为享有权利的真实主体；坚持公共利益的最终目的，在作者死后五年，将其戏剧划归公有领域，归属公共财产，承认和扩大公有领域。1791 年法令的相关规定使法国作者权制度与重

---

① "First Article, Decree Submitted on the Petition of the Dramatic Authors, 13 January 1791, Le Chapelier's Report, Paris (1791)", *Primary Sources on Copyright* (1450 – 1900), eds. L. Bently & M. Kretschmer, http://www.copyrighthistory.org/record/f_1791, 最后访问日期：2019 年 2 月 1 日。

② See "Article Ⅱ, Decree Submitted on the Petition of the Dramatic Authors, 13 January 1791, Le Chapelier's Report, Paris (1791)", *Primary Sources on Copyright* (1450 – 1900), eds. L. Bently & M. Kretschmer, http://www.copyrighthistory.org/record/f_1791, 最后访问日期：2019 年 2 月 1 日。

农主义思想仍然高度契合。

2. 1793 年法令

1791 年法令率先彰显重农主义理念之时，真正与 1777 年法令一脉相承，对文学艺术财产作出明确规定的 1793 年法令自然也不甘示弱。拉卡纳尔甚至在其报告①中将 1793 年法令称为天才的权利宣言，强调了该法令同《人权宣言》的亲密联系。同 1777 年法令一样，其承认作者因为创造作品而享有的排他性权利，即任何作品的作者在其有生之年在共和国境内享有销售、授权销售、发行其作品的排他性权利，也可以部分或全部转让该权利。作者的继承人和受让人在作者死后十年依然享有同样的权利。② 在规定作者及其继承人和受让人权利内容和权利期限的同时，1793 年法令对于假冒行为也明确了罚款责任，包括对盗版者的罚款及对没有识别出盗版的赞助商的罚款。③ 尽管 1793 年法令从正反两个方面对作者权利构造了立体保护，但该法令对于作者权利的承认依然是为了推进公共福利。

尽管拉卡纳尔将作者权利称为最不易受批评的权利，这种权利的提高不会危及共和政体的平等，不会侵犯自由④，但作者权利绝不是 1793 年法令的唯一逻辑，而是同 1791 年法令一样，只是被看作公有领域的例外。而《1793 年法令》第六条关于满足手续的规定更是一种促进知识传播的手段。任何创作文学作品或者其他任何种类作品的作者都需要向国家图书馆交存两份复印件，以换取图书馆签署的回执。没有完成此项手续的市民，将没

---

① See "Report of Lakanal", See Jane C. Ginsburg (1990), "A Tale of Two Copyrights: Literary Property in Revolutionary France and America", *Tulane Law Review*, Vol. 64, p. 994.

② See "Article 1 – 2 French Literary and Artistic Property Act, Paris (1793)", *Primary Sources on Copyright (1450 – 1900)*, eds. L. Bently & M. Kretschmer, http://www.copyrighthistory.org/record/f_1793, 最后访问日期: 2019 年 2 月 1 日。

③ See "Article 4 – 5 French Literary and Artistic Property Act, Paris (1793)", *Primary Sources on Copyright (1450 – 1900)*, eds. L. Bently & M. Kretschmer, http://www.copyrighthistory.org/record/f_1793, 最后访问日期: 2019 年 2 月 1 日。

④ "Report of Lakanal", See Jane C. Ginsburg (1990), "A Tale of Two Copyrights: Literary Property in Revolutionary France and America", *Tulane Law Review*, Vol. 64, p. 994.

有立场提起假冒之诉。① 作者因为创作作品而享有的权利，确实应当受到保护，但是这种个人利益的维护应当与社会利益相统一，正是在这一观念的主导下，法令的制定者选择用交存手续在维护公众获得知识之可能的前提下，为作者提供更全面的保护。因为交存手续本身并不有损于作者权利的实现，却能够于文化保存和公众教育有益。

法令基于公共利益的考虑，为了传播知识、教育公众、保存文化所做出的一系列制度性安排仍然受到重农主义思想的影响。尽管重农学派在法国迅速兴起，短暂繁荣而又走向消亡，但是重农主义的思想在时间的长河中静静潜伏，并默默影响着后来者。即便是高扬着自由、热情、民主大旗的法国大革命，尽管它似乎破除了一切又创立了一切，但是它从未脱离旧制度的土壤，让重农主义得以延续为法国作者权制度最好的注解。

（二）19 世纪的司法回应

为了保护公共利益，大革命时期的法令都注重承认和扩大公有领域的范围，同时借助交存手续的规定，让作者追求个人利益的行为与社会利益一致。而在 19 世纪的相关判例中，则能更清楚地看到当权者为了保护公众更加便利地获得更多更好的信息，从而不惜对作者本身的定义作出扩大解释。这种扩大解释不仅仅体现在对于汇编作品作者的承认上，同时也体现在对于委托人作者权利的承认上。

1. 法兰西字典案

1808 年的法兰西字典案②对汇集作品的协调机构能否享有作为作者的权利作出了解释。在此案中，被告对于原告的作者权提出了质疑，并主张由于法兰西学术的废除，字典成为公共财产，任何人得对其重新出版或修改。

---

① "Article 6 French Literary and Artistic Property Act, Paris (1793)", *Primary Sources on Copyright (1450 - 1900)*, eds. L. Bently & M. Kretschmer, http://www. copyrighthistory. org/record/f_1793, 最后访问日期：2019 年 2 月 1 日。

② "Judgment of 6 flor. an 13, Trib. d'appel", [1808] 2 *Dev. & Car.* 1. 103, 4, J. Pal. 505. See Jane C. Ginsburg, "A Tale of Two Copyrights: Literary Property in Revolutionary France and America", *Tulane Law Review*, 1990, Vol. 64, p. 994.

1793 年法令将权利授予作者，侵权者必须对真正的作者而不是对国家或国家授权的出版者进行损害赔偿。原告的代理人则主张 1793 年法令所指的作者不仅包括创作文学作品的人，还包括那些出钱使作品得以创作完成的人。既然法兰西学术创作字典受国家指示由国家出资，那么字典的权利就应当归属国家。原告是经国家授权的合法出版商，在被告作出侵犯作者权的行为时，原告自然有资格代替未行动的权利人提起假冒之诉。法院最终在判决中支持了原告的诉求，并在判决说理部分指出 1793 年法令所使用的作者一词并非仅指那些自己创作文学作品的人，也包括那些使他人创作作品，或者出资令他人创作作品的人。政府作为支持并出资完成字典创作的主体，自然是利益的真正享有者，而依其授权从而出版作品的主体，作为连接作品和公众的主要纽带，也应该成为真正的利益主体。

法兰西字典案对汇集作品协调机构权利主体的确认，似乎压缩了公有领域，扩大了作者权利，但是作出判决的法院在将出版商看作连接作品和公众的主要纽带，并据此将出版商识别为利益的享有者之时似乎又传达着这样一种理念，即通过鼓励对作品的创作和投资，促进公共教育的发展。相似的情况也发生在 1814 年的汇编作品案中。

2. 汇编作品案

在 *Lelerc* 诉 *Villeprend & Brunet* 一案中①，法国法院对汇编作品的作者究竟能否成为 1793 年法令所保护的作者作出了详尽解释。一审法院于 1813 年 8 月 26 日作出一审判决以公有领域原则驳回原告诉讼请求。该判决认为 1793 年法令的目的在于维护作者销售、授权销售及发行其作品的权利，这一权利的享有者必须是真正的创作人，而不能是前人作品的复制者。而涉案汇编行为属于不包含任何知识和智慧的纯物质形态的复制，涉案作品已经归属公有领域，故被告自然可以复制该作品。

---

① See "Court of Cassation on compilations, Paris (1814)", *Primary Sources on Copyright (1450 – 1900)*, eds. L. Bently & M. Kretschmer, http://www.copyrighthistory.org/record/f_1814a，最后访问日期：2019 年 2 月 1 日。

法国上诉法院在 1814 年 12 月 2 日的二审判决中对一审法院的判决理由作出反驳。该判决认为 1793 年法令明确保护各种作品的作者，既保护单一作品的作者，也保护那些运用智力劳动对已有作品进行选择编排从而形成汇编作品的作者。因为汇编者的汇编行为并不是单纯的复制行为，而是将不同的作品进行重组连接，而这种连接是需要知识和智慧的。因此，涉案复制汇编作品的行为属于假冒行为，构成对作者权利的侵犯。从一审法院驳回诉讼请求到上诉法院明确汇编作品的作品属性、汇编者的作者地位，法国作者权制度对作者所做的扩大解释似乎与公有领域的扩大背道而驰，但实际上保护汇编作品更能体现公共利益色彩，因为汇编作品带有较少的作者贡献，却能传达更多的信息。公有领域与作者权利交织在一起，共同实现社会福利的目标，这一带有重农主义色彩的观念一直延续至现代，在法国现代的知识产权法典中同样有所体现。

（三）现代法国知识产权法典

1. 作者为自然人的例外

同法国 19 世纪的司法判例一样，法国现代知识产权法典在多个方面对作者权利做了扩大解释，包括将一些非自然人主体认定为作者。法典于第 L113-2 条承认了报纸、字典、百科全书等汇集作品（Collective Work）的协调机构①为原始的作者，同时确立了一项事前合同转移权利规则。根据第 L132-23 条之规定②，在视听作品制作方面，雇佣合同的存在就确立了一个推定，在此推定下作品的权利应该从作品的创作者转移到制作商。而作者在此情况下，既有保证制作者不受干扰地行使受让权利的义务，在作者拒绝完成或因不可抗力不能完成视听作品的情况下，也不得反对为完成该作

---

① 参见《法国知识产权法典》L113-2 条：集体作品是指由一自然人或法人发起并由该人编辑/出版及发表的作品，且参与创作的多个作者的个人贡献已融汇到该作品整体中，不可能就已完成的整体赋予他们中任何一人以单独的权利。

② 参见《法国知识产权法典》L132-23 条：在无相反的约定及不影响之前条款赋予作者权利的情况下，制作者同配词或未配词的作曲者之外的视听作品作者签订合同，即导致视听作品独占使用权转让给制作者。

品使用其完成的部分。① 1994 年的修订法案则是进一步将这一规则适用于计算机软件。② 当然，法典同时规定无论是雇主还是委托方都应当对作者予以补偿。

从汇集作品的协调机构、视听作品的制作者到计算机软件的雇主，法国作者权制度在适应技术创新的同时，逐步承认参与创作作品的法人取得作者地位。上述情况表明，从旧制度时期的重农主义思想影响开始，在经历了法国大革命和科技革命之后，现代法国作者权制度依然保留着同 1777 年法令相似的逻辑。这一逻辑于自然权利层面体现在对作者权利的尊重和保护上，而对非自然主体作者权的承认又与逻辑的另一个侧面公共利益维护不可分割。

2. 作者权滥用的限制

在对作者进行扩大解释的同时，法国作者权制度仍不忘进一步确定公共利益保护规则。凡尔赛上诉法院在 1987 年的判决③中适用了有关经济权利"恶意滥用"（Notorious Abuse）的规则。该案件争议的焦点是藤田夫人是否有权拒绝传记作家复制藤田先生生前已经出版的艺术作品。一审法院认为藤田夫人无权拒绝，并且该拒绝行为构成"恶意滥用"，因为藤田夫人的这种拒绝行为使法国公众丧失了在法国获得藤田自传的可能性。二审法院否定了一审法院的判决，认为藤田夫人的行为并不构成"恶意滥用"，因为藤田夫人已经授权日本出版商发行藤田先生的作品集，并且没有证据表明该日语作品不会在法国发行。

上述判决表明法院对藤田夫人的行为支持与否是建立在判断其行为是

---

① 参见《法国知识产权法典》L121-7 条：在修改不损害作者的名誉或声望的情况下允许进行修改。《法国民法典》L132-26 条：作者保证制作者不受干扰地行使受让的权利。《法国民法典》L121-6 条：作者拒绝完成或因不可抗力不能完成视听作品的，不得反对为完成该作品使用其完成的部分。他因这部分贡献具有作者身份，并享有相应权利。

② 参见《法国知识产权法典》L113-9 条：如无相反的法律规定或约定，由一个或多个雇员在执行职务或按其雇主指示创作的软件及文档的财产权利，属于雇主并由其单独行使。

③ See Judgment of March 3, 1987, 136 RIDA (April 1988) p. 160, *Dame Foujita v. S. A. R. L. Art Conception Réalisation*, See Jane C. Ginsburg (1988), "French Copyright Law: A Comparative Overview Journal", *Copyright Society of the U. S. A*, 1988 - 1989, p. 69.

否构成恶意滥用的基础之上的，无论是一审法院以公众丧失获得作品可能为由不予支持，还是上诉法院以公众有获得日语作品可能为由予以支持，都是将公众获得信息的可能作为恶意滥用规则的判断依据。这是法国作者权制度对公共利益维护的鲜明体现，在某种程度上比美国版权法中规定的合理使用原则更具有功利色彩。当然这一规则适用于作者的继承人而不适用于作者，作者可以根据自己的意愿处理或拒绝处理其作品。恶意滥用禁止原则的确立实际上是在尊重作者权利的基础上，对有损公共利益的行为予以制止。

借助重农主义的分析路径，作者权利中潜藏的公共利益在法国作者权制度中愈加清晰，但是随之而来的一些困惑也亟待解答。当作者权利并非单纯为作者而生时，以私权利的手段达到公共利益保护的目的是否可行？面对技术更迭，为作者权和版权所同时选择的以权利激励为手段保护公众获得知识的利益平衡路径，又该何去何从？在现今互联网2.0时代下，著作权之路又该如何选择？

三 互联网时代的平衡之路

（一）作者权制度下的利益平衡

1777年法令的相关内容充分诠释了重农主义思想建构的理论蓝图。法令依据作者通过智力劳动创作作品的事实承认了作者于其作品上所享有的永久性权利，是对重农主义自然秩序和自然权利思想，即人们在自然秩序下因劳动而享有自然权利作出的具体阐释；法令对作者转让权作出的限制、对公有领域作出的规定则是重农主义中功利主义思想，即个人利益为社会利益服务，让那些不能为社会做出贡献的人，也应当能分享这个特定社会能为其提供的福利的具体体现。如果说自然秩序和自然权利思想是重农学派的理论基础所在，那么实现社会公共利益则是其目的所在。正是在重农主义思想的影响下，大革命以前的法国作者权制度在确立作者中心化这一逻辑起点的同时，将公共利益保护作为最终目标潜藏在法令的字里行间。

重农主义的迅速湮灭、崇尚自然权利的法国大革命的爆发，让法国作者权制度又经历了一次动荡，但是这次动荡并未引导法国作者权制度完全走上自然权利的道路。法国大革命之后的几部法令都明确了公众在作者权制度下扮演的重要角色。1791年法令以公有领域为原则，以作者权利为例外，坚持公共利益的最终目的。1793年法令为了促进知识传播而对交存手续作出的规定，更是作为提起假冒之诉的前提，让社会公众更多地分享福利。而在19世纪的司法判例中，公有领域似乎被忽略，而作者权走上了扩张之路。法兰西字典案将支持并出资的政府作为真正的权利人，汇编作品案承认对于作品的选择和编排也属于智力创作。如果说后者还仅仅是在自然人领域对于创作行为的扩大解释，那么前者则将非自然人主体收入囊中。而这一扩大解释同样为现代知识产权法典所传承，甚至得以进一步发展，不仅仅是汇集作品的协调机构，视听作品的制作者、计算机软件的雇主也都取得了与作者同样的地位。而在作者权扩张路径下，对于作者权恶意滥用禁止规则的确立，又将公共利益的关注引向前台。但是正如法兰西字典案同样秉持着通过鼓励对作品的创作和投资，从而促进公共教育发展的理念一样，现代作者权的发展之路，也是在践行边沁"若无收获之希望，无人费力去播种"① 这一功利主义的名言。

无论是深受重农主义自然权利和功利主义影响的法国作者权制度，还是以激励创作为导向的英美版权法制度，都选择了这样一条路，即人们在哪里能够从文学艺术作品中获得享受与价值，就要把权利扩展至哪里。这是两者将公共利益作为最终目标的体现。个人权利与社会利益的保护既统一于重农思想的路径之下，也统一于激励创作的选择之中。个人权利的构想同社会利益的保护概念并非绝对排斥，作者权与版权体系的建构、发展

---

① 参见〔美〕保罗·戈斯汀《著作权之道：从谷登堡到数字点播机》，金海军译，北京大学出版社，2008，第145页。

从来都不是以个人权利或者社会利益为基石的，看似绝对自然权利的背后往往暗含着公共利益的推动，反之亦然。

（二）著作权扩张与著作权限制

从重农主义的视角对法国作者权制度进行分析的过程中，公共利益维护较私权利保护而言，同样被置于重要的位置之上。从公有领域的确认到恶意滥用禁止规则的规定，法国的作者权制度在想尽一切办法让公众可以获得更多的信息，让创作者可以有更低的创作成本。而从确立作者独特地位、承认汇编作品保护到对电影作品的制作者、计算机软件的雇主进行保护，法国作者权制度似乎为作者及投资者织就了一张越来越广泛、越来越严密的保护网，公众可以获得信息的机会似乎也被进一步压缩了。正如前文所论述的那样，主张以权利手段将谋求社会公共利益作为最终目标的重农主义，并没有将作者权扩张与公共利益维护截然对立，而是同其版权制度的伙伴一样，以私权利的手段达到公共利益保护的目的。而我国著作权制度基于同样的目的也做出了相似的选择。

为了让公众可以获得更多的信息，让创作者可以有更低的创作成本，我国著作权制度从两个方面对著作权进行扩张。一方面是对作者概念作出扩大解释，包括《中华人民共和国著作权法》第十一条①将法人及其他组织视为作者、第十二条②对演绎作品作者地位的承认及第十四条③对汇编作品作者地位的承认。另一方面是对邻接权人的权利保护，包括《中华人民共

---

① 《中华人民共和国著作权法》第十一条　著作权属于作者，本法另有规定的除外。创作作品的公民是作者。由法人或者其他组织主持，代表法人或者其他组织意志创作，并由法人或者其他组织承担责任的作品，法人或者其他组织视为作者。如无相反证明，在作品上署名的公民、法人或者其他组织为作者。

② 《中华人民共和国著作权法》第十二条　改编、翻译、注释、整理已有作品而产生的作品，其著作权由改编、翻译、注释、整理人享有，但行使著作权时不得侵犯原作品的著作权。

③ 《中华人民共和国著作权法》第十四条　汇编若干作品、作品的片段或者不构成作品的数据或者其他材料，对其内容的选择或者编排体现独创性的作品，为汇编作品，其著作权由汇编人享有，但行使著作权时，不得侵犯原作品的著作权。

和国著作权法》第三十一条①对于图书出版社专有出版权的保护、第三十八条②对于表演者的表演权的保护、第四十二条③及第四十五条④分别对录音录像制作者、广播电台、电视台权利的保护。作者权与版权几个世纪以来发展壮大的历史，以及我国实行著作权制度以来在经济文化方面所取得的重要成果都清楚地证明了以私权利的手段达到公共利益保护目的的可行性。而在理论层面，为创作者和投资者提供私权利这种激励，同样具有逻辑自洽性。

"若无收获之希望，无人费力去播种。"这恰恰为以著作权为激励手段保护公众获得知识提供了一种确证。如果不能收获，具有创造力的个人以及受其委托而传播作品的商业企业就不会去播种。而在自由市场中，不存在任何可以把使用者联合起来分担生产成本的有效机制。如果社会不对创造性作品赋予财产权，那么生产者可以向作品使用者收取的价格就会趋向于零，他们的收入机会缩减，并且使之生产出更多作品的激励也随之降低。⑤ 用激励为权利赋予作注解的同时，也引出了这样一些困惑——这种激励一定要采用权利赋予的手段吗？既然是对公共利益的维护，为什么不采

---

① 《中华人民共和国著作权法》第三十一条　图书出版者对著作权人交付出版的作品，按照合同约定享有的专有出版权受法律保护，他人不得出版该作品。

② 《中华人民共和国著作权法》第三十八条　表演者对其表演享有下列权利：（一）表明表演者身份；（二）保护表演形象不受歪曲；（三）许可他人从现场直播和公开传送其现场表演，并获得报酬；（四）许可他人录音录像，并获得报酬；（五）许可他人复制、发行录有其表演的录音录像制品，并获得报酬；（六）许可他人通过信息网络向公众传播其表演，并获得报酬。被许可人以前款（三）项至第（六）项规定的方式使用作品，还应当取得著作权人许可，并支付报酬。

③ 《中华人民共和国著作权法》第四十二条　录音录像制作者对其制作的录音录像制品，享有许可他人复制、发行、出租、通过信息网络向公众传播并获得报酬的权利；权利的保护期为五十年，截止于该制品首次制作完成后第五十年的 12 月 31 日。被许可人复制、发行、通过信息网络向公众传播录音录像制品，还应当取得著作权人、表演者许可，并支付报酬。

④ 《中华人民共和国著作权法》第四十五条　广播电台、电视台有权禁止未经其许可的下列行为：（一）将其播放的广播、电视转播；（二）将其播放的广播、电视录制在音像载体上以及复制音像载体。前款规定的权利的保护期为五十年，截止于该广播、电视首次播放后第五十年的 12 月 31 日。

⑤ 参见〔美〕保罗·戈斯汀《著作权之道：从谷登堡到数字点播机》，金海军译，北京大学出版社，2008，第 146 页。

用一种更为直接的办法，比如政府补贴？由政府对其认为社会公众所需要的创造性作品进行补贴，然后将生产出来的作品向公众免费发放复制件。当然，公众就得以支付较高税收的方式来付费，只不过他们所支付的费用，与某一作品对于任何特定纳税人而言的任何特定价值并不相关。而如果用所得税来支付这些补贴，富人实际上就比穷人承担了更大份额的作品生产成本。如果依据收获播种理论，政府补贴的方式完全可以激励作者创作、出版者出版。① 但是政府干预的危险绝对不容忽视。旧制度时期的教训，让公众不会再选择政府可以通过控制图书出版而控制思想自由。更为关键的因素在于，对于公众而言，赋予作者权利的好处不仅仅是借助激励手段获得更多信息和娱乐产品的可能，更有利于消费者偏好的信息的揭示。

人们在哪里能够从文学艺术作品中获得享受与价值，就要把权利扩展至哪里。若不对此赋予财产权，就会剥夺生产者获得其据以决定并指导投资方向的关于消费者偏好的信号。② 信息的生产与消费不可能彼此分开进行判断。生产者所生产的就是消费者愿意付钱购买的东西，在知识产品上也是如此。虽然为获取这些产品是要收费的，可能不是件好事，但是，价格确实带来好处，它既发出有关消费者偏好的信号，又引导私人投资转向正确的方向。公众在显示其需求时，若非通过他们愿意在市场上为之支付的价格加以显示，就没有比这更好的办法了；使用而不支付价格，这就不可避免地淡化了消费者偏好的信息。而这种信息通过政府补贴制度即使能够获得，也极少能够真正做到。

无论何种手段，如果使用起来不加以限制，都会有失灵的时候，给予创作者以激励的著作权也是如此。为了实现公众可以获得更多更好的信息这一目标，在技术发展、作品类型多样化的背景下，将著作权扩张至作品

---

① See Kenneth J. Arrow（1962），"Economic Welfare and the Allocation of Resources for Invention in the Rate and Direction of Inventive Activity"，609 – 625；See Demsetz，Harold（1969），"Information and Effiency：Another Viewpoint"，*Journal of Law & Economics*，Vol. 12，Issue 1，pp. 1 – 22.

② See Dem setz Harold（1969），"Information and Effiency：Another Viewpoint"，*Journal of Law & Economics*，Vol. 12，Issue 1，pp. 1 – 22.

得以利用的各处，确实迈出了有力的第一步。但是专有权利的覆盖范围不应超过一定的界限，它既要使创作者因为创作行为获得奖励而拥有动力，更要保证有更多的创作者想加入并且能够加入创作行动中，保证公众仍然能够自由使用表达的"积木"，否则，著作权制度就无法正常运转。有顾于此，我国著作权制度在织密权利之网的同时，在《中华人民共和国著作权法》第二十二条①规定了合理使用的相关情形、在第四十条②、第四十三条③、第四十四条④规定了录音录像制作者、广播电台、电视台获得强制许可的相关情形，为公众留下了足够自由使用的表达"积木"。

因此，无论著作权如何扩张，与其相伴而生的必定是在某种程度上对于著作权的限制。正是通过在扩张的权利中开辟出相应的例外，未来作品的创作以及公众获得作品的可能才能进一步实现。没有著作权限制就不会有著作权扩张，两者不是截然对立的，而是在动态平衡中，确保著作权制度在任何技术背景下都能够实现使公众可获得作品之目的。⑤

（三）技术更迭与利益平衡

著作权制度通过权利扩张和例外限制在技术迅速发展的背景下，进行

---

① 《中华人民共和国著作权法》第二十二条　在下列情况下使用作品，可以不经著作权人许可，不向其支付报酬，但应当指明作者姓名、作品名称，并且不得侵犯著作权人依照本法享有的其他权利。

② 《中华人民共和国著作权法》第四十条　录音录像制作者使用他人作品制作录音录像制品，应当取得著作权人许可，并支付报酬。录音录像制作者使用改编、翻译、注释、整理已有作品而产生的作品，应当取得改编、翻译、注释、整理作品的著作权人和原作品著作权人许可，并支付报酬。录音制作者使用他人已经合法录制为录音制品的音乐作品制作录音制品，可以不经著作权人许可，但应当按照规定支付报酬；著作权人声明不许使用的不得使用。

③ 《中华人民共和国著作权法》第四十三条　广播电台、电视台播放他人未发表的作品，应当取得著作权人许可，并支付报酬。广播电台、电视台播放他人已发表的作品，可以不经著作权人许可，但应当支付报酬。

④ 《中华人民共和国著作权法》第四十四条　广播电台、电视台播放已经出版的录音制品，可以不经著作权人许可，但应当支付报酬。当事人另有约定的除外。具体办法由国务院规定。

⑤ 参见冯晓青《著作权扩张及其缘由透视》，《政法论坛》2006 年第 6 期。

自我"纠错"，这种"纠错"始终存在，即便进入所谓"去中心化""去产业化""以用户为中心"的互联网 2.0 时代①，著作权制度的根本模式也不会改变。面对如今社群创作的互联网 2.0 时代，著作权制度在扩张与限制之间的调整仍然要以平衡为核心。貌似不易分离的创作主体和使用主体仍然不能改变著作权权利分配的基本原则，首先创作者得享有权利，具体落实到权利行使的问题上，最为重要的考量因素仍然是如何使公众获得更多更好的作品，公众如何才能在自由表达的"积木"上更好地创作。无论是借助集体管理制度还是共享机制，对于著作权制度本身而言，都是一种面向技术、不断调整的自我"纠错。"

技术变革对于著作权制度的影响不言而喻。诞生于技术变革之下的著作权制度对于技术的敏感是其他任何法律制度无法企及的，然而正是这种敏感培养出著作权制度体系中一个重要核心。这一核心突破了作者权制度与版权制度在形式上的藩篱，它既体现在法国重农主义的相关论述中，也体现在英美有关激励原则的讨论中，它既从法国 1777 年法令传承至今，也让 1710 年的《安妮法》在今天仍具有重要指导意义。它可以体现为个人利益与公共利益的平衡，也可以表现为著作权扩张与著作权限制的不可分离。从印刷机到录音录像技术、广播技术的发展，直至今日进入互联网 2.0 时代，新技术的出现总能够更好地促进文化的传播，同时以更加廉价、便利的复制，不断削弱作者的权利，削弱作者创作和投资者传播的积极性。

当互联网对著作权制度进行第一次冲击时，从美国开始，全球的著作权制度都对此作出了有力的回应。既然打破作品创作、复制、传播物理界限的数字信息技术使著作权人对于其作品的控制能力减弱，那么有关于技术措施和权利管理信息的条款就被强调进包括 WCT 在内的一系列条约和国

---

① 参见熊琦《Web 2.0 时代的著作权法：问题、争议与应对》，《政法论坛》2014 年第 4 期。

内法中。我国《信息网络传播权保护条例》第四条①、第五条②也分别对技术措施和权利管理信息作出相关规定。同时为了进一步在保证公众获得作品和激励作者创作之间维持平衡，《信息网络传播权保护条例》第六条③对信息网络环境下的合理使用情形作出规定。正如 20 世纪 90 年代美国白皮书所说的那样，"立法者面对快速发展的技术，应当对法律进行重新分析，以确保该制度仍然能在保证公众获得作品和激励作者创作之间维持平衡"。④在技术的冲击之下，法律的问题应当由法律解决，这一问题是指坚持著作权制度的传统，对作者的保护与他人获得和使用作品之间谋求一种平衡。法律赋予作者某些权利，同时对权利作出一定的限制，这样才能保证公众对知识的使用。同时，技术的问题应当由技术解决⑤，技术措施和权利管理信息的出现很好地阐释了这一点。在互联网 2.0 时代，解决问题的思路依然一脉相承。

互联网 2.0 时代，著作权主体发生了明显的变化，创作者和使用者都集中在网络用户身上。以维基百科为例，对于维基百科上的一个词条而言，任何人都可以对其进行编辑，而任何人又都可以对已经存在的词条进行修改、补充，甚至删除。网络用户之间并没有任何意思联络，但通过共同地协作完成创作。这样一种社群创作的模式，让自由创作与公有领域之

---

① 《信息网络传播权保护条例》第四条 为了保护信息网络传播权，权利人可以采取技术措施。任何组织或者个人不得故意避开或者破坏技术措施，不得故意制造、进口或者向公众提供主要用于避开或者破坏技术措施的装置或者部件，不得故意为他人避开或者破坏技术措施提供技术服务。但是，法律、行政法规规定可以避开的除外。
② 《信息网络传播权保护条例》第五条 未经权利人许可，任何组织或者个人不得进行下列行为：（一）故意删除或者改变通过信息网络向公众提供的作品、表演、录音录像制品的权利管理电子信息，但由于技术上的原因无法避免删除或者改变的除外；（二）通过信息网络向公众提供明知或者应知未经权利人许可被删除或者改变权利管理电子信息的作品、表演、录音录像制品。
③ 《信息网络传播权保护条例》第六条列举了八种情形，通过信息网络提供他人作品，可以不经著作权人许可，不向其支付报酬。
④ See "Intellcctual Property and the National Information Infrastructure—The Report of the Working Group on Intellectual Property Rights", September 1995.
⑤ 参见〔美〕保罗·戈斯汀《著作权之道：从谷登堡到数字点播机》，金海军译，北京大学出版社，2008，第 163 页。

间的矛盾再次激化，引发了著作权制度下新一轮的权利分配问题。从法律层面而言，许可效率和传播效率似乎成为现代著作权制度在新时代下绕不开的关口。许多学者力图从制度层面对著作权制度重新进行权利分配，或者选择一种事后补偿手段，将扩大法定许可的范围与向设备征税相结合；或者借助一种集体管理制度，利用格式化交易，降低重复协商成本。面向技术，著作权制度以平衡激励作者创作和保证公众获得作品为导向不断进行"自我纠错"，而快速的技术更迭与滞后的法律交织，又往往造成了著作权制度的困境。从技术层面上而言，让作者能够按照自己的意图控制作品，并在网络空间建构公有领域的意图更易实现。斯蒂菲克主张在网络的应用层建立一种"可信系统"①，通过与其他系统互动，对用户进行区别对待，使用户可以按照自己的方式使用作品，权利人则可以从不同的使用方式上获得不同的利润，真正做到物尽其用，各取所需。同时，自由软件运动、知识共享运动②又为公有领域的建构提供了技术支撑，GNU 通用公共许可证等的出现，使权利人可以在自己的作品上打上标记，表明自己保留那些权利，同时将其他权利贡献出来，同样，其他衍生作品也应当得到自由传播，每个人都可以为建构网络空间的公有领域贡献一份属于自己的力量。

面对复杂的创作主体和多样化的传播手段，著作权制度本身在互联网 2.0 时代所需要做的依然是立足制度基础，通过协调利益关系维护利益平衡以实现对社会公共利益的最终维护。对于技术发展打破利益平衡的问题，则应该同样以技术手段来"纠偏"，动辄使用法律手段做出新一轮权利分配，只会使法律丧失其原本的基础和功能。

---

① See Mark Stefik （1997）, "Shifting the Possible: How Trusted Sustems and Digital Property Rights Challenge Us to Rethinking Digital Publishing", *Berkeley Technology Law Journal*, Vol. 12, Issue1, pp. 137 – 160.

② 参见〔美〕劳伦斯·莱斯格《代码 2.0：网络空间中的法律》，李旭、沈伟伟译，清华大学出版社，2009，第 217 页。

总　结

　　尽管重农主义思想作为一种应时而生的政治经济思想很快消逝于时代的洪流中，但是受到重农主义思想影响的法国作者权突破了时代变迁与技术更迭，1777 年法令中确立的个人权利与公共利益的平衡之路，一直延续至今。有关精神权利的规定看起来似乎为大陆法系的作者权与英美法系的版权划定了一条截然两分的红线，但是对于两者制度缘起、制度目的以及发展历程的分析①表明，两种制度共同的起源、共同的价值追求彰显了著作权制度的基础与功能在于社会利益，过度强调作者个人利益实际上是缺乏历史依据的。正如简·金斯伯格所言，"两者之间的区别既不是广泛的也不是历史悠久而值得尊敬的"②，追求利益平衡以实现社会利益的最终目的确实是著作权制度的内核。在技术的多次变革中，著作权扩张和著作权限制总是相伴而生的，在同时考虑激励作者创作和投资者投资，以及保证公众可获得知识的过程中，法律制度的利益分配格局并未发生根本改变。技术引发的问题交由技术解决，法律只平衡利益关系。这在互联网 2.0 时代不仅仅是一句口号，它既反映了著作权制度的核心，更是一种在实践中行之有效的方法。

---

①　魏琪：《政策面向：作者权与版权的分歧与融合》，《电子知识产权》2016 年第 3 期。

②　See Jane C. Ginsburg（1990），"A Tale of Two Copyrights：Literary Property in Revolutionary France and America"，*Tulane Law Review*，Vol. 64，p. 994.

《知识产权研究》第二十六卷
第 136~152 页
© SSAP, 2020

文学角色的可版权性及其判断标准
——美国法的启示

茅理雯[*]

摘　要：文学角色是在文学作品中完全由语言文字描述的，由名称、特征和文字表达构成的整体。作品是我国著作权法保护的客体，具有独创性的文学角色由于符合法律对作品的定义而具有受著作权法保护的可能。另外，从"思想表达二分法"的基本原理来看，文学角色的三个构成要素都是表达而非思想，这使得文学角色这个整体落入了表达的范围。因此，文学角色可以从其载体作品中独立出来而单独受版权保护。在确定文学角色可版权性的判断标准上，借鉴美国司法实践的"充分描述标准"和"故事讲述标准"，可得而知一定数量的"文字表达"和角色的独特性是判断文学角色可版权性的关键。再结合我国对著作权法保护对象即作品的独创性要求，可以得出判断文学角色可版权性的三个标准：独创性、一定数量的"文字表达"和独特性。

关键字：文学角色　可版权性　判断标准　美国法比较

一　问题的提出

2016 年 10 月，著名作家金庸一纸诉状将《此间的少年》的作者江南告

---

[*]　清华大学法学院法学硕士研究生。通信地址：北京市海淀区清华大学法学院，邮编为 100084，联系电话 18367350730，电子信箱为 lwmao@ucdavis.edu。

上法庭。争议作品《此间的少年》（简称《此间》）因引用了大量金庸作品中的角色名称及人物关系而涉嫌著作权侵权。

《此间》虽然使用了"郭靖""黄蓉""杨康""穆念慈"等来自金庸武侠小说的角色姓名和部分人物特征、人物关系，但讲述的是一个与武侠无关的青春校园故事。双方争议焦点在于，《此间》对金庸作品中的角色及部分人物性格、关系的使用是否构成著作权侵权。

角色的可版权性是中国司法实践遇到的新问题，实务上尚无定论，而学说上对角色能否受著作权保护也产生了争议。有观点认为，"小说、戏剧中的角色本身并不构成作品，因而不可能另外受到单独的保护，而只能在作品受到保护的情况下间接受到保护"。① 而王迁教授认为，"单纯的人物特征或者单纯的人物关系并不属于著作权法保护的对象。只有当'相应的故事情节及语句赋予了这些人物以独特的内涵'，这些人物与故事情节和语句才一起成为著作权法保护的对象"。②

关于角色可版权性的问题学者之间存在争议，各家观点莫衷一是。本文尝试从基本原理入手，借鉴美国法的司法实践，分析文学角色的可版权性及其判断标准。

二 文学角色的界定及其版权保护难题

角色，是指漫画、小说、戏剧、电影等作品中虚构或塑造的人物、动物或其他生物。③ 一部作品的成功大多离不开对角色的描绘与塑造，对角色生动形象地刻画，才能更好地表现作品的画面感与艺术张力。而角色鲜明的个性和特征，也使其较之于作品整体更容易传播并且为大众所接受。正是由于角色在作品中的独特地位，以及其可以从作品中分离加以独立使用

---

① 刘稚主编《著作权法实务与案例评析》，中国工商出版社，2003，第39页。
② 王迁：《情节相似是否构成侵权？》，《社会观察》2015年第1期，第34页。
③ 刘稚主编《著作权法实务与案例评析》，中国工商出版社，2003，第39页。

的特殊属性，对角色的著作权保护才日益受到关注。

角色广泛存在于各类艺术作品中，根据载体及表现形式的不同，可以将角色分为文学角色、图画角色、视听角色三类。其中，文学角色由于其特殊性，在著作权法保护中存在难题，因而成为本文探讨的对象。

（一）文学角色的概念

文学角色是角色分类下的一种，专指以文学作品为载体，完全通过语言文字进行描述的角色，多见于小说、诗歌、戏剧等体裁中。

文学角色的最大特征就是无形性，其形象只存在于读者的主观想象中，而非客观显示于外在，这也是其与图画角色和视听角色最重要的区别。文学角色是以纯粹的语言文字进行的虚构性描述，而角色的形象建构这一过程是在各个读者的大脑中完成的。相同的文字表达带来的是巨大的想象空间，读者根据作者的文字描述，加上自己的合理想象，在头脑中加工成自己所理解的角色。在这个主观化的过程中，由于思维方式不同，每个人对文学角色的感知也会有所不同，因而会出现"一千个读者心中有一千个哈姆雷特"的现象。

（二）文学角色的构成要素

一个文学角色应该由哪些要素构成，如何通过这些要素将文学角色与其他形象进行区别，是界定文学角色的关键。

1. 名称

名称是文学角色在作品中具有特定指向性的称呼或标识。文学角色的名称可以是姓名、昵称、头衔，也可以是字母、符号，甚至可以是具有特定意义的物品。文学角色的名称不需要有很高的辨识度或者独特性，但该名称必须要有特定的指向性，或者说该名称在原作品中具有了特定的含义，从而使得在原作品的特定背景下，该名称可以特指该文学角色。

举例说明，"黛玉"和"颦儿"都是"林黛玉"这一文学角色的名称，由于它们具有很高的辨识度，我们不需要将其放在《红楼梦》这一作品的背景下，脑海中也会自然而然浮现出林黛玉弱柳扶风的娇弱之态。但"祥子"这一名称辨识度较低，在许多文学作品中都有过使用，我们只有将其放在《骆驼祥子》这一作品的特定环境下，才能形成北京街头苦力车夫的形象。

对于文学角色名称的要求，只需达到后者即可，即在特定作品下指向特定角色的称谓。

2. 特征

特征是将不同文学角色区别开的重要属性，可以是外貌身形，可以是性格气质，也可以是语言特点，只要是该文学角色有别于其他形象的特有属性，都属于文学角色的特征。

值得注意的是，这里的特征是一个较为宏观的概念，是该文学角色可以从作品中，更具体地说，是从作品细节化的文字表述和描写中提炼出来的概括性特征，如"善良""勇敢""热情"等。与另一构成要素"文字表达"需要加以区分。

3. 文字表达

文字表达是指将作者赋予文学角色的特征具体展现出来的文字表述和描写。文字表达是构成文学角色的关键。

如果说特征是对文学角色宏观上的设定，那么文字表达就是对文学角色有血有肉的细节刻画。文字表达可以是对话、独白，可以是情节的设定，也可以是环境的烘托。作者通过精细的笔触，将特征具体化、形象化，从而被读者感知。可以看到，文字表达是特征的具体化，特征通过文字表达而被读者感知，特征和文字表达互相对应，不可能缺少一方而独立存在。

如前文所述，由于文学角色的无形性，每个人对于同一角色都会构建不完全相同的形象，有一定的不确定性，但这并不代表读者对同一角色的理解是千人千面、模糊不定的。根据作品中的文字表达，读者可以获得关于该文学角色的清晰形象，而非全凭主观臆测搭建的空中楼阁。因此，虽然同样的文字表达在不同人的脑海中形成的形象不完全相同，但也不可能大相径庭。

举例来说，"明艳泼辣"是王熙凤的特征，但如果文字描述只停留在这四个字上，则每个人对王熙凤的形象构建绝对不会有丝毫相同之处，因为身量五官、言行举止……太多地方可以发挥想象。但《红楼梦》通过"一双丹凤三角眼，两弯柳叶吊梢眉"等具体描写使读者心中对王熙凤的勾勒虽不可能相同但也可以做到近似了。

由此看来，如果作品中关于角色的描述仅仅停留在特征的概略化表达，如"乐于助人""美丽大方"等，这样的角色不仅缺乏"文字表达"这一构成要素，"特征"要素也因缺少与之相对应的"文字表达"而不能独立存在，因而不属于本文探讨的文学角色。

（三）文学角色版权保护中的难题

依据相同的分类标准，与文学角色并列于同一项下的还有图画角色和视听角色。相较而言，文学角色在著作权法上的保护更为困难。

图画角色是指利用线条、色彩等手法勾画出的具有特定外形、给人直接感知的角色，常见载体有动画、漫画、网络游戏等。视听角色是指由真人扮演，经过表演、拍摄等手法固定下来，并在专门场所进行展示的声音与图像结合的动态角色，主要载体有电影、电视剧、舞台剧等。

两者区别于文学角色的最重要特征就是有形性。两者由于具有相对特定的外在图像，对大众的视觉冲击力也更强，更易被大众具体感知。也正是图画角色和视听角色较为固定的外形和易被直观感知的特点，使得两者在著作权法上有相对直接的保护路径。

图画角色一般可以独立于载体而直接作为美术作品得到著作权法保护。视听角色的保护则较为复杂，一般来说，如果将视听角色以单幅图像的方式截屏则类似于美术作品而间接受到著作权保护，如果以一系列依时间序列运动而形成的动态图像的方式录屏，则通过类似摄制电影的方法创作的作品的侵权判断标准进行著作权侵权的认定。

相比之下，文学角色在著作权法上的保护就没有如此直接的路径。由于文学角色的无形性，文学角色的刻画和塑造需要依靠大量的"文字表达"

来抽象描绘，这就使文学角色在认定和判断著作权方面更多地与情节和作品纠缠在一起。文学角色要想独立于载体而获得著作权保护，必须要从著作权法的基本原理出发对其进行解释。

三 美国法中关于文学角色版权保护的实践

尽管美国的版权法和中国的著作权法都没有将角色明确规定为可受版权保护的独立类型，但是美国版权法在具体条款的规定中为角色的版权保护提供了可能。《1909 年版权法》规定："本法的版权保护及于作品中一切可受版权法保护的部分。"① 1976 年的版权法将受版权保护的要素具体为：原创（Original）、有形表达（Fixed in Any Tangible Medium of Expression）、可感知（Perceived）、可复制（Reproduced）②，同时明确了受版权保护的对象包括现在已被认知或者将来可能被认知（Now Known or Later Developed）两种形式。③ 这就意味着只要角色满足上述条件，就有受到版权法保护的可能。

立法上的宽松为角色跻身版权保护提供了空间。与此同时，美国法院在判例中形成了"充分描述标准"（The Distinct Delineation Test）和"故事讲述标准"（The Story Being Told Test），用于判断文学角色的可版权性。

（一）充分描述标准

"充分描述标准"在 *Nichols v. Universal Pictures Corp.* ④ 案中确立，该案也是文学角色可版权性在司法实践中的首次承认。此案中，原告创作的剧本 *Abie's Irish Rose* 与被告在这之后拍摄的电影 *The Cohens and The Kellys* 两者的剧情存在部分相同，原告认为被告使用自己作品中的角色和主要情节，

---

① U. S. The Copyright Act of 1909, Sec. 3.
② U. S. The Copyright Act of 1976, Sec. 102 （a）.
③ 杨莉、徐卓：《美国版权法对于作品角色的保护》，《研究生法学》2006 年第 3 期，第 59 页。
④ *Nichols v. Universal Pictures Corp.* , 45 F. 2d 119, 123 （2d Cir. 1930）.

构成侵权。

主审法官 Hand 认为，原被告作品的基本剧情都是一个爱尔兰家庭和一个犹太人家庭为了子女婚事而引发的一系列冲突，但这并不构成版权法上的侵权。两者相似之处仅仅在于剧情概述和主题的基本相似，而在具体细节方面则完全不同。具体到角色的分析，原被告作品中的主要角色都是两个家庭的父亲和各自的儿女，原告指控被告剽窃的部分仅仅在于：子女恋爱，父亲反对婚事并为此争吵，最终双方家庭和解。这样的角色设定已经落入了公共领域而不能在版权法上受到保护。可以说，两部作品的唯一相似之处在于，它们在大纲上是罗密欧与朱丽叶的喜剧版。

在本案中，Hand 法官随即指出文学角色可以独立于情节单独受到保护，且其是否能被保护取决于作者对它的描述程度（Stage of Development）。一个角色被描述得越详细、越充分，受到版权保护的可能性就越大。具体到本案，互相爱恋的子女和彼此不和的父亲只是类型化角色的设定，被控侵权的角色并没有因"充分描述"而获得独特性，因此也就不具有可版权性。

在 *Burroughs v. Metro-Goldwyn-Mayer, Inc.* [1] 案中，"充分描述标准"得到了进一步应用。法院将小说中对泰山（Tarzan）的描述摘录出来，分析是否达到充分详细的标准，以此判定泰山这个角色是否受版权保护。在本案中，法院认为小说中描述的泰山在森林中成长，兼具人的头脑和猿猴的体魄，他高大、强壮、敏捷、充满力量，拥有飞跃丛林的本领，能与人交流，也善解动物的感情。其中描写他一心寻找身世而不慎受伤，与白人少女简（Jane）相爱，救出养母与外敌搏斗的细节和情景，详尽生动地支撑起泰山这个形象，使这个角色被充分清晰地描绘，因此具有可版权性。

"充分描述标准"承认了文学角色作为独立客体被版权法保护的可能，开创了美国司法实践中文学角色可版权性判断标准的先河，为衡量文学角色是否能落入版权法的保护范围提供了检验依据。

---

[1]　*Burroughs v. Metro-Goldwyn-Mayer*, Inc., 683 F. 2d 610, 635 (2d Cir. 1982).

（二）故事讲述标准

"故事讲述标准"在 *Warner Bros. Pictures v. Columbia Broad. Sys.* [1] 案中被提出。该案是关于小说 *The Maltese Falcon* 中 Sam Spade 这一角色产生的纠纷。该小说作者 Hammett 先将小说版权转让给原告华纳兄弟电影公司，之后又授权被告哥伦比亚广播公司行使 Sam Spade 角色的广播权。原告华纳兄弟电影公司主张自己拥有角色 Sam Spade 的版权，被告哥伦比亚广播公司未经允许擅自使用该角色，构成侵权。案件的争议焦点在于小说作者将角色的使用权单独转让给被告以及被告对角色的使用是否侵犯了原告的权利。

主审法官 Stephens 从分析该文学角色的可版权性入手，对这个问题加以解决。Stephens 认为，文学角色要获得版权保护，对这个角色的描述必须已经构成故事叙述的核心，即故事的主要情节围绕该角色展开，从而使角色成为故事的对等物（Equivalent of the Story）。如果一个文学角色仅仅是辅助故事开展的棋子或工具，那么它不能受到版权保护。本案中，Sam Spade 这个角色没有被详细描述到构成一个完整独立故事的程度，因此不具有可版权性，这个角色仅仅是一个辅助故事叙述的工具，并不随着故事的转让而转让。由此可得，原告华纳兄弟电影公司对角色 Sam Spade 不享有版权，不能以拥有文学角色版权为由禁止原作者对该角色的使用和转让。

在 *Anderson v. Stallone* [2] 案中，"故事讲述标准"被更具体地运用。在论证 Rocky 这一角色的可版权性时，法院着重运用了"故事讲述标准"，并将其内涵一一展开，对该角色是否受到版权保护作具体阐述。法院认为，无论是从情感表达还是肢体语言的展现方面，Rocky 在当代美国都是最具知名度和表现力的角色之一。Rocky 这一角色在 Rocky 系列故事中通过丰富的细节已经得到充分展示和生动刻画，这也归功于三个 Rocky 故事的广泛传播。

---

[1]　*Warner Bros. Pictures v. Columbia Broad. Sys.* , 216 F. 2d 945, 951 (9th Cir. 1954).

[2]　*Anderson v. Stallone*, No. 87–0592 WDKGX, 1989 WL 206431, at ＊18 (C. D. Cal. Apr. 25, 1989).

这三个故事没有复杂的情节和人物关系，始终以 Rocky 为主角进行情节推进和人物安排，从而使该角色贯穿故事整体，故事的发展就是 Rocky 角色细节描写的展开。Rocky 构成了三个故事的全貌，其生动的人物性格、语言习惯和动作表情也为这一角色带来了独特性和辨识度。由于三部系列作品都紧紧围绕角色 Rocky 展开，Rocky 成为故事的核心，这一角色完全符合"故事讲述标准"对可版权性的判断，因此，Rocky 作为独立角色可以受到版权法的保护。

"故事讲述标准"是"充分描述标准"的进一步发展，它将充分描述的程度具体化为构成故事的核心，从而在实践中更具可操作性，也使判断标准进一步明确化。

（三）小结与启示

毫无疑问，"充分描述标准"和"故事讲述标准"在文学角色受版权保护的判断上，进步意义是巨大的。它们为美国司法实践判断文学角色是否具有可版权性提供了参考依据。然而，这两个标准也有其弊端。

"充分描述标准"广为诟病之处在于标准过于模糊，究竟描述到何种程度才算"充分"不得而知，法官承担了本不属于他的文学评论员的专业工作，容易引发自由裁量权的滥用，同时不同法官的判断标准不同会造成适用上的分歧。而"故事讲述标准"虽然将"充分"这一抽象的描述程度具体化，更易于实践操作，但其设定的标准过于严苛。文学角色描绘成为故事的实质部分，这样的高标准一般连主要角色都极少能达到，更加将配角或者次要角色排除在版权保护之外。另外，在这一理论之下，角色必须构成故事的全部才能得到版权保护，这使侵犯角色版权等同于侵犯文学作品版权，将角色与其载体文学作品混同起来，无法独立成为版权客体，这也就违背了探讨角色可版权性的初衷。

但无论是"充分描述标准"还是"故事讲述标准"，撇开弊病不谈，仅从基本原理入手，这两个标准对我国角色的版权保护还是有一定借鉴意义的。"充分描述标准"的原理在于：没有被充分描述的角色极有可能成为一种思想①，从而不受版权保护，而文字描述得越充分，文学角色中所蕴含的表达形式就越多，越容易因成为一种表达而受到版权保护。而"故事讲述标准"的原理在于：角色被充分描述以至于构成故事本身，角色就因此而获得了显著性和辨识度，大众对该角色已经达到了一接触到相关信息就会条件反射地联想到该文学角色的熟悉程度，这样一来对角色的版权保护才具有意义。

可以看到，美国法司法实践中的两个判断标准，需要将它们放在中国著作权法的基本原理下加以分析，这样才能为中国文学角色的版权保护提供更好的借鉴思路。

四　文学角色的可版权性及其判断标准

（一）文学角色可以成为著作权法保护的客体

我国著作权法没有明确规定文学角色可以成为保护的客体，这是否意味着其被完全排除在著作权法之外了呢？结合"琼瑶诉于正案""庄羽诉郭敬明案"等案例，我们可以看到，司法实践对同样没有被明确列举为客体类型的"情节"给予著作权法保护，这足以证明法律条文关于著作权保护的客体是非穷尽式列举，同时也给文学角色的可版权性留下了解释的空间。笔者认为，文学角色可以成为著作权法保护的客体。

作品是我国著作权法保护的客体，《著作权法实施条例》第二条②对作品的定义有详细规定。可以看到，作品需要符合"文学、艺术和科学领域内的智力成果"、"有形复制"和"独创性"三个要件，才能受著作权法保护。

---

① 卢海君：《论角色的版权保护——以美国的角色保护为研究视角》，《知识产权》2008 年第6 期，第 48 页。
② 《中华人民共和国著作权法实施条例》第二条："著作权法所称作品，是指文学、艺术和科学领域内具有独创性并能以某种有形形式复制的智力成果。"

　　文学角色是基于人的行为，在文学作品中被作者经过智力活动创造出来的，属于"文学领域内的智力成果"。至于"能以某种形式复制"，实际上就是强调"作品"只能是"外在表达"，单纯停留在内心世界的思想感情并不是著作权法意义上的"作品"。① 文学角色的可复制性体现在它并非内心活动，而是通过语言文字形式表达出来的有形文字表达，因此可以被"有形复制"。而关于文学角色的独创性，由于涉及著作权的判断标准，因此在下文专门论述。

　　由此可见，从作品的概念进行阐释，具有独创性的文学角色完全符合法律对作品的定义，可以成为著作权保护的客体。

　　而从"思想表达二分法"的基本原理来看，分析文学角色的构成要素可以得知，文学角色因落入表达形式的范围而受著作权法保护。著作权法保护作品的表达形式而非思想内容，表达形式分为内部表达形式和外部表达形式，两者均受著作权法保护。"外部表达形式是指通过文字、言语色彩、音响等使他人能够感知的媒介，使作者的思想客观存在的外部构成。而内部表达形式是指与外部表达形式相对应的、在作者内心形成的具有一定秩序的思想体系。"② 在文学角色的构成要素中，"名称"和"文字表达"通过语言文字使读者感知作者思想，属于外部表达形式。而"特征"与"文字表达"这一外部表达对应，作为作者内心对角色有逻辑的概略性设定安排，属于内部表达形式。由于构成要素都属于表达形式而非思想，文学角色可以享受著作权法保护。

　　有观点可能会认为，特征属于思想而非内部表达。但需要注意的是，文学角色的"特征"是与有形的"文字表达"相互对应的，而思想不具有与表达相互对应的特点。读者通过"文字表达"才能感受到文学角色相应的"特征"，脱离"文字表达"则"特征"也无法独立存在。这就使得

---

① 王迁：《著作权法》，中国人民大学出版社，2015，第17页。
② 徐棣枫、解亘、李友根编著《知识产权法——制度·理论·案例·问题》（第2版），科学出版社，2011，第143页。

"特征"脱离了思想而进入内部表达的范畴。

从以上两个方面的分析，我们不难看出文学角色的本质属性是表达，具有独创性的文学角色因满足"作品"的构成要件而具有成为著作权法保护客体的可能。

（二）文学角色是否具有著作权的判断标准

1. 独创性

独创性是作品受著作权法保护的实质要件，也是判断文学角色著作权有无的核心标准。不可否认，文学角色的名称缺乏独创性，字或词的简单组合只能作为创作作品的基本工具被留在公有领域而不能享有著作权。然而需要再次重申的是，文学角色是由三个构成要素组合而成的整体，对其的著作权讨论也是建立在这个整体上进行的。文学角色名称不享有独创性，但由"名称""特征""文字表达"组合而成的文学角色可能因成为由作者独立完成的智力创作而具备独创性。

（1）独立创作

独创性中的"独"要求作品由作者独立完成，而非剽窃抄袭他人。[①] 具体到文学角色，就是角色须由作者独立构思产生，作者通过投入一定的智力活动获得该角色的人物设定和个性刻画，而非不劳而获地从已有作品或公有领域中掠夺。因此，独立创作的要求只保护作者首次创作的虚构的文学角色，排除了在历史现实、神话传说等公有领域及前人作品中的在先形象和真实人物。"有在先人物形象的，在后人物形象就不能受保护。"[②] 但是，如果作者赋予在先形象完全不同的"特征"和"文字表达"，与在先形象唯一相同之处仅仅在于角色名称，那么，该文学角色仍可以被认为是由作者独立创作的。例如，织女是神话中的人物，任何人进行再创作都不能

---

① 赵海燕、田玉忠：《著作权法热点难点问题研究——兼论著作权法的修订》，法律出版社，2014，第 2 页。

② 吴登楼：《谈虚构人物形象的知识产权保护》，《人民司法》1998 年第 9 期，第 33 页。

主张角色的著作权保护。但如果作者赋予"织女"这一角色新的身份和情节，比方说不再是仙女而是女大学生，不是爱情故事而是自主创业的故事，那么这一全新的角色就可能成为作者独立完成的作品。

（2）创造性

独创性中的"创"要求作品表现作者的个性或有一定的创作高度。[①] 作者在创作文学角色的时候，不但要付出劳动，还要有最低限度的创造。这种最低限度的创造，排除了对普通角色的机械刻画，即普通人对特定情境的一般性反应，例如天冷了会缩脖子，天热了要脱衣服，美国法借用法文称为"生活之必然"（Scenes a Faire）。这样的角色取自生活，却没有得到作者最低限度的创造性加工，因此不具备独创性，不能受到著作权法保护。

2. 一定数量的"文字表达"

"文字表达"作为文学角色的构成要素，是界定文学角色能否受到著作权保护的关键。"文字表达"的数量究竟如何具体地界定文学角色的可版权性，这就要借用"思想表达二分法"原则中的金字塔理论。[②]

一部文学作品中，主题是思想，细节描写是表达，但介于主题和细节这两个极端之间的内容，包括故事的情节、故事的结构、故事中的主要事件、事件之间的顺序，究竟属于思想还是表达，应该如何划分，这就涉及如何在思想与表达之间进行分界的问题，由于思想与表达并不存在明显的界线，这成了需要个案判断的难题。

从细节描写到主题，这是一个不断抽象的过程。主题在金字塔顶端，细节描写在金字塔底端，每一层都可以向上抽象概括，如具体的细节可以提炼出每段的情节，每段的情节又可以提炼出每节、每章的情节，直至最后到达金字塔的顶端，概括成最终的主题思想。随着抽象概括程度的不断提高，越来越多的具体因素被剔除，内容也变得越来越简略。在这个自下

---

① 赵海燕、田玉忠：《著作权法热点难点问题研究——兼论著作权法的修订》，法律出版社，2014，第 2 页。

② 王迁：《著作权法》，中国人民大学出版社，2015，第 46—47 页。

而上的渐进过程中，总有一条界线是思想和表达的分界线，在这之上是不受保护的思想，之下是受保护的表达。

这条界线的确定体现着著作权法在创作自由和权利保护之间的利益衡量。界线越靠近金字塔顶端，意味着越多的元素被归入表达的范围，著作权的天平向权利保护倾斜，反之则意味着著作权法更注重鼓励创作自由，只有足够具体的表达才能受著作权法保护。但可以肯定的是，这条界线绝不在最底端或最顶端，否则就会大大缩小或扩大表达的范围。

就金字塔理论在文学角色上的运用而言，文字表达的数量成了确定这条分界线的标准。文学角色究竟是未被表达的思想还是将被赋予的特征充分开发的表达，取决于其构成要素"文字表达"是否达到一定数量。文字表达的数量标准不可能低至一句话、一段话这样简单的文字组合，但也不可能高至要求该角色的文字表达构成了文学作品本身。虽然文字表达的量化标准需要结合个案判断，但其仍有一个大致统一的判断方法。具体而言，如果文字表达的数量能够达到使人离开作品也能在脑海中栩栩如生地重现作者赋予该文学角色的特征这一程度，那么可以说文字表达的数量达到了使文学角色脱离思想成为表达的标准。

3. 独特性

独特性由读者内心对文学角色的直观感受来评判，是指文学角色通过文字表达获得的在读者群体中可以与其他形象区分开的属性。角色的独特性通过文字表达传递给读者，大量的细节化描写在读者内心形成了深刻印象，该文学角色的特征变得十分显著以至于可以轻易识别，使得读者在接触相关信息后，能够轻易将其与其他形象区别，在心中形成了特定指向。

判断角色是否有独特性必须要在一群阅读过该作品的普通理性人中进行，既非在大众群体中，也非在专家群体中。这是因为如果没有接触过该作品，对作品没有一定的了解，就不存在通过具体的文字表达感受到角色独特性的可能，而长期研究作品的专家由于对作品日积月累的细致钻研，对细节化的描写较普通读者必然记忆更全面，感受也更为深刻，因此存在专家对某一角色具有独特感受而该角色在普通读者中却无法被区分识别的可能，这样的角色显然不具有独特性。为了避免以上情况出现，文学角色独特性的判断只能在普通读者群体中进行。

判断的方法是限定于某一部作品，使读者接触与该角色独特个性相关的特定信息，比如性格、外貌、口头禅或特殊技能等，但一般不包括身份、年龄、性别、背景等大范围概略化的设定，看大众是否普遍能够清晰准确地将这个角色识别出来。需要注意的是，独特性的判断是将读者放在整部作品的大环境中来观察具体角色是否显著至可被读者识别，主要考察的是文学角色是否足够独特而使读者将其与其他形象区分，而非将两个相似角色从作品中单拎出来放在一起加以比较，否则是不合理地考验读者对细节的记忆，一来对普通读者要求过高，二来也不符合独特性标准的内在要求。独特性只要求读者对角色的识别和区分，不要求对细节的精确记忆。

虽然独特性的要求决定了主要角色更容易受到保护，但也并非将次要角色和配角排除在外，一切都要从角色是否足够独特以被区分识别为出发点。主要角色由于文字描写更多，其特征也被刻画得更鲜明，也就更容易在读者群体中留下深刻印象，例如金庸小说《天龙八部》中的"乔峰"这一角色，很显然具有独特性。然而，这部作品中的其他角色，如"阿紫""天山童姥"，虽为配角，但由于小说中独特武功绝学和人物语言性格的刻画，它们具有了鲜明的个性，在读者群体中有较高的辨识度，因此也具有独特性。

4. 三者之间的区别与联系

独创性、一定数量的"文字表达"和独特性，三者共同构成了判断文学角色是否具有著作权的标准，它们之间有联系也有区别。

独创性与独特性看似比较相近，但实际上两者的含义完全不同。独创性是对作者的要求，强调作者在创造文学角色之时需要独立创作及最低限度地创造。而独特性是以读者的视角进行感知，强调文学角色在读者群体中需要获得足够的独特性以至于能被读者识别分辨。独创性与独特性之间没有必然联系，由作者独创的角色并不一定具有独特性，反之亦然。

一定数量的"文字表达"与独特性这两个判断标准是紧密结合在一起

的，是逻辑上的渐进。它们之间的逻辑关系是，作者先通过内心的思想安排，赋予文学角色体系化的特征，并通过文字表达将这种内部表达形式化成可以被读者感知的外部表达形式。文学角色通过一定数量的文字表达展现出这种特征的独特内涵，从而获得独特性。

需要明确，虽然独特性标准和文字表达数量标准密不可分，但两者也有区别。其一，两者的判断方法不同。文字表达的数量依赖于法官和专家的界定，少数人即可完成该工作，独特性来源于读者群体对角色的内心感知，依靠大量人群的参与。文字表达的数量判断需要离开作品，而独特性的判断则需要接触作品。其二，两者的要求不同。独特性是文字表达数量积累到一定程度的体现，可以说，独特性是一定数量文字表达的更高要求，它将那些花费作者大量笔墨描写，却不具备鲜明个性的角色排除在著作权法保护之外，例如网络言情小说中经常出现的恶毒女配，虽然有大量篇幅描绘，但基本都是因喜欢男主而妒忌、折磨女主的千篇一律的人物设定，每部作品往往只在角色的姓名、身份、背景上有所不同，这样的角色无疑因缺少独特性而不受著作权法保护。

五　结语

文学角色是作者投入智力活动的创造，是作者思想的外部表达。由于在文字表达中获得了大量鲜明的特征，文学角色较之于作品往往具有更广泛的传播效应，人们对角色的记忆可以独立于作品而存在并产生丰富的联想。由于文学角色的特性，其在商业上的价值也日益显现，使其作为独立客体受著作权法保护就显得尤为重要。

本文论证了文学角色受著作权法保护的可能性，文学角色可以从其载体文学作品中分离出来，成为著作权法上的客体而单独受到保护。另外，从著作权法上"思想表达二分法"和独创性的基本原理出发，结合美国对角色版权保护的司法实践，可以探讨出文学角色能否受到著作权法保护的三个判断标准。

　　文学角色因其构成要素落入表达的范围而具备受著作权法保护的可能，但不是所有文学角色都能受到著作权法保护。具有可版权性的文学角色必须由作者首创和经过最低限度的创造性加工，并通过一定数量的"文字表达"将其特征清晰充分地展开，同时其独特性可以在读者群体中被轻易辨识，这样的文学角色才会落入著作权法的保护范围。

《知识产权研究》第二十六卷
第 153~168 页
© SSAP，2020

论非演绎类同人作品所涉"借鉴元素"的侵权问题

臧佳兴*

摘　要：随着网络的发展，一方面同人作品①（Fan Works）产生了不可忽视的商业价值，另一方面同人作品也因借鉴了原著中的元素而引发了侵权问题。非演绎类同人作品虽然在整体上并未侵犯原著的改编权和复制权，但是，不可否认，著作权法保护的是作品的独创性表达，即使看起来毫不相关的作品也可能会发生侵权纠纷，非演绎类同人作品即使仅借鉴了少量的原著元素也存在侵犯著作权的可能性。本文以"派拉蒙影业公司诉阿克萨那制作公司"案（Paramount Picture v. Axanar Production Corp）（简称"阿克萨那"案）为例对非演绎类同人作品所涉及的"借鉴元素"侵权问题做一个分析，为我国司法实践中非演绎类同人作品与原著纠纷问题的解决提供参考。

关键词：非演绎类同人作品　借鉴元素　侵权问题

一　引言

2016 年，天下霸唱因其在自著的《鬼吹灯》系列作品基础上创作了

---

* 同济大学硕士研究生，中国移动（杭州）研发中心法务。
① 同人作品是指借鉴了原作中的一些被塑造的虚拟人物元素或既借鉴了虚拟人物元素同时也借鉴了原作中场景元素、情节元素创作的作品。

《摸金校尉之九幽将军》同人小说，被上海玄霆娱乐信息科技有限公司诉至上海市浦东新区人民法院，同年 10 月，金庸将畅销书作家江南诉至广州市天河区人民法院。国内同人作品纠纷余热未消，美国著名的派拉蒙影业公司又由于《星际迷航》（Star Trek）的同人作品《阿克萨那》（Axanar）①，将阿克萨那制作公司诉至美国加州中部地区法院。随着网络同人作品的影响力日益扩大，同人作品的知识产权问题为国内法学界所热议的同时也给司法实践增加了很多难题。通常意义上讲，同人作品是指借鉴了原著中的虚拟人物形象、特定场景或者情节等元素的二次创作作品，当然在同人作品的早期概念中也包括一些非商业性质的原创作品。综合我国实际情况和国外对同人作品的定义，同人作品较为恰当的定义应为借鉴了既有作品中塑造的虚拟角色所使用的单个或多个能与该虚拟角色产生特定联系的元素②或既借鉴了这类角色类元素同时也借鉴了既有作品中的场景元素、情节元素所创作的作品。目前学术界主要将同人作品分为演绎类同人作品和非演绎类同人作品，我国《著作权法》第十二条对演绎作品的含义作出限制的解释，并且作了完全式列举，演绎作品是指通过改编、翻译、整理及注释原作品而产生的二次创作作品，而同人作品主要借鉴了原著的元素，如果借鉴了元素的同时沿用了原著的主要内容则构成演绎类同人作品，如果仅借鉴原著部分元素且并未沿用原著的主要内容则构成非演绎类同人作品。本文主要以美国近期判决的"阿克萨那"案为例，对非演绎类同人作品借鉴元素的侵权问题进行论述，为我国处理类似问题提供借鉴。

二 案情简介

"阿克萨那"案中阿克萨那制作公司根据派拉蒙影业公司《星际迷航》系列作品中的元素创作了类电影摄制作品《阿克萨那》，虽然根据《星际迷

---

① "Axanar"是《星际迷航》中星际迷航宇宙中的一个星球。
② 参见王迁《同人作品著作权侵权问题初探》，《中国版权》2017 年第 3 期，第 3 页。

航》创作的同人作品数量繁多，但是《阿克萨那》具有复杂和独特的本质，该同人作品甚至比原作品更加专业，虽然没有借鉴原作品主要人物角色和主要情节，但是借鉴了原作中"星际迷航宇宙"这个整体故事设定的环境，这个背景元素由其他元素如"次要角色名称""星球名称""外星种族名称""联邦宇宙船""联邦制服"等组成。诉讼开始后阿克萨那制作公司称其所借鉴的原作品元素都是不具有可版权性的元素，但是法院认为即使有些元素不具有可版权性，但是这些不具有可版权性的元素组合在一起可能会形成具有可版权性的独创性元素。该案中多个不具有可版权性的借鉴元素就构成故事发生的特定环境，将该组合型的元素与《星际迷航》中的"宇宙环境"对比，通过外在测试认定该元素构成实质性相似，从而足以认定《阿克萨那》对《星际迷航》中的"星际迷航宇宙"这个故事发生的特定场景元素进行了复制，同时也认定伊扎尔的加思（Garth of Izar）[①] 这个人物角色的可版权性以及两部作品中的加思这一人物角色构成实质相似。根据合理使用判断的四步法，足以认定《阿克萨那》具有很强的商业性，在内容上也对原作品市场构成了严重的威胁，也没有对原著中的借鉴元素转化到改变其功能和目的的程度[②]，法庭不采纳被告关于合理使用的抗辩，但最终判决结果取决于陪审团的内在测试结果是否也构成实质性相似。

三　"阿克萨那"案核心观点及分析

（一）多个不具有可版权性单一型借鉴元素有可能构成具有可版权性的复合型借鉴元素

同人作品中单一型的借鉴元素字数较短、较为简单，是对既有作品中的公知素材、有限表达最终呈现形式的复制，是显而易见的，但是复合型借鉴元素有可能是既有作品中独创性表达的最终呈现形式，也有可能是既

---

① "Garth"是前星舰队长，在星际舰队的军官中因其在阿克萨那战役中的英勇事迹闻名于世。
② *Salinger v. Colting*, 607 F. 3d 68（2d Cir. 2010）.

有作品中对应的"综合内在表达"①，当复合型借鉴元素为既有作品中独创性表达的最终呈现形式时是"显而易见的"即具有"可识别性特征的借鉴元素"。② 但是，由于既有作品"具有独创性的构成元素"③ 本身就是内在表达而不是外在表现形式，因此当复合型借鉴元素为既有作品中对应的"综合性内在表达"时，需要运用相关测试法比较同人作品与既有作品中对应的"综合性内在表达"构成实质性相似，才能认定该复合型的借鉴元素，因此是"非显而易见的"即"剥离性特征的借鉴元素"。④ 作品思想与表达分解层次与借鉴元素的对应关系如图 1 所示。

对于仅使用了原著中部分元素而并未对主要故事情节进行沿用并改编的作品，法官加里·克劳斯纳（R. Gary Klausner）认为"从原著中分离出具有可版权性的元素，过滤掉不具有可版权性的元素，并将原著中具有可版权性的元素与被告侵权作品中相对应的元素进行对比"⑤，这种"抽象—过滤—比较"的方法对于判定作品中的实质性相似是非常有必要的，因为在具有版权保护的作品中不是所有的表达都是受保护的，只有具有独创性的表达才受保护。"在作品被看作一个受版权保护的整体之前，应当先要确定版权作品的保护范围。"⑥ 案中加里法官提出同人作品不同于非法演绎和抄袭复制所得的侵权作品，因为其是否构成侵权的关键在于是否借鉴了原

---

① 德国学者约瑟夫·科勒（Jozef Kohler）曾在学理上将作品的独创性表达区分为"外在的表现形式"和"内在的表现形式"。其中"内在的表现形式"指涉及作品的"综合性成分"（General Composition），存在于构思、论证及描述中的连续性和发展过程等作品内在结构中。参见 Daniel Gervais（2014），"The Derivative Right or Why Copyright Law Protects Foxes Better than Hedgehogs"，15 *Vand. J. Ent. & Tech. L.*，p. 785。我国的李杨教授也在学术论文中提到，当挪用原来作品"内在的表现形式"进而构成两部作品在内在结构中综合性表达层面的实质性相似时即可判定不当借鉴。内在结构的综合性表达元素主要指"小说中的具体情节、主要人物关系及设置，音乐作品的主旋律和节奏，美术作品中的线条、色彩、人物等组合而成的构图框"。参见李杨《改编权的保护范围与侵权认定问题：一种二元解释方法的适用性阐释》，《比较法研究》2018 年第 1 期，第 70 页。
② 卢纯晰：《作品改编的合法性边界》，《中国版权》2018 年第 1 期，第 59 页。
③ *TCA Television Corp. v. McCollum*，No. 15 Civ. 4325（S. D. N. Y. Dec. 17, 2105）.
④ 卢纯晰：《作品改编的合法性边界》，《中国版权》2018 年第 1 期，第 59 页。
⑤ *Accord Funky Films*，462 F. 3d at 1077.
⑥ *Dr. Seuss Enterprises*，109 F. 3d at 1398.

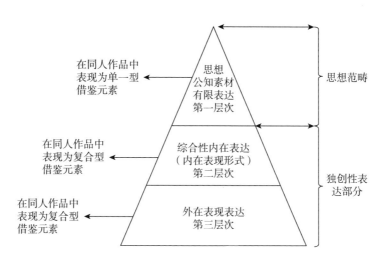

图1　作品思想与表达分解层次与借鉴元素的对应关系

著中可版权性的元素，并构成实质相似性。因此，法官不能过度忽视被分离出来的不具有可版权性的元素，从而"忽视它们因独创性的选取和组合而形成的复合型元素的表现力"。① 加里法官试图通过抽象测试法来认定被告作品中的借鉴元素与原告作品中的原创元素是否构成实质性相似，而对借鉴元素性质的判断是抽象测试法中第一步和第二步的关键，需要找出两部作品中的相似部分，最后再判断相似部分中具有独创性表达的部分。由于同人作品并不是通常意义上对原作品简单地抄袭和复制，所以仅按照"思想与表达二分法"将作品分为具有可版权性的元素和不具有可版权性的元素，会影响案件判决的公正性。本案《阿克萨那》借鉴了原著《星际迷航》中的大量元素，这些元素从作品中独立之后，或因字数过少或因成为公共素材或者有限表达，而不具有可版权性，但是这些元素组合形成复合型元素"星际迷航宇宙"时，这一复合型元素是具有可版权性的。美国的大卫·尼莫（David Nimmer）教授将著作权侵权比对分为两种类型，一种是综合性非文字近似，另一种是碎片化文字近似，著作权侵权比对要从质量

---

① *Harney v. Sony Pictures Television*, Inc., 704 F. 3d 173, 180. (1st Cir. 2013).

（综合性非文字比对）和数量（碎片化文字近似比对）两方面进行。① 被告作品借鉴的原著中的这些零散的元素虽然不是以文字形式表现出来，而是通过零散的画面表现出来的，但是同样应该注重它们在数量方面的对比。即使零散的单一型元素无法获得版权保护，这些元素结合在一起也形成了具有可版权性的复合型元素。原告也提供了几套在被告作品中使用的原告作品中出现的服装，法院认为这些服装的艺术视觉元素组合可以脱离原著成为具有可版权性的作品。

（二）角色元素的可版权性通过"三维测试法"的测试

在该案中被告使用了原著中的人物及外星人种族，被告认为，其借鉴的原著中加思等人物和其他宇宙种族不在原著版权保护的范围之内，对于人物是否具有版权，法官援用了"DC 漫画诉陶勒"案（*DC Comics v. Towle*）中对人物可版权性认定的"三维测试法"。首先，角色必须具有"物理形状和可概括的品质"。其次，角色必须具有被"充分描述的特征"，在这些特征出现时可被识别为这一角色，但它不需要与原著角色形象具有一致的外观。最后，角色必须是"特别独特的"且"包含一些独特的表达元素"②，而不能是一个毫无特点的普通角色。加思这个人物形象在早期版本的星际迷航漫画中已经出现，他是白人前星际舰队的队长，在星际舰队的军官中因在 Axanar 战役中的英勇事迹闻名于世，而且在 2003 年，派拉蒙影业公司专门出版了一部小说名为《伊扎尔的加思》（*Garth of Izar*），所以该角色具有物理形状也具有可概括的品质，并且被赋予了充分描述的特征，不是毫无特征的角色，所以法官认为至少加思这一人物是具有可版权性的。此外，在被告的作品中也出现了克林贡人和维肯人（Klingons and Vulcans）两个种族，由于原著对于这两个种族赋予了可识别的独特外表以及品质，

---

① 参见 Lydiate Henry（2017），"Idea/Expression Dichotomy"，*Art Monthly*，Vol. 408（3.），34。
② *DC Comics v. Towle*，802 F. 3d 1012（9th Cir. 2015）。

符合"充分描述的特征"①，这些特征不是"思想背后会产生的必然性表达"，所以这两个种族的角色形象也能获得版权保护。在该案中加里法官利用"三维测试法"对借鉴角色所对应的原著角色是具有否可版权性进行了认定，该案中两部作品中都有"加思"这个人物角色，这个人物角色经过原告电影漫画和小说作品中的刻画和描述，已经在相关公众心目中形成了一个具体的物理形象，他因擅长绘制星际航线图的才能和在"阿克萨那战役"中的英勇表现从而具备了"可概括的品质"，即具有"用来指示他独特身份的那些完整因素"，在法律上被称为"可指示性要素"（Identifiable Element）。② 而且原告专门为该人物创作了一部小说，所以该角色已经被充分描述，不再是一个毫无特征的人物角色。三维测试法对于人物可版权化的认定表现了严谨的法律逻辑，如果一个角色同时能够符合这三个维度的要求，也就代表了这个角色已经具有高度的独创性，该角色在相关公众心中已经形成了一个不可替代的位置。③

（三）未完全复制的"借鉴元素"在被抽象过滤之后仍需要进行实质性相似认定

在"贝奈诉华纳兄弟公司"案（*Benay v. Warner Bros.*）中第九巡回法院将实质性相似的外在测试元素分为主题、基本情节、对话、人物情感、背景设定、基调、人物、人物出场和事件发展的顺序。这些元素通常在同人作品中表现为未完全复制的借鉴元素④，需要在抽象过滤之后进行比较才能认定它们是否具有实质相似性。加里法官在思想表达二分法的基础上进行抽象过滤之后，认定《阿克萨那》确实借鉴了原著中具有可版权性的元素，并对未完全复制的借鉴元素与原著中相对应的元素进行了实质性相似

---

① *DC Comics v. Towle*, 802 F. 3d 1012.（9th Cir. 2015）.
② *Range Rd. Music*, Inc. *v. E. Coast Foods*, Inc., 668 F. .3d 1148, 1154（9th Cir. 2012）.
③ 卢海君：《同人创作、同人作品与版权责任——〈此间的少年〉案所引发的思考》，《中国出版》2017 年第 11 期，第 53—56 页。
④ *Benay v. Warner Bros. Entm't*, 607 F. 3d 620, 624（9th Cir. 2010）.

的外部测试。被告认为其作品中的加思有自己的独立的故事以及一些和他有关的事迹。加里法官从《阿克萨那》的意图出发认为被告曾经明确声明，其创作的这部作品是为了弥补原著中未经过描述令人遗憾的细节，被告作品的借鉴元素"加思"这一角色，原著并不是仅仅作了模糊不清的描述，而是在一部电视剧和一部小说中都出现过，并出现在"四年战争"中，被告也曾将"四年战争"作为作品的副刊进行过宣传，并且被告使用的角色元素不是借鉴了角色名称，描述了他身边毫无特征的事件，而是借鉴原告作品中其他许多角色类元素，如他擅长绘制星际路线图的天赋，他的职位以及在"四年战争"中表现的品质等，足以证明借鉴元素加思角色与原著中刻画的加思是构成实质性相似的。被告作品大量借鉴原著中场景类元素构成的复合型场景元素经过外在测试也构成了实质相似。

在此案中法院认为借鉴元素分为"未完全借鉴的元素"和"完全借鉴的元素"①，这些未完全借鉴元素不能直接认定是否对原著中可版权性的元素构成侵权，而应当严格遵守抽象测试法的步骤，找出借鉴元素，进一步认定具有可版权性的借鉴元素，最后还需要将这些未被完全借鉴的元素与原作中相对应的元素进行实质性相似的比较。② 对于完全借鉴的元素只要是原著中可版权性的元素，那么该借鉴元素就构成了对原作的侵权，而"未完全借鉴的元素"通常需要由两个以上的不具有可版权性的元素复合而成，如角色形象需要由人物的名称、人物的物理形状、可识别的品质、有特征性的事件等多个角色类元素复合而成，又如贯穿整个故事的特殊场景元素，在本案中体现为"星际迷航宇宙"，这需要找出被告作品中多"场景类借鉴元素"③，然后将复合而成的场景元素与原作中的场景元素进行实质性相似比较。

---

① *Klinger v. Conan Doyle Estate*, 755 F. 3d 496 (7th Cir. 2014).
② 李杨:《改编权的保护范围与侵权认定问题：一种二元解释方法的适用性阐释》,《比较法研究》2018 年第 1 期, 第 63—75 页。
③ *Paramount Pictures v. Axanar*, Case No. 2：15 - cv - 09938 (C. D. Cal. 2017).

四 我国司法实践中同人作品借鉴元素
侵权问题处理的启示

（一）人物名称的借鉴不代表角色的借鉴

同人作品中常常会出现只借鉴了人物名称的现象。"人物名称"这一借鉴元素虽然是一种表达，但这种简短的字符组合，很难体现其创造性，不应对其过度保护，影响社会创造力的发展。[①] 对于人物角色的可版权性问题，美国司法实践中的"三维测试法"给了我们一个很好的借鉴。按照此法，天下霸唱借鉴其不具有财产权的作品《鬼吹灯》中的人物创作了《摸金校尉之九幽将军》是不构成侵权的，其原因在于"胡八一"等人并不具有具体的物理形状，没有固定的形象，不具有可版权性。虽然《鬼吹灯》已经被改编成了电影《寻龙诀》，但演员的形象是不能够作为版权保护对象的。同样，江南所著的《此间的少年》一书借鉴了"郭靖""黄蓉"等人名。《射雕英雄传》虽然已经被改编成了电视剧，但是人名并没有固定的物理形象，演员的形象并不能代表该虚拟人名的形象，如果使用了"郭靖""黄蓉"等虚拟人名元素，又使用了人物特定的技能元素如"降龙十八掌""打狗棒法"，同时还利用了两人的特定情感元素，那么这些角色类元素组合而成的借鉴元素就能构成虚拟的人物形象。所以从这个层面上来说，《此间的少年》也是不构成侵权的。

（二）"充分描述" + "故事叙述" 双重标准的适用

美国著名的大卫·尼莫教授曾提道："在某种意义上，一个虚构角色在独立于其出现的故事之后是否可受到版权保护，这个问题可以转化为构成

---

① 四川省成都市中级人民法院〔2012〕成民初字第 754 号民事判决。

对该角色侵权所必要的实质性相似程度，而不是对可版权性本身的判定。"[1]
尼莫教授这句话表达的意义在于认定角色可版权性是为了解决被告作品中
所涉的角色类借鉴元素是否对原告作品构成侵权。而"充分描述"标准过
分侧重于虚构角色"自身特征与饱和程度"[2]，单纯的以"充分描述"标准
来确定虚构角色的可版权性会割裂角色与故事情节之间的天然联系，会让
角色脱离于故事情节本身，成为"无源之水"，变得孤立而片面。如上文所
述，当同人作品未借鉴既有作品中的角色名称，而是借鉴了其他实质性的
可指示性角色类元素，且这些被借鉴的角色类元素又需要通过情节描述体
现出来时，通过"充分描述"认定原告作品中的被借鉴角色具有可版权性，
并不能直接认定同人作品的这类角色类借鉴元素组合构成侵权，即便同人
作品借鉴了原告作品中对应角色的实质性元素。因此，仅以"充分描述"
标准为认定角色可版权性的唯一标准，并无法真正阻却同人作品对既有作
品的侵权行为。而"故事叙述"情节也存在明显的缺陷：过分强调情节的
重要性，将角色类元素与情节类元素完全融合，角色本身就是故事情节的
实质性部分，而不是推动故事情节发展的"棋子"，忽视角色类元素本身。
如果一个角色本身并不具备足够特征，即使用来描写这一角色的情节类元
素再多，也不可能让使这个角色获得可版权性。[3] 综上所述，"充分描述"
标准与"故事叙述"标准各有优缺点，"充分描述"标准可以突出角色自身的
特征元素，经过充分描述标准认定的角色会具有"特别显著性"，"故事叙述"
标准侧重"角色元素与情节元素的融合"，弥补了经过"充分描述"标准认定
的具有可版权性的角色脱离情节的片面性缺点，故而"充分描述"标准与
"故事叙述"标准可以互为补充，作为虚拟角色可版权性的双重标准。

　　在"巴赫诉长生不老产品美国公司"案（*Bach v. Forever Living Prods*

---

[1] 参见宋慧献《同人小说借用人物形象的著作权问题刍议——由金庸诉江南案谈虚拟角色借用的合法性》，《电子知识产权》2016 年第 12 期，第 18—27 页。

[2] 参见鲁甜《美国虚拟角色的版权保护——兼评 DC 漫画诉 Towle 案》，《中国版权》2016 年第 4 期，第 43—46 页。

[3] *Salinger v. Colting*, 607 F. 3d 68 (2d Cir. 2010).

U. S. Inc.)① 中，法院认为情节围绕"人格化后的海燕"这一角色形象展开，众多情节元素设置都是为了反映海燕的"个性特征"，海燕的角色形象就是故事叙述的中心，是整个故事中不可缺少的部分。同时原告作品中人格化的海燕形象，经过充分的描述，具有了显著的特征，因此认定原告作品中海燕这一角色形象具有可版权性。在"洛基"（Rocky）案中法院认为原告使用的角色"洛基"是在被告 Rocky 系列作品中已经被充分描述的，并且故事情节的实质性内容都在刻画这一角色，所以该角色既符合"充分描述"标准，同时也符合"故事叙述"标准，具有可版权性，因此原告作品本身就不合理地借鉴了被告在先作品中具有可版权性的角色类元素，因此原告作品属于侵犯被告在先作品版权的同人作品，因此即使原告对该角色的特征元素以及刻画该角色的情节进行了部分修改，被告再使用其本身就具有可版权性的角色也不会构成对原告的侵权。

我国虽然没有案例正式提出过虚拟角色的可版权性认定标准，但在司法实践中已经借鉴了国外"充分描述"标准和"故事叙述"标准对虚拟角色的可版权性进行判断。在"玄霆公司诉张牧野"案中，法官立足于"思想与表达二分法"认为文字作品所刻画的角色形象不同于美术作品中具有外形特征的可视化特点，因而很难被清晰地感知，而且大多数角色也只是充当了情节展开和推动故事发展的工具，因此更接近思想层面。文字作品中的表现角色特征的角色类元素"在作品情节展开过程中获得充分描述"，并成为所叙述的故事本身不可分割的部分时才能获得著作权法保护，离开了作品情节的角色名称、社会关系等元素，"因其过于简单"难以受到著作权法的保护。此判决中法官实际上运用了"充分描述"与"故事叙述"双重标准，因为原告享有权利的作品《鬼吹灯》② 中"胡八一"等角色形象

---

① *Bach v. Forever Living Prods U. S. Inc.* , 473 F. Supp. 2d 1127, 1134（W. D. Wash. 2007）.

② "玄霆公司诉张牧野"案中被告张牧野（笔名：天下霸唱）借鉴的是其自己创作的作品《鬼吹灯》中的"胡八一"等角色的元素，但是因其将涉案作品的财产权转让给了上海玄霆公司，上海玄霆公司认为张牧野借鉴《鬼吹灯》中主要的角色类元素以及其他元素故而将张牧野诉至上海市浦东新区人民法院。

脱离故事情节就不具有被充分描述的显著性特征，只是叙述故事和情节展开的工具，不能构成可版权性的角色，属于思想范畴，被告对该角色相关元素的借鉴并不会对原告享有权利的作品构成侵权。

"琼瑶诉于正案"中被告作品《宫锁连城》借鉴多个角色的复合型元素，被告作品中主角"富察皓祯"借鉴了既有作品《梅花烙》中主角"富察恒泰"除了名称元素以外的其余复合型元素，如该角色"宅心仁厚、英勇正直"的性格特征元素、"贵族长子"的身份地位、"从小与女主角调换了身份而获取了本该属于女主角的社会关系"①，被告作品中的女主同样借鉴了既有作品《梅花烙》中女主除名称元素外的其他多个复合型特征元素，不仅如此，被告作品还借鉴了原告作品中其他多个核心人物除名称元素外的多个复合型特征元素，具体借鉴的人物元素见表1。

表1　《宫锁连城》对《梅花烙》的具体借鉴的人物元素

被告作品对应的原告作品中的角色名称	个性特征借鉴元素	社会关系借鉴元素
富察皓祯－富察恒泰	宅心仁厚、英勇正直的性格特征元素，文武双全，有放白狐经历	驸马，与女主调换身份后成为贵族家庭长子，女主心上人
富察皓祥－富察明轩	嫉妒大哥，阴险、好色，虽文武双全但都弱于大哥	男主弟弟，贵族家庭庶子
倩柔－映月	为保住地位狠心弃女，后期极力维护亲生女儿	女主生母，将女主调包后成为男主母亲，整个故事冲突的引发者，贵族家庭大夫人
白吟霜－连城	温柔漂亮，宅心仁厚，知恩图报，在风月场所谋生，会演奏乐器	女主，与男主调换身份后为卖艺人所收养
佟家麟－多隆	蛮横无理，好色，多次为强抢女主与男主发生冲突，武功平平	与男主相当家室的豪门阔公子
兰馨－醒黛	对男主一往情深，对女主因情生恨	公主，皇帝赐婚后成为男主的妻子，但是因为女主的存在而不得男主欢心，女主情敌

---

① 参见郑万青、丁媛《作品"实质性相似"的判断与认定——从"琼瑶诉于正"谈起》，《中国出版》2017年第21期，第65—69页。

依据"充分描述"与"故事叙述"双重标准，富察恒泰借鉴了既有作品中的角色，"富察恒泰""连城"等并没有固定的可视化外形特征，同时也没有经过充分描述而获得显著性特征，如"宅心仁厚、英勇正直"的性格特征元素，"文武双全"这种个性特征元素，"驸马""贵族长子"等社会关系元素都不是具有显著性的被充分描述的特征元素，并不像《麦田里的守望者》中的主角"霍尔顿"，故事的情节都是为了刻画该角色的特征，该角色就是故事不可分割的一部分，《梅花烙》中的这些角色被创造只是为了推动情节的发展与故事的展开，因而它们只是作者叙述故事的工具，并不能独立于故事情节，因此不具有可版权性，这些角色的构成元素也不受版权法保护。

依据"充分描述"与"故事叙述"双重标准，"金庸诉江南案"中"郭靖""令狐冲""乔峰""黄蓉"这四个角色在各自的作品中已经被充分描述，具有显著性的特征，而且作者创造这些角色是为了刻画这些角色本身的特征，情节的叙述是为了突出角色的特征，这些角色构成了故事的实质性部分，因此这些角色应该获得版权保护。① 如果同人作品所涉"借鉴元素"的组合与这些角色的实质性特征构成实质性相似，在不构成合理使用的情况下会对既有作品构成侵权。

（三）适用"约简主义"的测试法时不可过分忽视单一型借鉴元素

"阿克萨那"案中，法官加里认为应该从既有作品中分离出具有可版权性的元素，过滤掉不具有可版权性的元素，并将既有作品中具有可版权性的元素与被告作品中对应的借鉴元素进行对比。实际上法官加里采用的就是"约简主义"的"抽象测试法"。"约简主义"的测试法和"整体概念和感觉原则"测试法的区别在于前者注重对作品中部分可版权性元素的"分

① 牛强：《文学作品虚拟角色形象的固定及版权保护》，《中国出版》2018 年第 19 期，第 43—46 页。

析解构"以及对比，即注重对"质"的考察。而后者注重对涉案作品整体的比较而不区分可版权性的元素和不可版权性的元素，即注重对"量"的考察。因此，"约减主义"的测试法会首先将作品中不具有可版权性的元素"过滤"。如"抽象测试法"的第一步就是对涉案作品进行"抽象"，第二步则是对涉案作品中不具有可版权性的部分进行"过滤"，继而对涉案作品中的相似部分进行实质性相似比较。"抽象测试法"的第一步和第二步是"约减主义"测试法的精髓，对涉案作品进行抽象过滤有时是非常有必要的，因为"作品被看作一个受版权保护的整体之前，应当先要确定该版权作品受保护的范围"。① 而确定作品中受保护的范围，即找出作品中具有独创性的构成元素以及独创性表达的最终表现形式。同人作品所涉及的借鉴元素包括既有作品中"具有独创性的构成元素，既具有可版权性的综合性内在表达"，也包括"独创性表达的最终呈现形式"，即独创性表达的外在形式。"抽象""过滤"的过程可以找到同人作品与既有作品具有独创性的构成元素相似的借鉴元素以及与既有作品中独创性表达最终呈现形式一致的借鉴元素，前者仍需进行第三步"实质性相似的比较"②，而后者由于以完全复制形式进行借鉴，因此无须进行实质性相似比较。但是同人作品中的借鉴元素除了既有作品中具有独创性的构成元素以及独创性表达的最终表现形式外，当然也包含了既有作品中"不具有可版权性的元素"。但是"法官不能过度忽视被分离出来的不具有可版权性的借鉴元素，从而忽视它们因独创性的选取和组合而形成复合型元素的表现力"。由于"思想与表达这条线无论划在何处都具有任意性，判断侵犯版权的测试标准必须有适当的模糊性"。当同人作品借鉴了既有作品中大量不具有可版权性的元素时，如果简单地依据"思想与表达二分法"对这些借鉴元素进行过滤，会影响案件判决的公正性。

"阿克萨那"案中，法官加里采用了"抽象测试法"对原告作品和被告

---

① *Authors Guild v. Google*, Inc., No. 13 – 4829 (2d Cir. 2015).

② *Arney v. Sony Pictures Television*, Inc., 704 F. 3d 173, 180. (1st Cir. 2013).

作品进行了"抽象""过滤"并找到被告作品与原告作品具有内在综合性表达相似的借鉴元素"伊扎尔的加思"① 这一人物形象以及对原告作品中独创性外在表达进行完全复制的借鉴元素"克林贡人以及维肯人"等,对被告作品中借鉴元素"加思"与原告作品中"加思"这一角色的综合内在表达描述进行了实质性相似比较,最终认定被告作品中"加思整体形象"与原告作品中对"加思"这一角色形象的综合内在表达构成实质性相似。同时法官加里并没有忽视被告作品中大量借鉴的既有作品中的单一型借鉴元素,如次要"虚拟角色的名称""外星球名称""联邦宇宙船的部分外形特征""宇宙场景元素",这些单独的元素由于字数过少不构成表达或者属于有限表达以及公知素材而不能受到版权法保护。法官加里还认为这些大量不具有可版权性的单一型元素组合已经与既有作品中贯穿于整部作品的"具有独创性的内在表达元素"即整个"星际迷航宇宙环境"这一元素构成实质型相似,因此可以认定被告作品涉及了"星际迷航宇宙环境"这一具有可版权性的复合型借鉴元素。同时加思法官还认为既有作品中的"宇宙服视觉元素"的组合可以独立于既有作品获得单独的版权。

美国的大卫·尼莫教授也曾将著作权比对分为两种:一种是综合性非文字近似;另一种是碎片化文字近似。著作权的实质性相似比较要对涉案作品的综合性非字面表达元素进行比对,同时也需要将碎片化的单一型借鉴元素组合起来进行比对。既要注重同人作品所涉既有作品中借鉴元素的质量也要注重所涉"借鉴元素"的数量。即使同人作品所涉的借鉴元素均为不具有可版权性的单一型借鉴元素,也不可过分忽视这些单一型借鉴元素,因为它们组合而成的复合型借鉴元素可能与既有作品中具有可版权性的综合性内在表达构成实质性相似。正如"于正诉琼瑶"案中二审法院所认为的:"如果被诉侵权作品中借鉴了原告作品中足够多的表达,则可认定为两部作品整体上构成实质性相似。"因此,适用"约简主义"的测试法时不可过分忽视不具有可版权性的单一型借鉴元素。

---

① *Paramount Pictures v. Axanar*, Case No. 2:15-cv-09938 (C. D. Cal. 2017).

五　结论

同人作品并非都使用了既有作品中相同或者相似角色的整体形象，有的同人作品仅仅借鉴了既有作品中塑造的虚拟角色的某些元素，但这些元素能与该虚拟角色产生特定联系，还有的同人作品既借鉴了这类角色元素，同时也借鉴了既有作品中的场景元素、情节元素。虽然同人作品或多或少地借鉴了既有作品中的元素，但根据思想与表达二分法，一部作品中只有属于独创性表达部分的元素（包括综合性内在表达和独创性外在表达）才会受到著作权法保护，才能发生限制和控制他人行为的效力。因此，同人作品是否构成对既有作品的侵权取决于它所涉的借鉴元素及其组合是否为既有作品中独创性外在表达或者与既有作品中的综合性内在表达构成实质相似。

司法前沿

《知识产权研究》第二十六卷

第 171～188 页

© SSAP，2020

MV 作品商业维权与非法集体管理

王　好[*]　曹　柯[**]

摘　要： 针对目前部分司法判决将商业维权界定为非法集体管理活动的观点，本文从成本与效益的角度出发，区分了商业维权与集体管理组织作为权利人借助专业力量保护 MV 作品著作权的规模化维权方式。本文在对两种模式进行比较的基础上论证，商业维权与集体管理组织所适用的许可方式及对象各有侧重，两种方式并存可有效降低著作权人的交易成本和维权成本，最终确保著作权人通过两种方式的相互补充实现作品收益的最大化。

关键词： MV 作品　商业维权　非法集体管理

问题的提出

商业维权行为一般是指权利人向专门的知识产权机构或律师事务所打包授权，由该机构或者律师事务所在特定的区域内统一进行侵权调查、取证、谈判、起诉等一系列维权活动，所获赔偿由权利人与维权机构、律师之间按协议进行分成。[①] 实践中，大部分 MV（音乐短片）作品通常根据

---

[*]　海南省高级人民法院民三庭审判员。

[**]　重庆市自贸区人民法院副院长。

[①]　邓昭君：《嬗变的市场：知识产权商业化维权的司法透视》，《法律适用》2015 年第 1 期。

《著作权法》第八条的规定委托集体管理组织统一管理的方式进行维权。①
但也存在通过商业维权方式进行诉讼的情况。关于 MV 作品的商业维权行为
可分为两种：第一种是著作权人委托律师代理并以著作权人的名义维权，
这种维权以诉讼代理制度为依据；第二种是著作权人通过许可或者转让部
分财产性权利给专业机构，由专业机构以其自己的名义维权，这类维权以
著作权许可或转让制度为依据。② 商业维权尤其是上述第二种方式与集体管
理组织的职能发生了交叉及重叠。在已经作出判决的 KTV 侵犯 MV 作品放
映权案件中，商业维权机构代表著作权人进行的诉讼索赔基本都得到了支
持。由此给著作权集体管理组织带来了成本增加、客户减少等消极影响，
也引起了业界对商业维权机构的关注与质疑。实务界逐渐有观点认为此类
商业维权行为严重干扰了 MV 作品著作权集体管理及 KTV 行业发展，是一
种非法集体管理活动，应当驳回商业维权机构的诉求，这一观点在司法实
践中得到了部分法院的支持。③ 该观点的法律依据主要是商业维权机构取得
授权的内容与《著作权集体管理条例》第二条规定的著作权集体管理组织
的管理活动在性质、内容等方面均无实质性差异。④ 其权利性质与集体管理

---

① 《中华人民共和国著作权法》第八条规定："著作权人和著作权有关的权利人可以授权著作
权集体管理组织行使著作权或者与著作权有关的权利。著作权集体管理组织被授权后，可
以以自己的名义为著作权人和与著作权有关的权利人主张权利，并可以作为当事人进行涉
及著作权或者与著作权有关的权利的诉讼、仲裁活动。"

② 关于被许可人以自己名义维权的法律依据来源于《最高人民法院关于诉前停止侵犯注册商
标专用权行为和保全证据适用法律问题的解释》第一条，其规定有权提出申请的利害关系
人包括独占许可合同的被许可人与在权利人不申请的情况下的排他使用许可合同的被许可
人。《最高人民法院关于审理著作权民事纠纷案件适用法律若干问题的解释》第三十条规
定，人民法院采取诉前措施参照前述规定办理。而《最高人民法院关于审理商标民事纠纷
案件适用法律若干问题的解释》第四条第二款规定，在发生注册商标专用权被侵害时，独
占使用许可合同的被许可人可以向人民法院提起诉讼；排他使用许可合同的被许可人可以
和商标注册人共同起诉，也可以在商标注册人不起诉的情况下，自行提起诉讼；普通使用
许可合同的被许可人经商标注册人明确授权，可以提起诉讼。因此在实践中，经过 MV 作
品著作权人许可授权以后，一般允许被许可人以自己的名义提起侵权诉讼。

③ 参见〔2015〕苏知民终字第 100 号、〔2016〕沪 73 民终 144 号、〔2016〕粤民终 670 号。

④ 《著作权集体管理条例》第二条规定："本条例所称著作权集体管理，是指著作权集体管理
组织经权利人授权，集中行使权利人的有关权利并以自己的名义进行的下列活动：（四）
进行涉及著作权或者与著作权有关的权利的诉讼、仲裁等。"

组织的权利类似，同样是以合同为依据对卡拉 OK 经营者进行相关管理并提起诉讼的行为，实质是在行使著作权集体管理组织的相关职能及权利，违反了《著作权集体管理条例》关于除著作权集体管理组织外，任何组织和个人不得从事著作权集体管理活动的禁止性规定。

实际上，MV 作品著作权集体管理组织在成立之初就与商业维权这一方式有着密切关系，即著作权集体管理组织与本文界定的商业维权实际是以类似的方式进行维权。① 或许是基于商业维权首先作为一种普遍性的维权方式，其产生先于集体管理组织出现的原因，过去实务中将商业维权定性为非法集体管理行为的判决并不多见。与之前的观点相比，目前出现的部分驳回商业维权机构诉求的判决虽意在维护著作权集体管理的有效性，减轻或免除著作权集体管理组织对向其已经缴纳费用的被许可使用人的担保义务，但在数量上尚不足以证实实务界对商业维权的态度发生了根本性的改变。联想到正在进行的关于著作权法修改的讨论，上述判决的理据更像对著作权延伸集体管理制度的尝试。② 笔者认为，将商业维权定性为非法集体管理活动的理由值得商榷，集体管理的有效性与商业维权索赔之间的相关性缺乏论证。本文从成本与效益的角度出发，区分商业维权与集体管理作为权利人借助专业力量保护 MV 作品著作权的两种模式，在法院对私权给予平等保护的前提下，对两种模式在维护著作权人和使用人最大经济收益方面的成本优势进行比较，以规模化维权的两种模式作为基础，分析集体管理与商业维权的共存关系。

---

① 2008 年前，环球、华纳、BMG 等唱片公司及商业维权机构将多达两万家 KTV 告上法庭。这一事件催生了国家版权局批准中国音乐著作权协会和中国音像管理协会对卡拉 OK 经营场所进行版权收费的事宜。当时确定的卡拉 OK 经营行业版权使用收费的标准为每首歌平均 0.17 元，收费标准远低于唱片公司提出的赔偿要求，目的是避免该行业诉讼之累。中国音像管理协会最新发布的《关于 2016 年卡拉 OK 著作权使用费收取标准的公告》显示，全国各地区每天每个 KTV 包间收取的版权费从 8—11 元不等。

② 2014 年 6 月 6 日国务院法制办公布的《著作权法（修订草案送审稿）》第六十三条规定了延伸集体管理制度，即著作权集体管理组织取得权利人授权并能在全国范围内代表权利人利益的，可以就自助点歌系统向公众传播已经发表的音乐或者视听作品以及其他方式使用作品，代表全体权利人行使著作权或者相关权，权利人书面声明不得集体管理的除外。

一 涉 MV 作品规模化维权的两种专业模式

（一）涉 MV 作品的专业维权现象

理论上根据权利人自己行使权利的难度，将著作权分为权利人可以直接发放许可并收取费用的"大权利"（Grand Right）和权利人难以进行有效单独许可和收费的"小权利"（Small Right）。[①] 涉及 MV 作品维权的放映权一般就被认为属于权利人自己难以单独行使的"小权利"，往往通过批量诉讼分摊维权成本的方式实现权利。[②] KTV 对 MV 作品的使用不仅是批量性的，而且在包房这种半公开环境下进行。对 MV 作品放映权维权，存在获取作品使用行为的信息费用以及与使用人谈判的交易成本。因单个作品维权收益有限，为摊销成本，委托专业机构批量维权成为实现"小权利"价值的主要方式，所以规模化维权对于"小权利"的著作权人而言就显得十分重要。

1. 规模成本是专业维权的现实土壤

对于作品著作权的行使一般可以通过合同许可、行政救济和司法救济三个方面的渠道进行。MV 作品著作权人（"小权利人"）寻找和发现、使用作品潜在市场的难度较大，针对强势使用人进行谈判协商的交易成本较高，所以自主许可市场在作品"小权利"交易中难以发挥作用。而当出现擅自使用作品的行为时，求助于行政执法往往不能获得足额的经济赔偿。在市场自主交易失灵、行政执法救济不足的情况下，司法救济就会成为最佳选择。通过司法救济途径，著作权人能够获得全面赔偿，也可以通过禁令迫使使用人与之达成使用协议。当维权诉讼发展至一定规模后，便形成

[①] 王迁：《著作权法》，中国人民大学出版社，2015，第 388 页。

[②] 《著作权集体管理条例》第四条规定："著作权法规定的表演权、放映权、广播权、出租权、信息网络传播权、复制权等权利人自己难以有效行使的权利，可以由著作权集体管理组织进行集体管理。"

自主交易市场之外的另一种市场——维权市场。① 根据格兰特（Galanter）的理论，专业维权组织显然比单个权利主体尤其是首次维权的个体权利人更容易获得胜诉。② 这一理论在国内的诉讼中也得到实证分析的证实。③ MV作品的著作权人借助专业组织通过司法途径进行规模化维权，是以较低成本实现作品市场价值的优化选择。有观点认为，涉及 MV 作品维权的大量案件起诉到法院，会导致司法资源的过度占用。④ 笔者认为，虽然涉 MV 作品的司法案件因为规模化维权数量较多是客观事实，但该现象背后反映的是著作权人在"小权利"维权活动中借助专业力量维权以降低成本的合法选择，不宜冠以滥用司法资源的名义。商业维权仅是规模化维权的其中一种形态，没有理由因此对商业维权行为进行抵制。笔者选取重庆市第五中级人民法院 2010 年至 2017 年所审理的涉 MV 作品规模化维权案件进行分析，从中可以看出维权主体以专业机构为主，而非著作权人直接单独维权。其中，中国音像著作权集体管理协会（简称"音集协"）维权的案件数占大部分，其余为商业维权机构或少数著作权人以自己名义起诉的案件（见图 1）。

2. 民事信托是专业化维权的法理依据

商业维权从取证、起诉、谈判等各环节均体现了维权人以营利为目的的策略，使人们质疑商业维权是一种披着维权外衣的牟利手段。但著作权维权行为本身是否盈利并非著作权法关注的因素，不能因为追求利益最大化的目标，就认为与著作权立法初衷相背。通过诉讼维权谋取赔偿符合私权救济的目的，赔偿金额超过维权成本所带来的盈利是依法行使著作权的后果。MV 作品的放映权作为财产性权利，许可专业机构维权的目的就在于

---

① 参见邓昭君《嬗变的市场：知识产权商业化维权的司法透视》，《法律适用》2015 年第 1 期。

② Marc Galanter (1974), "Why the Haves Come out Ahead: Speculations on the Limits of Legal Change", 9 *Law & Soc'y Rev.* 95.

③ Xin He & Yang Su (2013), "Do the Haves Come out Ahead in Shanghai Courts?" *Journal of Empirical Legal Studies*, Volume 10, Issue 1, 120 – 145.

④ 张雁：《知识产权商业维权诉讼辨析》，《人民司法》2013 年第 5 期。

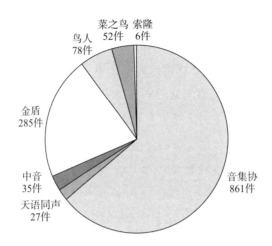

图 1　重庆市第五中级人民法院 2010 年至 2017 年所审理的涉 MV
作品规模化维权案件主体

通过利益分享方式借助法律实现作品的经济价值。有观点将集体管理与商业维权进行对比后认为，集体管理组织代表着一个创作者阶层的整体权益，合法的集体管理组织具有非营利性特征，进而证明集体管理相对于商业维权的正当性。① 但著作权的根本属性是私权，建立著作权集体管理制度的最终目的仍然是实现著作权人的财产性收益，其中也包括有一部分维权收益归集体管理组织所有。集体管理组织与著作权人、商业维权机构一样都是平等的民事主体，其管理、维权行为同样是为了实现民事法律规定的权利义务，其中就包括获取的经济收益。集体管理组织所代表的会员集体利益无法延伸到更为广泛的公众利益范围，因而不能以公益性为理由将商业维权与集体管理活动进行区分。② 根据重庆市第五中级人民法院审理的 MV 作

---

①　刘平：《著作权集体管理组织与权利人个体维权诉讼的区别及其解决途径》，《知识产权》2016 年第 9 期。

②　2016 年 6 月，按照中央关于全国性行业协会与行政机关脱钩的部署与要求，中国音像著作权集体管理协会等单位被列入全国性行业协会脱钩试点名单，开始进行脱钩试点。根据中央规定和实施方案，著作权集体管理组织将厘清与主管机关的关系，强化权利人组织的定位，起到更好为权利人服务的作用。国家版权局继续对著作权集体管理组织履行法定职责，监督、支持其开展活动。

品案件结案方式的统计结果，集体管理组织与商业维权机构维权的案件调撤率大体相当，均占了维权案件总数的 60% 以上（见图 2）。在 MV 作品维权案件中，调撤率一般反映被控侵权人通过庭外和解对维权人进行经济赔偿的情况，由此佐证商业维权机构与集体管理组织维权的案件都是以经济赔偿为案结事了的主要目标。如果集体管理组织不能满足单个权利人寻求经济赔偿或者所谓"获取知名度"的利益需求，著作权人就不得不另寻他径。如果集体管理组织自身不能获取额外的经济收益，亦无法在维权和许可市场上继续生存。以音集协为例，在其召开的第二次会员大会上通过的《全国卡拉 OK 著作权使用费分配方案》中，去掉各种税收及平台 8% 的费用后，剩余利润中的 50% 作为向权利人分配的利润，在这剩余利润的 50% 中，唱片公司占 60%，词曲作者占 40%，另外 50% 的利润则作为管理费用，在其与所委托的天合公司之间进行分配。① 商业维权机构正是在著作权人与集体管理组织之间出现的利益裂缝中找到得以生存壮大的空间。

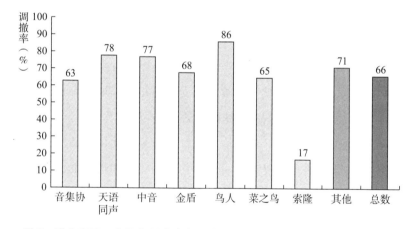

图 2　重庆市第五中级人民法院审理的 MV 作品案件结案方式及其调撤率

---

① 《关于 2015 年卡拉 OK 著作权使用费分配的公告》也显示，2015 年音集协卡拉 OK 著作权使用费投入分配金额为 1.5351 亿元。其中管理成本包括天合文化的渠道服务费占 25%，涉诉搁置费用约占 18%，协会实际管理花费成本为 664 万元，其中 360 万元（约占总收入的 3%）在卡拉 OK 著作权使用费中提取。在扣除各类成本后，音集协向会员分配的著作权使用费为总收入的 54%。

抛开公益性因素的影响，更容易找到集体管理与商业维权共同作为专业维权行为的理论依据。著作权集体管理活动的法律性质通常被认为符合民事信托行为的特征，受托人即著作权集体管理组织是接受委托人即著作权人的委托为受益人即著作权人的利益而对其财产即作品以自己的名义进行管理（包括登记作品、发放许可、监督使用、追究侵权等），并将由此产生的利益交付著作权人的一种财产管理制度。① 信托民事法律性质在集体管理组织成立之初也得到了司法认可。② 音集协与著作权人签订的《音像著作权授权合同》中通常也有约定"乙方同意将其依法拥有的音像节目的放映权、复制权、广播权信托甲方管理，以便上述权利在其存续期间及在本合同有效期内完全由甲方行使"。③ 因此，集体管理组织应当代表委托人谋求经济利益，同时自己也获取一部分经济收益。而同样的理由，民事信托法律关系也能够作为支持商业机构根据授权代表著作权人维权的理论支撑。

（二）两种涉 MV 作品规模维权模式的区别

1. 两种模式的许可方式不同

MV 作品放映权这种"小权利"的著作权人因为自身力量薄弱而依赖专业力量维权，一旦作出选择就只能被动接受相应机构采取固有经营许可方式所带来的维权后果。MV 作品放映权的许可分为单项许可与一揽子许可（Blanket License）两种方式。单项许可是针对每一次使用作品行为进行许可并收取费用。一揽子许可则是被许可人在约定的时间和地域范围内有权使用集体组织管理的所有相关作品。商业维权通过对每一次使用行为进行诉讼变相发放许可，属于在维权市场上采取单项许可方式收费的行为。集体管理组

---

① 刘学在：《著作权集体管理组织之当事人适格问题研究》，《法学评论》2007 年第 6 期。
② 1993 年《最高人民法院民事审判庭关于中国音乐著作权协会与音乐著作权人之间几个法律问题的复函》规定："音乐著作权协会与音乐著作权人（会员）根据法律规定可就音乐作品的某些权利的管理通过合同方式建立平等主体之间的带有信托性质的民事法律关系，双方的权利与义务由合同约定，音乐著作权协会可以将双方的权利与义务等事项规定在协会章程之中。"
③ 参见〔2014〕渝五中法民初字第 1277 号、〔2015〕渝五中法民初字第 1081 号、〔2016〕渝民终 251 号。

织主要通过与作品使用者协商谈判达成使用费收取标准，一揽子许可使用者使用所有作品。与单项许可方式同时存在于交易市场与维权市场一样，一揽子许可方式不仅存在于事前的许可交易谈判中，在维权市场上也同样占据一席之地。① 商业维权与集体管理相比更在乎获得赔偿而非对侵权源头的制止，这也由单项许可与一揽子许可两种方式的性质差异造成。因为事前逐个寻找使用人的交易成本太高，单项许可的重心集中于维权市场，赔偿金是维权机构的主要收入，必然力争在每次维权中获得最大赔偿；而集体管理组织在特定行业内具有唯一性，方便使用人主动上门集体谈判，节约了寻找许可对象的信息费用和交易成本，在诉讼策略上也更侧重于通过禁令倒逼使用人进行谈判，消除一揽子许可中的障碍。② 不可否认，商业维权与集体管理的确可能存在相互竞争的情况，但都属于维权市场为"小权利人"提供的两种选项之一。

2. 两种模式的适用对象不同

商业维权与集体管理在保护对象及保护力度上存在差异。首先，从作品角度而言，法律对作品著作权的保护必须考虑独创性程度，这是激励作者创造出更为优质作品的动力。相比而言，集体管理的标准对以同样方式使用作品的任意一个使用者都公平适用，既没有特殊使用人，也没有特殊的作品，或者特殊的权利人。集中管理与一揽子许可的方式对于大量不知名作品的保护存在溢价，而单个作品尤其是知名作品反而难以通过一揽子许可方式得到合理的市场定价。一揽子许可的定价机制较难体现作品的差异性，这便突出了商业维权机构采用单项许可增加维权收益的优势。知名作品的著作权人更希望通过单项许可或维权更准确地得到市场价格信息的

---

① 2013 年 1 月 8 日，黑龙江省哈尔滨市中级人民法院在哈尔滨市三家卡拉 OK 歌厅侵害著作权纠纷案中做出一审判决认为，三家歌厅向音集协赔偿两年著作权使用费，以国家版权局公告和市场普遍认可的集体管理组织标准赔付著作权使用费，具体数额依据卡拉 OK 行业版权使用费标准计算，即包房数 ×8.3 元/包/天（音集协公告黑龙江标准）×730 天，三被告分别赔偿约 14 万元、15 万元和 41 万元不等。不过实践中的维权判赔主要还是采用常见的单项许可的方式。

② 在实践中，商业维权的起诉状往往只要求使用人赔偿，而集体管理组织起诉的案件中即使是调解协议也坚持要求使用人停止侵权行为。

反馈，进而刺激创作的积极性。其次，从权利人的角度而言，我国著作权法将著作权人分为自然人与法人两种。通常情况下，法人由于具备资金和组织优势，拥有作品的数量和知名度都通常高于自然人。在 MV 作品维权时，法人著作权人通过单项许可商业机构进行维权更能够体现作品的价值，可以更好地发挥对创作投资的激励作用，而且单一法人就所拥有数量众多的作品也便于直接委托商业机构进行规模化维权。相对而言，自然人作者拥有著作权的作品数量较少，虽不乏精品佳作，但总体上其作品难以达到与法人著作权人相同的创造性高度。对于人数较多且分散的自然人作者而言，单项委托商业机构维权难以摆脱维权成本较高以及谈判能力较弱的困境，而加入集体管理组织则可以降低众多的自然人著作权人与使用人之间直接交易所带来的高额成本。从实践中可以发现，商业维权案件的授权人都是拥有大量作品或知名作品的法人著作权人，可以证明法人著作权人的确能够与商业维权机构签订单项许可协议并借此实现维权收益。实证中还发现，国外 MV 作品的法人著作权人通常会将国内使用权独占许可授权给商业维权机构，由商业维权机构再次授权集体管理组织进行管理，这样的例子进一步印证了商业维权与集体管理两种维权形式可以针对不同对象在各自领域并存的事实。①

二　集体管理与商业维权合理共存的经济分析

集体管理活动与商业维权行为相比，主要通过事前协商在著作权人与作品使用人之间架起依法许可的桥梁，其代表性强的优势降低了市场上寻找交易方的信息费用，一揽子许可的收费方式又降低了针对大量作品单项许可进行反复磋商的交易成本。如学者所言，著作权集体管理是方便作品（制品）的使用和传播、实现著作权法立法目的的重要制度性措施，起码在

---

① 参见〔2016〕苏 8602 民初 1042 号。

目前，还没有其他更好的制度可以替代它。[①] 不过，一揽子许可方式对于集体管理的有效性有严格要求。社会学研究发现，在同样的环境下一个人的表现很好，就可以把他的成功、他的做事方法诸如此类的信息传递给他的朋友和同事，然后他的朋友和同事观察到这种行为，就会去模仿以求同样达到成功。这就是一种适应性模仿传递的方式。[②] 集体管理越有效，越多的著作权人会选择委托集体管理组织行使著作权并谋求丰厚的收益，随之会有更多的著作权人效仿加入集体管理组织，进一步增加集体管理整体收益。换句话说，有效性对于发挥集体管理的成本优势有一种"加速强化"的趋势。反言之亦然。如果集体管理的作品数量有限，会导致权利人对集体管理组织的信任度降低，权利人向集体管理组织的授权减少就使得管理组织收费范围缩减，相应分配的利润也会降低；管理作品数量又影响到集体管理组织的谈判能力，使用人担心缴纳许可费之后仍会受到其他权利人的再次索赔也会对集体管理组织难以信任。总之，集体管理的作品数量影响其管理的有效性进而影响其一揽子许可的收益。

无论是商业维权机构还是集体管理组织提起的诉讼，维权赔偿金额通常被作为市场对单项许可 MV 作品放映权的司法定价。维权赔偿金对集体管理有效性的影响正是商业维权饱受诟病的关键原因。对此问题，笔者选取经济分析的方法进行论证。首先假设经济分析的前提条件：（1）司法裁判具有统一性，所有法院的判决标准是一致的，维权赔偿金可以进行预期；（2）市场主体数量相对固定，维权收益的增减不引起集体管理组织和商业维权机构数量的变化；（3）当事人起诉的同类型案件会得到相同赔偿，法院不因为集体管理组织或商业维权机构的身份给予特殊照顾或者歧视；（4）集体管理组织的其他管理成本（包括固定成本和可变成本）保持不变。在假设条件下，集体管理与商业维权作为两种具有替代性的服务出现

---

① 田晓玲：《著作权集体管理的适用范围和相关问题研究——以著作权法第三次修改为视角》，《知识产权》2015 年第 10 期。

② 张维迎：《博弈与社会主义》，北京大学出版社，2014，第 338 页。

在维权市场，一方价格的变动会对另一方的需求数量产生影响。

（一）商业维权赔偿金额上升会增加集体管理许可的作品数量

在消费者收入不变的条件下，当一种产品与另一种产品形成替代关系时，替代产品价格的上升会导致原产品需求数量的增加。如图 3 所示，Q_1 轴表示原产品的需求数量，Q_2 轴表示替代产品的需求数量，曲线 N 代表两种产品的数量变化关系，而直线 M 代表消费者的收入。当直线 M 与曲线 N 相切于 A 点时，代表消费者的收入刚好全部用于购买两种产品，即达到最佳消费组合。如果替代产品价格上升而原产品的价格不变，相当于消费者实际收入下降，使消费者收入所能消费的产品数量下降，直线 M 会向内旋转到 M'，与曲线 N' 相切于 A'。比较 A' 点与 A 点，替代产品价格上涨导致替代产品消费数量下降明显，但原产品的消费数量会有少量上升，因此原产品相对于替代产品的差额因为替代产品价格的上升有明显增加。在 MV 作品领域，商业维权的作品数量与集体管理的作品数量之间存在替代关系，当委托商业维权机构索赔的作品数量增多时，集体管理组织所管理的作品数量就会减少，二者呈现此消彼长的负相关性。但是，在作品使用者所支付的作品使用费总量不变的情况下，如果商业维权的赔偿金额上升，使用者

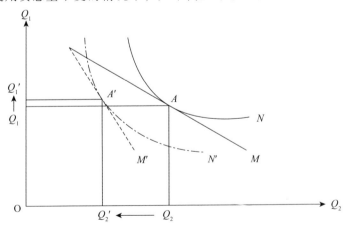

图 3　原产品的需求数量与替代产品的需求数量关系

通过单项许可方式使用作品的数量就会减少，使用者会更倾向于向集体管理组织缴纳一揽子许可费从集体管理组织那里获取更多的作品许可。在这种情况下，尽管著作权人更倾向于通过商业维权谋取更多利益，但作品使用人更愿意从集体管理组织那里获得更多的作品许可。而 MV 作品放映权的许可市场竞争激烈，单个著作权人作品的许可金额如果高于平均水平，使用人就会抵制对该作品的使用，提供 MV 作品的著作权人面临向右下倾斜的需求曲线，并且作品的经济价值随着时间的推移会出现加速衰减趋势，所以作品使用者的需求会主导市场的变化。

（二）集体管理许可的作品数量增加会提高集体管理收益

著作权集体管理组织通过对若干作品中的财产性权利进行集中配置后发放一揽子许可，收入来源于所收取的许可使用费。而其每年要进行大量的宣传推广招揽会员、与使用人协商谈判、到法院诉讼维权以及开展内部管理事务，所以管理成本是其主要的成本类型。集体管理的利润就等于其一揽子许可收入减去管理成本的所得。取得收益后集体管理组织一项重要义务是向权利人转付所收取的许可使用费或者赔偿金。[①] 而著作权人获得的收入占集体管理总收入的 50%。所以初期集体管理作品数量较少时，著作权人获得的收益会低于单项许可的维权收益。但因为作品使用人担心面对商业维权行为可能承担过高赔偿金额，使用人会更多争取获得集体管理作品的一揽子许可，集体管理许可作品相对于商业维权作品的数量增加，就能够增强集体管理的有效性，使管理成本分摊到单位作品上的份额下降，从而增加著作权人从单位作品上分得的管理收益，进而吸引更多著作权人将作品委托管理，提高单位作品的收益。

（三）维权赔偿对集体管理的影响极限

商业维权的判赔金额上升会导致使用人更愿意通过向集体管理组织支

---

① 《著作权集体管理条例》第二十九条规定，著作权集体管理组织收取的使用费，在提取管理费后，应当全部转付给权利人，不得挪作他用。

付一揽子许可使用费以避免侵权，从而提高集体管理组织的市场份额，发挥其在寻找使用人和进行批量谈判时节约成本的优势，增强集体管理的有效性从而使著作权人委托其管理的作品数量增加。不过赔偿金也有一个极限范围。商业维权的判赔金额过高会引发许可市场的波动。虽然作品使用人倾向于向集体管理组织缴纳一揽子许可费用，但过高的单项许可金额会刺激著作权人整体倾向于将作品交商业机构进行维权，从而改变许可市场的竞争环境，一揽子许可方式相对于单项许可方式的成本优势就难以发挥，这对于社会资源配置而言是一种浪费。如果集体管理组织通过其他方式招募或留住会员，比如建立延伸性集体管理制度或者变相禁止著作权人退出等，又会增加新的执行成本，也不是最优的解决方案。反之，当判赔金额过低时，一揽子许可费用当然就不再是作品使用人最为经济的手段。尤其是批量作品使用人不会选择向集体管理组织支付费用来预防侵权，更可能选择等待被诉然后承担较低的赔偿金，或者以逃避方式降低赔偿的概率。因此，维权赔偿金额过高或者过低都可能将其中一种维权方式排挤出维权市场，难以达到市场最优的资源配置。

三 商业维权与集体管理的共存样态

市场为著作权人保护 MV 作品放映权这种"小权利"提供了商业维权和集体管理两种专业化维权形式。针对不同类型的作品和作者，两种形式在成本与收益方面各具优劣。司法的作用在于平等保护各种维权方式下的合法诉求，理清维权赔偿金与集体管理收益之间的相关性，增强两种维权力量的竞争性，培育多元化维权市场，最终实现保护著作权并鼓励作品的创作与传播的立法宗旨。[①]

[①] 《中华人民共和国著作权法》第一条规定："为保护文学、艺术和科学作品作者的著作权，以及与著作权有关的权益，鼓励有益于社会主义精神文明、物质文明建设的作品的创作和传播，促进社会主义文化和科学事业的发展与繁荣。"

（一） 商业维权应以合法的权利依据为准绳

合法的权利依据是认可商业维权应在维权市场上占有一席之地的前提条件。但也有商业维权机构在没有获得著作权实体权利许可或转让的情况下，仅仅根据权利人授予的诉讼权利以自己名义起诉维权，此类维权又被学者定义为诉讼担当型维权。① 虽然日本、德国理论界对诉讼担当型维权有赞同的观点，但在我国尚缺乏明确的法律根据。因而对于仅取得诉讼权利授权且以专业机构自己的名义提起的商业维权，不应予以支持。此外，关于非法商业维权行为的认定在实践中也不乏先例。如商业维权机构取得授权所依据的合同被认定无效，商业维权便缺乏合法性依据，其维权诉求只能被驳回；又如商业维权机构证明权利来源的证据不足，其诉讼请求同样也不能得到支持。②

（二） 对被许可使用人的权益加以保障

MV 作品涉及词曲作者、制片人、表演者等多类权利主体所享有的多个著作权或邻接权，作品使用人作为集体管理活动的相对方需要信任集体管理组织具有广泛的代表性，管理组织如不能代表同一作品上所有权利人的诉求，则其在与使用人进行协商时无法真正发挥集中管理和一揽子许可的优势，"小权利"的分散性将迫使海量作品的使用人仍需要逐一进行单项许可谈判，否则使用人必然会被其他权利主体反复起诉。在重庆市第五中级人民法院审理的案件中，有 19 名被告曾被 2—4 名不同权利主体起诉，包括 7 名被告在与集体管理组织和解以后仍然被起诉。③ 要保证已经获得许可的使用人不再面临诉讼风险，确保集体管理的有效性，必然要求集体管理组织对于已经支付一揽子许可费的使用人承担其不被另外索赔的担保义务。

---

① 董伟威、童海超：《知识产权商业维权诉讼的界定与规制》，《人民司法》2014 年第 1 期。
② 参见〔2017〕黑民终 315 号、〔2017〕浙 04 民终 641 号、〔2017〕粤民申 3207 号。
③ 参见〔2010〕渝五中法民初字第 3—7 号、第 28—32 号。

集体管理组织则需要提取担保准备金以应对后续的维权诉讼。如前所述，音集协的"涉诉搁置费用"就占到其管理成本的 18%。为了提高集体管理的有效性，同时降低管理组织的担保成本，禁止已经入会的著作权人单独维权具有合同与法律上的依据。① 著作权人与著作权集体管理组织订立集体管理合同后，不得在合同约定期限内自己行使合同约定的由著作权集体管理组织行使的权利，向已经向集体管理组织缴纳版权费用的卡拉 OK 歌厅提起诉求。②

（三）对延伸集体管理制度的思考

延伸集体管理是指在著作权人自愿委托原则下，推定权利人同意由集体管理组织管理自己的权利。根据延伸集体管理制度，使用者只要支付报酬并符合该组织授权使用作品的其他条件，可以使用不属于集体管理组织管理的同类型作品，对使用人已经向集体管理组织缴纳一揽子许可费用的，须免除其向非会员维权的赔偿责任。延伸集体管理制度当然维护了集体管理的有效性，也变相降低了集体管理的担保成本。实践中已有观点认为已经向集体管理组织交纳著作权使用费的使用人主观上不存在过错，因而不用再向著作权人承担赔偿责任。③ 无论何种形式，延伸集体管理制度对著作权人而言，都是以推定性的集体管理替代了著作权人的私力维权，必然影响其自己或授权他人的维权行为。如学者认为，集体管理组织是作者在自愿的基础上组建的、采取会员制的、具有自治性质的组织。④ 著作权人应基于信任和自愿将财产性权利所涉及的实体和诉讼权利一并转移给受托人。但对那些没有成为集体管理组织会员的著作权人，法律无法禁止其向使用

---

① 《著作权集体管理条例》第二十条规定："权利人与著作权集体管理组织订立著作权集体管理合同后，不得在合同约定期限内自己行使或许可他人行使合同约定的由著作权集体管理组织行使的权利。"

② 参见〔2017〕苏 1191 民初 666、667、669 号。

③ 参见〔2016〕最高法民申 1699 号、〔2016〕苏 0106 民初 11884 号。

④ 湛益祥：《论著作权集体管理》，《法学》2001 年第 9 期。

人主张赔偿，这是著作权人的合法权益，即便法院禁止所有商业维权机构的起诉，仍然不能禁止权利人以自己名义通过民事诉讼来替代著作权集体管理以兑现其著作权权益。① 在处理非会员著作权人与使用者之间的法律纠纷时，笔者赞同对作品使用者是否已经获得了相关集体管理组织的一揽子许可加以区别对待。已获许可者，可以认定其根据许可协议使用作品的行为无过错可言，只应根据集体管理许可协议中每一部作品的平均许可费计算应补交的许可费。② 换言之，对于已经向集体管理组织交纳了一揽子许可费用的使用人而言，其可以在判决金额上与集体管理组织的收费标准保持一致。

结　论

科斯定理（Coase Theorem）告诉我们，外部性概念掩盖了问题的实质：产权问题。事实上，只要产权明晰，市场谈判的结构就可以达到帕累托有效；政府的最重要任务，不是补贴或者收税，而是清楚界定、严格保护产权。③ 交易成本与信息费用经常被作为干预市场主体自主行为的理由，进而淡化私权性质。但如果失去了市场定价机制，作者也不会再重视作品的声誉，更不会吸引民间力量对创作进行投资。所以，司法的作用应当体现在对维权主体合法诉权的平等保护方面。从成本与效益的角度分析，在平等保护当事人权利的司法理念下仍然可以维护集体管理有效性并发挥一揽子许可的优势，并不需要对著作权人自由选择维权方式进行管制。仅保留一种维权渠道难以发挥市场配置资源、激励创新的优势。在集体管理与商业维权并存的现状下，只要清楚地界定依法维权的条件并提供一个公平的司法环境，无论是著作权人还是作品使用人都能出于自身利益最大化地考虑

---

① 刘平：《著作权集体管理组织与权利人个体维权诉讼的区别及其解决途径》，《知识产权》2016 年第 9 期。
② 王迁：《著作权法》，中国人民大学出版社，2015，第 396 页。
③ 张维迎：《经济学原理》，西北大学出版社，2015，第 308 页。

推动社会整体收益的实现。唯一需要特别考虑的是避免集体管理组织承担过重的担保义务。总之，在公平的司法环境下，只有通过市场竞争这只看不见的手，推动商业维权机构与集体管理组织积极降低自身的交易成本和信息费用，才能最终确保著作权人通过市场实现作品收益的最大化。

外国法前沿

《知识产权研究》 第二十六卷
第 191～199 页
© SSAP，2020

浅析欧盟版权法第十三条"过滤条款"

陈　璐[*]

摘　要： 2019 年 3 月 26 日，欧洲议会通过《欧盟版权指令（草案）》。该指令是对欧盟版权系统的一次重大革新，并对传统内容产业和在线信息共享网络服务提供商之间的利益关系进行了颠覆性的调整。大陆法系保护作者权利的立法导向对欧盟影响很大，通过《欧盟版权指令》，欧盟积极回应了作者的利益诉求。其中最为典型也最具争议的条款之一，就是第十三条"过滤条款"[①]，即在线信息共享服务提供商对版权保护信息的使用。

关键词： 欧盟版权法　在线信息共享服务　过滤条款

近年来，在线信息市场的运作变得越来越复杂。用户上传了大量的受版权法保护的信息，在线信息共享服务提供商使这些信息可以被访问，这已经成为在线信息的一个主要来源。在线信息服务为用户提供了更广泛的文化和创意作品，也为文化和创意产业发展新的商业模式提供了巨大的机遇。然而，虽然在线服务提供商使得信息访问变得更多样和便捷，但是当受版权法保护的信息在未经权利人事先授权的情况下被上传到网上时，它们同样带来了很多挑战。关于此类服务是否涉及版权相关行为，以及在用户不对上传内容拥有相关权利时，是否需要就用户上传的内容获得权利人

---

*　中国社会科学院研究生院法律硕士研究生。

①　该条款要求网络服务提供商对其储存、提供的第三方内容承担向权利人获取授权、过滤侵权内容、汇报过滤情况等义务，故被称为"过滤条款"。

的授权，目前在法律上尚不确定，但法律的不确定性并不妨碍《欧盟法》规定的例外和限制的适用。法律的这种不确定性使权利人难以获知其作品及其他信息内容是否被使用以及在何种情况下被使用，权利人也难以根据其作品被使用的情况，从使用者那里获得适当报酬。因此，促进权利人和在线信息共享服务提供商之间的许可市场的发展是十分重要的。这些许可条件应该公平，并使双方保持合理的平衡。权利人应该因为他们的作品和其他标的被使用得到合适的报酬。然而，因为合同自由原则不受这些条款的影响，授权或者缔结许可协议不应该成为权利人的义务。

一 服务提供商和"过滤义务"

作为在线信息共享服务正常使用的一部分，某些信息社会服务旨在使公众能够访问其用户上传的受版权保护的内容或其他标的。根据本指令，在线信息共享服务的定义应仅包括在在线信息市场上扮演重要角色的在线服务针对相同的受众与其他在线信息服务（如在线音频和视频流服务）进行竞争。本指令涵盖的服务是那些主要目的或其中一个主要目的是存储和允许用户上传和共享大量受版权保护信息的服务，目的是通过组织和推广这些信息以吸引更多的受众，包括对受众分类并在其中进行有针对性的推广，从而直接或间接地从中获取利润。该定义不包括除了想从用户大量上传和共享受版权保护的内容中获取利润之外，还有其他主要目的的服务。例如，这些服务包括《欧洲电子通信规范》所说的电信服务，也包括企业对企业（B2B）云服务的提供者和那些允许用户上传仅供自己使用的信息的云服务提供者，例如空间锁（网络储物柜）或其主要活动是线上零售而不允许访问版权保护信息的在线市场。开放源码软件开发和共享平台等服务的提供者，不以营利为目的的科学或教育储存库的服务提供者以及不以营利为目的的在线百科全书的服务提供者不包括在这一定义之内。此外，为了最大限度地保护版权，其第十三条规定的责任免除机制不应适用于主要目的是从事或促进盗版事业的服务提供者。

在判断在线信息共享服务提供商是否大量存储并允许访问受版权保护的信息时需要具体单个地进行，并综合考虑各种因素，例如服务的受众和由服务的用户上传的受版权保护的内容的文件数量。

该指令阐明，当服务提供商允许公众访问用户上传的受版权保护的作品或其他标的时，服务提供商的行为属于向公众传播或公开信息。因此，在线信息共享服务提供商在允许用户访问时应获得相关权利人的授权（包括通过许可协议取得的授权），此举的目的在于让在线信息服务提供商对信息的公开和传播承担一定的责任，服务提供商应保证通过他们的平台公开的信息不会侵犯权利人的权利，这也就是服务提供商的"过滤义务"。这不影响欧盟法中的"向公众传播信息"或"向其他地方的公众传播信息"的概念含义，也不影响指令2001/29/EC第三条第一款和第二款对其他使用版权保护信息的服务提供者的适用。

在本指令规定的情况下，当在线信息共享服务提供商对向公众传播信息和开放信息负责时，指令2000/31/EC第十四条第一款不应适用指令第十三条产生的责任。对于超出本指令范围的目的，本指令不应影响指令2000/31/EC第十四条第一款对这些服务提供商的适用。

二　针对未授权的情况的特别机制

（一）特别机制的基本内容

考虑到在线信息共享服务提供商给予访问权限的信息并不是他们自己而是他们的用户上传的，为实现本指令的目的，对于未授权的情况，提供特定的责任机制是适当的。这不应影响国内法规定的对其他种类的（侵犯版权以外的）案件的救济措施，也不应影响国家法院或行政机关根据欧盟法发布禁令的可能行为。特别是，适用于年营业额低于1000万欧元、每月在欧盟的绝对造访人次低于500万的新服务提供商的具体制度，不应该影响国内法和欧盟法提供的救济措施的适用。如果服务提供商未获得授权，他们应尽最大努力按照高行业标准履行勤勉义务，以避免其服务出现相关权利人的未经授权的作品或其他标的。为此，权利人应向服务提供商提供必要的相关信息，同时考虑到权利人的规模及其作品和其他标的的类型等因素。在线信息共享服务提供商和权利人的合作不应妨碍非侵权信息的使用和公开，例如使用已经获得许可的作品或其他标的。因此，这项合作不应该影响到通过服务提供者合法下载和访问信息的用户。其第十三条规定的义务不应使成员国负有一般强制监管义务。当评估服务提供商是否已经根据专业勤勉的高行业（实践）标准尽了最大努力时，应该考虑，为了阻止未授权作品或其他标的在其网站上公开，服务提供商是否实施了专业尽职的运营商应该采取的行动，同时，还应该考虑到最佳实践方式、根据所有相关因素所采取步骤的有效性、发展以及比例原则。为了实现这项评估的目的，很多因素都应该被考虑在内，例如服务提供者的规模、现有手段发展的状况以及未来的发展，从而避免不同种类信息以及服务价格的公开。对于不同种类的信息，可能存在不同种恰当的方式避免未经授权信息的公开，因此，并不排除在一些情况下，未授权信息只能在通知权利人后避免公开。服务提供商对所寻求的目标采取的任何措施都应该有效，但不应该超过必要限度，即避免和终止未授权作品和其他标的的被访问。如果服务提供商和权利人按照指令的要求尽了最大努力，但是未授权作品和其他标的仍然可以被访问，那么服务提供商应该对作品和其他标的的公开负责，因为他们已经从权利人那里得到了相关的必要信息，他们如果可以举证证明已经按照高行业标准尽了最大努力即可免责。

此外，如果服务中出现特定的未授权作品或其他标的，在收到充分证实的通知后，服务提供商未能迅速采取行动从其网站上删除或禁止访问被通知的作品和其他标的，无论信息服务提供商是否尽到了最大努力，也无论权利人是否先前告知了必要信息，网络服务提供者都必须对作品或其他标的的未授权的传播行为负责。此外，因为权利人为了避免作品被上传告知了服务提供商相关必要信息，如果信息服务提供商无法举证证明他们尽了最大努力阻止特定未授权作品的未来上传，网络服务提供者也应该承担责任。当权利人没有提供给网络服务提供者有关作品或标的的相关必要信息时，或者权利人没有给出关于删除或禁止访问那些特定未授权作品或标的的通知时，在线信息服务提供商未能按照高行业标准尽最大的努力避免未授权内容在其提供的服务中被访问，在线服务提供商不对这些权利不明确的作品和标的在公众中的未授权传播行为负责。

第十三条第四款第一项适用于新的在线服务（免责条款）。指令 2014/26/EU 第十六条第二款已经作了类似规定，它涉及版权和相关权利的集体管理以及音乐作品在国内市场在线使用权利的多领域许可。本指令中的规则旨在将新企业与用户合作上传以开发新业务模式的具体情况考虑在内。适用于营业额不高、客户不多的初创型服务提供商的修改之后的规则应该对真正的初创企业有利，但是应当在初创企业首次在欧盟在线提供服务的三年后停止适用，这项规则不应该被在三年之后仍想利用此规定来扩大获利的服务提供者滥用。具体而言，它不应该适用于新产生的服务或者那些仅仅拥有一个新名字却被不应该或不再应该从这项规定中获利的现有的服务提供商提供的服务。

（二）服务提供商的告知义务

合作过程中，网络服务提供商应该向权利人告知采取的有关行动。因为服务提供商可能会采取不同的行动，所以按照权利人的要求，他们应该提供给权利人有关采取行动类型和行动实施方式的充分信息。在不侵犯商业秘密的前提下，这些信息应该足够具体，使权利人可以充分了解有关情况。然而，在线信息提供商不需要告知权利人每件确定的作品和其他标的的细节和个性化信息，但是这不影响权利人和服务提供商就提供信息达成更具体的合同。

（三）授权的范围

如果在线信息服务提供商取得了授权，包括通过许可协议取得的授权，为了使用被用户上传的信息，在服务提供者所取得的授权范围内，这些授权也应该涵盖用户上传的版权相关行为，但只限于用户出于非商业目的的情况（例如不以营利为目的分享信息），或者当他们上传产生的收入相对于他们所覆盖的用户的版权相关行为来说并不重要时。

当权利人明确授权了用户将作品和其他标的上传和在线上公开时，服务提供商向公众传播作品和其他标的的行为也被认为得到了权利人的授权。然而，不应假定在线信息共享服务提供商的用户已经拥有了所有相关权利。

三　投诉救助机制

在线信息服务提供商所采取的措施不应该妨碍对版权法例外和限制条款的适用，特别是那些保障了用户自由表达权（言论自由权）的条款。用户应该拥有上传和公开了为了引用、批评、评论、漫画、戏仿或者模仿而发布信息的权利。这对保持《欧洲联盟基本权利宪章》规定的基本权利，特别是言论自由权和艺术自由权，以及包括知识产权在内的财产权之间的平衡特别重要。基于这些原因，为了使用户在欧盟内受到统一的保护，这些条款应该被强制规定。为了实现这些用途，确保在线信息共享服务运行有效的投诉和救助机制是非常重要的。在线信息服务提供商应该建立快速有效的投诉救助机制，允许用户对平台规定的、其上传所必须采取的步骤提出异议，特别是当被删除或被禁止访问的上传信息与版权法中的例外和限制规定有关，而他们可以从这些例外和限制规定中获益时。在这种机制下，任何投诉都应该立即经由人工得到处理。当权利人请求服务提供商对用户上传的内容进行删除或禁止访问等行为时，权利人必须充分证明自己的请求的正当性。此外，根据2002/58/EC指令第十四条和第2016/67915号条例（欧盟），权利人和在线服务提供商的合作不应该涉及用户个人的身份识别和个人的数据处理。成员国也应该确保用户可以通过庭外补救机制来解决争端，通过这些机制，争端应该被公正解决。用户可以通过上诉到法庭或者其他司法救济途径来主张适用版权法的例外或限制规定。

本法令生效后，委员会和成员国应该尽快合作展开利益相关者之间的协商对话，以达成合作义务的统一适用，并对"按照高行业标准尽到最大程度的努力"进行定义。为了达成这个目标，委员会应该咨询有关的利益相关人，包括用户组织和技术提供者，并考虑市场的发展。用户组织还应有权知晓在线信息共享服务提供商为在线管理内容而采取的行动的信息。

四 相关条文

第二条第五款（定义）

在线信息共享服务提供商是指信息社会服务的提供商，其主要或其中一个主要目的就是存储或者使公众访问被用户上传的大量受版权法保护的作品或其他标的，并组织和推广这些作品或标的以获取利润。

服务提供商例如非营利的在线百科全书，非营利的教育和科学资料库，开源软件开发和共享平台，建立欧洲电子通信代码的2018/1972指令中定义的电子通信服务提供商，在线市场和企业对企业（B2B）云服务以及允许用户上传信息供自己使用的云服务，不应被视为本指令中的在线信息共享服务提供商。

第十三条 在线信息共享服务提供商对受保护信息的使用（部分）

1. 为了实现本法令的目的，当公众有权访问用户上传的受版权保护的作品或其他标的时，成员国应规定网络信息服务提供平台应该向公众传播或者向公众公开作品和其他标的。

因此，为了向公众传播和公开作品和其他标的，在线信息服务提供商应该根据2001/29/EC指令的第三条第一款和第二款从相关权利人那里取得授权，例如通过许可协议的方式。

2. 成员国应该规定，当在线信息服务提供商取得授权时（包括通过许可协议的方式），该授权还应涵盖2001/29/EC指令第三条所述的，服务用户的非商业行为或其活动未产生实际收益时所实施的行为。

3. 当在线信息共享服务提供商在本指令限定的条件内向公众传播或公开信息时，指令2000/31/EC第十四条第一款对责任的限制不适用于本款涵盖的情形。本款也不应影响指令 2000/31/EC 第十四条第一款对服务提供商不在本指令范围内的其他目的的可能适用。

4. 如果没有取得授权，在线信息共享服务提供商将会对向公众传播版权保护作品和其他标的的行为负责，除非服务提供商可以证明：

（1）已尽最大努力获得授权；

（2）按照专业勤勉的高行业（实践）标准，尽最大努力避免权利人已经提供相关必要信息的受保护作品和其他标的的公开；

（3）在任何情况下，在收到经权利人充分证实的通知后，迅速从网站上删除或禁止访问被通知的作品和标的，并根据第（2）款的要求尽最大努力避免作品和其他标的今后的上传。

4.1 在判断一项服务是否履行了第四段规定的义务以及是否遵守比例原则时，除其他外，还应该考虑以下因素：

（1）（服务）类型、受众、服务规模、用户上传的作品或其他标的的种类；

（2）适当有效手段的可用性还有服务提供者为此付出的成本。

4.2. 成员国应该规定，当新网络信息服务提供商的服务在欧盟的开放时间少于三年，并且其年营业额低于欧盟委员会第 2003/361/EC 号建议所指的 1000 万欧元时，根据第四款规定的赔偿责任制度，适用于在线信息服务提供商的条件被限定在第四款（1）中的规定和根据收到的充分实质性通知，迅速从网站上删除或禁止访问被通知的作品和其他标的的规定。

如果根据上一个日历年计算，服务提供商的月平均绝对造访量超过 500 万次，当权利人已经为这些作品和标的提供了相关必要信息时，在线信息服务提供商还应证明他们已尽最大努力避免被通知作品和其他标的的进一步上传。

5. 当上传作品的用户没有侵犯版权和相关权利时，在线信息服务提供商和权利人的合作不应造成上传作品和其他标的不能被访问的情形，包括作品和标的属于例外和限制条款中的情形。

当用户在在线信息共享服务中上传和公开信息时，成员国应该确保在所有成员国的用户可以适用以下现有的例外和限制：

（1）引用、批评、评论；

（2）用于漫画、戏仿或模仿的目的。

7. 本条规定的适用不会附加任何普遍监管义务。成员国应规定在线信息共享服务提供商按照权利人的要求，向其提供关于第四款所述合作运作情况的充分信息，如果服务提供商与权利持有人签订许可协议，还应提供有关协议涵盖内容使用情况的信息。

成员国应该保证非诉救济机制可用于解决争端。非诉救济机制可以公平地解决争端，不应剥夺用户享受的国家法律提供的法律保护和损害用户诉诸有效司法救济的权利。具体而言，成员国应该保证用户有权向法院或其他相关的司法机构主张适用版权法的例外和限制。

根据指令 95/46/EC、指令 2002/58/EC 和欧盟一般资料保护规范，本指令不得影响作品或其他标的的合法使用，例如欧盟法中例外和限制规定下的使用，也不得识别用户个人身份或处理用户个人数据。

在线信息共享服务提供商应该在他们的条款和条件中告知用户在欧盟法对版权和相关权利的例外和限制规定下，他们有权使用作品和其他标的。

9. 至［本指令生效日期起］，欧盟委员会应与成员国通力合作，组织利益相关方的对话，来讨论在线信息共享服务提供商和权利人之间合作的最佳方式。欧盟委员会应与在线信息共享服务提供商、权利人、用户代表机构和其他利益相关人协商，并考虑利益相关人讨论的结果，就第十三条的适用（特别是第四款所指的合作），发布指导意见。在讨论最佳做法时，应特别考虑平衡基本权利的需要，并应考虑版权例外和限制的适用。为了这一利益相关方对话，用户协会应能从在线内容共享服务提供商处，获得关于其与第四款有关的做法运作情况的充分信息。

《版权指令》是欧盟为了维护版权制度的平衡所作出的积极探索，反映了国际视野下著作权法律制度的前沿立法动态。在此背景下，《版权指令》的出台很可能对《中华人民共和国著作权法》的修订产生影响。

《知识产权研究》第二十六卷

第 200～246 页

© SSAP, 2020

论专利承诺*

乔治·孔特雷拉斯** 著 金 松*** 译

摘 要: 当今,越来越多的公司做出限制其专利权实施的公开承诺。由此,它们步入了公有领域与排他性财产权之间鲜为人知的中间地带。这些承诺中,众所周知的是 FRAND 承诺。在 FRAND 承诺中,专利权人承诺按照"公平、合理、非歧视"的条件将其专利权许可给标准化产品的生产者。但是除了标准制定,专利承诺还出现在开源软件、绿色科技和生命科学等领域。结果是,这种日渐普遍的私人秩序创造机制开始重塑专利在经济中的角色和作用的传统观念。

尽管专利承诺数量在激增,但是很少有学者从 FRAND 承诺和标准制定之外去探究这一现象。本文通过首次对专利承诺进行详尽的全面说明,填补了这一空白。本文基于促使专利权人作出专利承诺的因素以及专利权人意图对其他市场主体产生的效果,提出了将专利承诺分为四类。本文认为,使用这一分类,应把可能在其他市场主体中产生依赖的专利承诺视为"可执行的"且具有法律效力的专利承诺,而其他专利承诺则不是可执行的专利承诺。为了实现最高程度的市场认知度和可执行专利承诺的可执行性,需要设立国家支持的专利承诺公共登记系统,同时对登记进行适当的政府

---

* 由于篇幅所限,译文仅保留了原文的部分注释,查看完整的注释请参阅英文原文。

** 美国犹他大学律政昆尼法学院副教授,美利坚大学华盛顿法学院高级政策研究员。

*** 南开大学滨海学院法政学系讲师,南开大学法学院 2018 级博士研究生。研究方向为民法、知识产权法。

激励。

关键词： 专利承诺　FRAND 承诺　分类　登记

一　引言

2014 年，电动汽车制造商特斯拉汽车公司创办者，直率的埃隆·马斯克通过宣布该公司不再"对任何想善意使用其技术的人发起专利诉讼"。这个消息震惊了汽车行业。① 马斯克的宣布，实际上大幅削减了特斯拉大量专利组合的价值，激起了褒贬不一的一连串媒体评论。6 个月后，汽车业巨头丰田汽车公司紧随特斯拉汽车公司，宣布允许免费使用其覆盖氢动力汽车燃料电池的近 5700 项专利。

为什么在汽车技术领域处于两个不同方向的特斯拉和丰田似乎白白交出了其来之不易的贵重专利宝物？作出这种专利承诺，削减了专利权人不受限制地利用其财产的权利，表面上是不符合经济逻辑的。然而，特斯拉和丰田却远非第一家向公众作出专利承诺的公司。20 世纪 90 年代伊始，计算机和软件行业的大公司就开始为诸如 Linux 和 Android 之类的开源代码平台而斗争。由此表明，以对知识产权进行严格控制为基础的商业模式，不是创新和产品发展唯一切实可行的路径。为了支持这些新兴的开源平台的发展，像 IBM 和谷歌这样的公司都承诺不向开源产品主张其成百上千的专利。

然而，这些公司并没有完全放弃覆盖其发明的专利。不同于自愿使其权利进入公有领域的专利权人，这些公司保留其专利所有权以及行使专利权中至少一些权能的能力。因此，它们的自愿承诺处于完全商业性利用专利和放弃专利权使其进入公有领域之间的很大程度上未知的中间地带。

---

① Elon Musk, "All Our Patents Are Belong to You", Tesla Blog, http://www.teslamotors.com/blog/all-our-patent-are-belong-you.

近年来，冒险进入该中间地带的公司数量逐渐增多。例如，孟山都公司，转基因种子的全球主要生产者，公开承诺当微量的专利基因材料通过"非故意的方式"出现在农民的田地中时，不对农民主张其专利权。[①] 包括住宿互换网站 Airbnb 和云存储巨头 Dropbox 在内的很多公司已经承诺不对拥有 25 人或 25 人以下员工的企业主张其软件专利权。[②] 实际上，在过去的 10 年中，各行各业的众多专利权人已经做出了限制主张其成千上万专利权的承诺。

这些专利承诺有一些主要特征：它们是专利权人自愿做出的限制其专利权实施或者限制专利的其他利用方式的承诺；它们不是向直接的合同当事人而是向公众做出，或者至少是向某些市场的大部分主体做出；并且，它们的做出没有任何直接的报酬或者其他对价。

当今最著名的专利承诺是所谓的 FRAND 承诺，在 FRAND 承诺中专利权人承诺按照"公平、合理、非歧视"的条件，许可其专利权给标准化产品的生产者。涵盖 4G LTE、Wi-Fi、H. 264 等著名标准的大量专利都受到此种专利承诺的约束。迄今，法院、政府部门和研究人员已经投入很多注意力到 FRAND 承诺及其引起的潜在法律问题上，涌现了大量这方面的文献。但是，如前所述，专利承诺不仅出现在技术标准设定领域，还影响更大范围的全球技术经济。因此，这种日益普遍的私人秩序创造机制正在重塑专利权在经济中的角色和作用的传统观念。

本文首次扩大分析视角，全面聚焦专利承诺。利用标准制定组织（SDOs）内部做出的现有承诺目录以及非标准制定组织（Non-SDO）专利承诺的独特公共数据库，有助于本文将专利承诺分为四个基本类别。这些基本的分类是由促使专利权人做出承诺的动机和他们试图对其他市场主体产生的影响来确定的。此外，该分类方法对于评价不同承诺的法律强制性是

---

① "Monsanto's Commitment: Farmers and Patents", Monsanto, http://www. monsanto. com/news-views/pages/commitment-farmers-patents. aspx.

② "The Patent Pledge", http://thepatentpledge. org/（Hereinafter Software Small Business Pledge）.

有益的。

种类1：诱导型——降低专利壁垒以诱导市场参与者采用承诺者所偏爱的特定标准或者技术平台。

种类2：集体行动——推进对承诺者有利的集体目标的成就。

种类3：自愿约束——限制承诺者主张其专利权的能力，通常用来处理政府当局的关注点。

种类4：慈善责任——增进社会善因或者其他公益及随之而来的对承诺者有益的公共关系。

除引言和结语外，本文分为三部分。第一部分首先对专利承诺进行广泛描述性调查，包括在标准制定的背景下以及其他地方做出的专利承诺。本部分将专利承诺的主要组成部分和特征进行编目，提供了一个发展系统性分析框架所必需的词语。第二部分基于做出专利承诺潜在的经济和其他动机以及专利承诺者意图对其他市场主体产生的影响，创设了四个部分的分析分类方法。本文提出，这一分类方法的意图主要在于诱导他人依赖的专利承诺应该被认为是可予起诉的或可执行的，而不会引起他人重大行动或者克制的专利承诺则不能被认为是可予起诉或可执行的。第三部分进一步探讨了专利承诺可执行性的边界，提出了与这种承诺相关的三个主要缺陷：含糊性、暂时性以及基础专利的转移。为了解决这些问题并巩固专利承诺实施的法律基础，需要对可予执行的专利承诺设立公共存储库以及登记系统，并辅之以参与该系统的政府激励。

二 专利承诺概述

本部分对当今专利承诺做出了全面的、描述性的说明，归纳了承诺出现的行业领域、覆盖的专利、包含的承诺内容以及作出的形式。这种专利承诺的形式和结构的编目支持了下一部分所描述的分析性分类方法的发展。

（一）行业和市场

一般而言，做出专利承诺的公司代表四大行业类别：信息与通信技术（LCT）、开源软件、绿色/清洁技术、生命科学。尽管更多发生在信息与通信技术领域，但是技术标准化实际在这些前述行业中都会发生。

1. 信息与通信技术

专利承诺，尤其是那些与标准制定活动相关的专利承诺，在信息与通信技术领域时常发生。该广泛的行业领域包括无线通信、网络、计算机信息处理技术、消费电子以及数据交换市场。许多与专利承诺相关的典型产品类别是消费者导向的设备，诸如智能手机、电脑、游戏播放器以及家庭娱乐产品，这些产品由像英特尔、苹果、三星、华为、思科、微软、爱立信、威瑞森、美国电话电报公司、IBM、索尼和戴尔这样的跨国公司所生产。但是，专利承诺还出现在诸如航空电子、汽车工程和半导体制造这样的众多小型 B2B 细分市场中。并且，参与信息与通信技术标准化的不仅仅是大的跨国公司，还包括很多中小企业以及研究机构和政府部门。

设计和生产信息与通信技术产品的公司通常在标准化制定组织内部合作制定技术标准。标准化制定组织往往作为非营利的行业协会或联盟而创办，范围从专注于单一产品类别的小公司团体到专注于制作更广泛行业标准的大国际机构。表 1 展示了国际标准制定组织在信息与通信技术领域的运行情况。

表 1　信息与通信技术领域选定的国际标准制定组织

标准制定组织	领域	熟知的标准
欧洲电信标准化协会（ETSI）	无线通信	GSM（2G）、UMTS（3G）、LTE（4G）
IEEE 标准协会 （原美国电气和电子工程师协会）	网络	802.11（Wi-Fi）以太网
国际标准化组织（ISO）	各种	ISO9000、ISO14000
国际电信联盟（ITU）	电信	H.264

标准制定组织	领域	熟知的标准
互联网工程任务组（IETF）	因特网	IP、TCP、HTTP
万维网联盟（W3C）	万维网	HTML、WWW、XML

来自数以百计甚至上千的公共和私营部门的众多个体参加到表1中的标准制定组织中。除了这些大的标准制定组织，还有许多联盟和协会积极制定和推动信息与通信技术领域的标准。① 参加这些组织的主体范围广泛，从代表一小部分公司的个体到代表几百个公司的个体全部囊括其中。

2. 开源软件

开源软件不同于典型的商业软件，典型的商业软件不考虑其技术特征，而考虑与其相关的法律权利。也就是说，在开源基础上发布的软件以可用性为特征，程序员的代码（源代码）通常是无偿的，并且用户有权修改该代码，通常不对该软件原始开发者承担义务。② 20 世纪 90 年代早期，开源代码的 GNU 套装软件工具首先赢得了关注，但是此后逐渐围绕被广泛采用的平台和应用程序展开，包括 Linux 和 Android 操作系统、Firefox 网络浏览器和 Apache 网络服务器。

与开源软件相关的专利承诺已经日益普遍。2004 年和 2005 年，包括诺基亚、Novell 和 Sun 公开宣布不会对使用 Linux 操作系统的行为主张专利权。与此同时，一些大的专利权人作出覆盖大量专利和产品组合的概括性保证。这些保证中有 IBM 承诺对其近 500 项专利不会向开源软件产品主张以及谷歌最近作出的覆盖其 241 项专利的"开放专利非主张承诺"。③ 此外，在非营

---

① "For a Catalog of Standards Consortia", see Standard Setting Organizations and Standards List, http://www. consortiuminfo. org/links/linksall. php（Cataloging 935 Different Consortia and Other Standards-Development Organizations）.

② "The Open Source Definition", Open Source Initiative, http://opensource. org/docs/osd.

③ "The Google Pledge is a Commitment not to Assert Such Patents Against Users of 'Free or Open Source Software", *Open Patent Non-Assertion Pledge*, Google, Inc., http://www. google. com/patents/opnpledge/pledge/.

利开放网络基金会的管理下，谷歌已经承诺许可其覆盖更广范围的开源软件界面、工具和技术参数的专利。

除了专利权人独立作出的这些承诺①，1000 多个公司作为被许可人参加到开源发明网络（OIN）中。开源发明网络作为推动 Linux 开源操作系统的工具，成立于 2007 年，并自那时起继续扩展到开源技术和其他云计算技术。② 使用从一小部分创办成员那里得到的资金③，开源发明网络获得专利并将其专利免费许可给所有的开源发明网络被许可人。④ 被许可人反过来承诺对其自身的专利不向 Linux/开源技术社区主张。⑤ 照此，开源发明网络是记录在案的最大专利承诺社区之一。

软件产品尤其是开源产品的标准化，在诸如结构化信息标准促进组织（OASIS）和万维网联盟这样的标准制定组织内部进行，但是当软件开发者制作可用的应用程序编程接口（APIs）和能够使其余产品交互操作的其他产品性能时，标准化也是重要的一部分。结果是，数据结构、数据交换格式和安全性能都可以作为标准出现，和信息与通信技术领域中普遍存在的基于硬件的标准很类似。

3. 绿色/清洁技术

专利承诺越来越多地被用于推动环境友好型"绿色/清洁"技术。尽管最近特斯拉汽车公司作出的专利承诺也许已经抢占了新闻头条，但这绝不

---

① See infra Section Ⅱ. D. 1（Discussing the Distinction Between Community and Unilateral Patent Pledges）.

② "Press Release, Open Invention Network, Open Invention Network Extends Its Linux-Protective Network to Cover OpenStack Technologies", http://www. openinventionnetwork. com/pressrelease_details/? id = 3.

③ "As of November 1, 2014, the Funding Members of OIN Were Google, IBM, NEC, Novell, Philips, Red Hat and Sony", FAQ, Open Invention Network, http://www. openinventionnetwork. com/press-room/faqs/.

④ "As of November 1, 2014, the Funding Members of OIN Were Google, IBM, NEC, Novell, Philips, Red Hat and Sony", FAQ, Open Invention Network, http://www. openinventionnetwork. com/press-room/faqs/.

⑤ "OIN License Agreement", Open Invention Network, §§ 1.1 – 1.2, http://www. openinventionnetwork. com/joining-oin/oin-license-agreement.

是绿色/清洁技术领域首个这样的倡议方案。最重要的绿色专利承诺或许当属生态专利共享计划,这是由包括 IBM、诺基亚、索尼、杜邦、陶氏、惠普、施乐在内的 13 个大公司组成的联盟,它们承诺不对任何"减少或消除自然资源消耗、减少或消除废物产生及污染或者提供其他环境效益"的技术主张特定的专利权。① 该团体目前被位于华盛顿特区的环境法律协会管理②,报道说,自 2008 年成立以来,其成员已经对 100 多项"环境友好型"专利做出承诺。③

尽管生态专利共享计划并不能解决产品标准化的问题,但是大量标准化的努力确实在绿色产品和技术领域存在。这当中值得注意的是,以大量标准和包括墙板、地板、地毯和办公家具在内的产品认证体系为特色的可持续性建筑材料行业。尽管专利权还没有在可持续性建筑材料标准化中作为主要因素出现,但是,当新技术被用于提高效率和降低这些材料的环境影响时,专利权的重要性将很可能增加。

专利权问题已经开始影响标准化进而鼓励专利承诺出现的绿色技术行业是电气"智能电网",其将古老的美国电力配电系统与最新的计量、监控和互联技术合并。智能电网标准化已被国会确认作为国家的当务之急,而且,目前一个叫作智能电网交互操作委员会(SGIP)的独立机构分析了广泛的智能电网技术标准,并将其推荐给美国国家标准与技术研究院(NIST)。最近,全国对智能电网技术的兴趣使公众去关注美国南加州爱迪生公司提出的专利申请,该申请是一项电力设施,广泛地主张了在该设施和用户位置之间的通信方法。④ 讨论该专利申请的批判性新闻报道出现后不久,爱迪生公司

① "Eco-Patent Commons Ground Rules 6", World Bus. Council for Sustainable Dev., http://www.wbcsd.org/pages/adm/download.aspx? id = 314&objecttypeid = 7 (hereinafter EPC Ground Rules).

② "ELI Took Over as Administrator of the EPC in 2013", Welcome to the Eco-Patent Commons, Eco-Patent Commons, http://ecopatentcommons.org. Prior to this, the EPC was administered by the World Business Council for Sustainable Development in Geneva.

③ "Frequently Asked Questions", Eco-Patent Commons, 14, http://ecopatentcommons.org/frequent-ly-asked-questions#QA14.

④ U. S. Patent Publication No. 2008 - 0177678 (filed Jan. 24, 2007).

承诺其将免费授予该项专利的许可给所有寻求这些专利的人。

4. 生命科学

迄今，生命科学中的技术标准化已取得很大程度的进步，而且没有出现信息与通信技术和软件行业中出现的专利争议。这种差别的出现基于若干原因，包括许多生命科学学术标准以及政府设置在起源上没有有力强调专利权或者没有强大的私营部门参与。然而，鉴于许多生命科学技术的商业潜力，一些专家告诫生物信息学和合成生物学等新兴领域的参与者，在专利问题出现之前就采取措施减少潜在的专利问题。

然而，在标准制定之外，生命科学中的专利争论是很普遍的。例如制药、生物技术和农业技术领域充满专利诉讼和重大交易。同样，专利承诺开始在这些领域出现。例如，2006 年以麻省理工学院（MIT）为首的四大主要研究机构承诺，"为了促进一类重要的研究试剂的广泛分发"，不主张其覆盖某种基于脱氧核糖核酸技术的专利。[①]

私营部门的生物制药公司也开始作出专利承诺。化工和农业巨头孟山都在经历了一些诉讼之后已经承诺，当微量的孟山都基因材料以"非故意的方式"出现在农民的作物中时，其不会对农民主张转基因种子专利（例如，靠风传播的种子落入田地）。并且，在 2013 年最高法院案件[②]中曾高调地维护其专利权的诊断公司麦利亚德基因公司，已经承诺不会为"妨碍非商业性学术研究"而主张其专利权。[③] 这些前面所列举的专利承诺以及生物科学中的其他不主张专利权的承诺，再加上本文第二章（一）3 论述的绿色清洁技术承诺，综合起来表明，专利承诺现象已经超越了产生它的信息与通信技术行业，在其他行业中有所发展。

---

① Anatole Krattiger, "The Use of Nonassertion Covenants: A Tool to Facilitate Humanitarian Licensing", Manage Liability & Foster Global Access, in Mihr IP Handbook of Best Practices, 1739 (Anatole Krattiger et al. eds., 2007), http://www.iphandbook.org/handbook/ch07/p06/.

② *Assn, for Molecular Pathology v. Myriad Genetics*, Inc., 133 S. Ct. 2107, 2111 (2013).

③ "The Myriad Pledge", Myriad Genetics, http://www.myriad.com/myriad-cares-2/themyriad-pledge/ (hereinafter Myriad Pledge).

（二）识别专利承诺

专利承诺可涵盖数百项或数千项专利，取决于被承诺的专利如何被识别。这些专利权也许被识别为具体的（如通过专利的数量）或不具体的（如通过描述落入一种专利类别中的专利）。为了使承诺有意义，无论在哪一种情况下，受承诺的专利必须能够使信赖该承诺的当事人不需要过度的努力就能够明确无误地识别。表 2 阐释了专利承诺可能用来识别受承诺专利的机制范围。

表 2　专利承诺中包括专利的数量及识别

专利权	示例
单一指定专利	南加州爱迪生公司的专利承诺，授予覆盖一个设施和其客户位置之间通信方法的单一专利的免费许可
多重指定专利	谷歌承诺不对开放软件实施行为主张其列明的 241 项专利
未指定覆盖单一规范或标准的专利	开放式网络基金会的最终规范协议 OWFa 1.0，覆盖所有 DMARC 规范相关的专利权
未指定覆盖多个规范或标准的专利	IBM 承诺，当专利实施行为发生在医疗保健或教育行业中时，其不对 27 项标准规范相关的网络服务、电子表格或者开放文档格式主张专利权
未指定覆盖单一类别产品或对象的专利	多个公司承诺不对少于 25 个员工的公司主张软件专利权
所有的标准必要专利	爱立信承诺按照公平、合理、非歧视的条件许可其所有标准必要专利
所有专利	思科承诺不将其专利转让给非专利实施实体（NPEs）

尽管表 2 提供的示例来自非标准制定组织的专利承诺，但是这些识别专利权的方式也可见于标准制定组织的专利承诺。在非专利密集行业运营的较小标准制定组织中，一个专利承诺也许仅仅覆盖和标准制定相关的单一专利。然而，在服务于专利密集行业的标准制定组织中，一些公司承诺的专利数量可以达到数百项，并且据报道，有些标准被数千项专利所涵盖。

（三）承诺保证的主题和范围

任何专利承诺的关键是专利权人所做的关于被承诺专利的保证。专利承诺保证分为三类：（1）许可专利的基本承诺，免费许可或者按照公平、合理、非歧视的条件许可，或者完全不主张专利权（基本准入承诺）（Primary Access Commitments）；（2）关于许可费率或者将收取的其他费用金额的详细承诺（从属许可费承诺）（Secondary Royalty Commitments）；（3）免费许可承诺（Non-Royalty Commitments）。有些专利承诺也许包含一种、两种或者以上所有三种承诺。表 3 阐释了专利承诺数据库中查到的专利承诺的种类和频率。

表 3　非标准制定组织专利承诺的覆盖范围（截止到 2015 年 1 月 1 日）

单位：次

种类	发生次数
1. 基本准入承诺	
非主张/免费许可	128
公平、合理、非歧视许可	20
2. 从属许可费承诺	
最高提成费/限额收取	16
许可费计算	10
3. 免费许可承诺	
不寻求禁令救济	10
不向非专利实施实体转让专利权	3
约束专利受让人	3
现有技术	4

1. 基本准入承诺

基本准入专利承诺一般是一个范围广泛的声明，该声明表明专利权人希望向公众准入开放其专利权的类型。即，专利权人是否会（a）避免向指定类别的潜在侵权人（例如，遵守某一标准的产品制造商、小企业等）主张专利权，（b）按照公平、合理、非歧视的条件许可其专利，或者（c）按照免费许可的条件许可其专利。在这三种选项中，每一种选项被选择的频率都是根据不同的情境做出的。例如，一些标准制定组织要求所有的参与者按照公平、合理、非歧视的条件许可其标准必要专利。其他标准制定组织，包括万维网联盟，大多数情况下要求免费许可或者不主张专利权的承诺，在像互联网工程任务组这样的一些标准制定组织中，参与者可以自由选择其愿意作出的任何基本准入承诺。

2. 从属许可费承诺

当专利权人做出 FRAND 承诺时，它保证将在"公平、合理、非歧视"的条件下许可涵盖的专利权。这些一般的描述信息没有将许可费率或者其他的合同条款明确化，因此出现了关于"合理的"许可费率水平的许多不同观点。[①] 为了避免这种争议，同时向标准化产品潜在的制造商提供更高的能见度和可预测性，一些公司已经选择了在标准制定组织程序之外，对标准必要专利将收取的许可费率做出附加承诺。

（1）最高提成费。很多公司已经承诺将对某些组合专利产品限额收取专利许可费。最高提成费可以按照百分比许可费率确定（例如，产品销售价格的 2.5%），或者按照每一销售单元收费（例如，每一销售单元 0.05 美元）。迄今为止，这种方法主要在无线通信行业中被采纳。表 4 阐释了该行业已经做出和推荐的最高提成费承诺。

表 4　无线通信行业的最高提成费承诺

年份	承诺	承诺者	最高提成费
2002	W-CDMA 的累计许可费（推荐）	诺基亚	对覆盖 W-CDMA 标准的必要专利所有许可费累计最高限额收取 5%

---

① See, e. g., *Microsoft Corp. v. Motorola*, Inc., No. C10-1823JLR, 2013 WL 2111217, at *1 – 4
（W. D. Wash. Apr. 25, 2013）; *Apple*, Inc. *v. Motorola Mobility*, Inc., 886 F. Supp. 2d 1061,
1087（W. D. Wis. 2012）.

年份	承诺	承诺者	最高提成费
2008	LTE 技术知识产权许可框架	阿尔卡特朗讯、爱立信、日本电气公司、NextWave、诺基亚、诺基亚西门子通信公司、索尼爱立信	手机：售价的 10% 笔记本电脑：10 美元
2010	关于 LTE 和服务体系结构演化的必要专利许可政策	诺基亚	将 LTE 配置为唯一无线通信标准的终端用户设备销售价格的 1.5%；对除了 LTE 以外还使用其他标准的设备收取 2.0% 的许可费
2012	致美国电气与电子工程师协会澄清 FRAND 承诺的信函	摩托罗拉移动	净产品售价的 2.25%
2013	LTE/WiMax 定价声明	高通	实施 LTE/WiMax 标准但不实施任何 3G CDMA 标准的设备批发销售价格的 3.25%

（2）许可费计算。一些专利承诺，不制定最高提成费，而是明确专利权人将使用的计算许可费的方法。这种承诺经常试图澄清诸如许可费"基数"的问题，专利权人打算用该许可费的"基数"来计算许可费率，或者用该许可费的"基数"来解决多项专利覆盖产品的方式问题（例如，众所周知的许可费率叠加的问题）。就像最高提成费承诺一样，这些承诺大多数发生在无线通信行业。表 5 阐释了所摘选的该行业的许可费计算承诺。

表 5　无线通信行业的许可费计算承诺摘选

年份	承诺	承诺者	许可费计算
n/d	行业标准的专利许可实践	英特尔	许可费基数不能超过实施该标准的最小单元的成本，将专利特征的技术价值与标准制定过程中可用的替代性技术对比，并且应该向标准所必需的所有专利合理收取总的许可费率
2002	W-CDMA 的适度许可费率	日本电信电话公司、爱立信、诺基亚、西门子、富士通、日本电气公司、三菱电机、松下、索尼	许可费率与每个公司所持有的标准必要专利的数量成正比

续表

年份	承诺	承诺者	许可费计算
2008	LTE 技术知识产权许可框架	阿尔卡特朗讯、爱立信、日本电气公司、NextWave、诺基亚、诺基亚西门子通信公司、索尼爱立信	每个专利权人将收取相关产品类别的所有标准必要知识产权一定比例的份额

像最高提成费一样，许可费计算承诺主要在标准制定组织之外做出。然而，在一些标准制定组织内部已出现一些主动行为，其通过至少包含一些与许可费率计算相关的准则试图澄清 FRAND 承诺。特别是美国电气与电子工程师协会采纳了相关政策，该政策澄清了覆盖美国电气与电子工程师协会标准的适当的专利许可费基数。

3. 免费许可承诺

除了基本准入保证的承诺或者专利权人收取的与许可费相关的承诺，在标准制定组织之外已经出现了其他种类的专利承诺。这些承诺限制了专利权人实施其专利权以及最大化其专利酬金的能力，然而是以不直接绑定许可费率的方式进行的。下文讨论这种专利承诺的两个主要实例。

（1）不寻求禁令救济。标准制定活动参与者面临的最有争议的问题之一是：作出了 FRAND 承诺的专利权人在当事人就公平、合理、非歧视的许可条款不能达成一致后，是否能够寻求禁令救济以防止标准化技术的使用。不寻求这种禁令的承诺已经被美国联邦贸易委员会和欧盟委员会在控告大的专利权人参与标准制定活动的行动中寻求并获得。该问题也已经被美国联邦法院[1]和国际贸易委员会考虑。[2] 尽管法院、行政机构和标准制定组织继续努力处理该问题，但是包括苹果、谷歌、英特尔和微软在内的一些公司已经分别承诺不会对其已经做出 FRAND 承诺的标准之使用寻求禁令救济。并且，为了纳入该项要求，已经至少有一个主要的标准制定组织澄清其政策。

---

① *Apple Inc. v. Motorola*, Inc., 757 F. 3d 1286, 1331 – 1332 (Fed. Cir. 2014).
② "In the Matter of Certain Elec. Devices", Including Wireless Commc'n Devices, Portable Music and Data Processing Devices, and Tablet Computs., USITC Inv. No. 337 – TA – 794, 2013 WL 2453722 (June 4, 2013).

（2）不向非专利实施实体转让专利权。为数不多，但数量一直在增加的专利承诺试图解决专利销售或转让可能出现的问题。首先，由于对非专利实施实体提起诉讼的大肆报道，一些公司已经公开承诺不转让其专利权给非专利实施实体。如出一辙的是，防御性专利许可不完全禁止转让专利权给非专利实施实体，如果发生了转让的情况，则允许所有的防御性专利许可（DPL）承诺者终止其许可。

（四）专利承诺的形式

上文第二章（三）讨论了专利承诺的内容。本部分转向承诺本身的结构特征。专利承诺有各种各样的形式和规格，从统一形式、复选框形式到自由式博客文章、新闻发布以及口头声明形式。为了进行这项分析，笔者将专利承诺分为两大类：协调承诺和单边承诺。一般而言，协调承诺是由规定的小组成员根据预定的形式或公式就一项明确的技术或者专利集合做出的。该小组成员做出的所有协调承诺不需要完全相同，但是任何该小组的承诺集合至少共同具有一些基本特征。最有名的协调承诺是标准制定组织做出的FRAND承诺，但是本文第二章（四）2讨论了一些其他重要的种类。此外，单边承诺是专利权人独立并自愿做出的一次性承诺。第二章（四）2尝试对这种固有的混乱种类至少提出一些秩序、规则。图1概述了该一般框架。

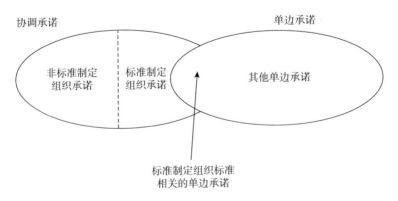

图1 专利承诺的一般框架

1. 协调专利承诺

正如上文指出的一样，协调专利承诺是由一个特定小组的成员根据预定的形式和公式做出的，通常与一项确定的技术或者专利集合相关。该小组可能是某个标准制定组织的参与者，或者是致力于促进共同技术平台或体系结构的由志趣相投的公司组成的一个非正式的小组。由于很多文献著作关注标准制定组织做出的 FRAND 承诺，因此我们的讨论以此开始，然后再转向做出专利承诺的其他社区。

（1）在标准制定组织内做出的承诺。正如上文指出的一样，标准制定组织的结构是多样的，从致力于单一产品种类公司的小团体到在各种行业中具有生产标准的国际机构。因此，即使是在标准制定组织内部环境下，专利承诺也呈现许多不同的形式和结构。具体包括如下种类。①

①契约式：一些承诺包括在标准制定组织参与者签署的合同文件中，在参与者之间或在每个参与者和标准制定组织之间。

②章程/政策：许多标准制定组织的公司章程或者政策文件包括专利许可承诺。在某些情况下，参与者向标准制定组织提交会员申请（通常是在线完成）或者加入某个特殊的技术小组时必须同意遵守这种章程和政策。在其他情况下，这些政策的约束作用被认为是基于参与者的成员身份或参与标准制定组织的活动而产生的。

③保证函：一些标准制定组织要求参与者提交一份书面文件（该书面文件被称为不同的名称："保证函"、"许可声明"或者"书面保证"）说明其专利许可的意图。不同的标准制定组织要求这种保证函在标准化过程中的不同时间提交。通常，保证函是个模板文件，仅仅允许参与者选中一个复选框以表明其许可方法是否符合 FRAND、免费许可、非主张或者其他要求。这种承诺结构在信息与通信技术行业运营的大的标准制定组织中相对普遍。

---

① A more detailed analysis of the different forms in which SDO patent pledges are made can be found in Jorge L. Contreras, " A Market Reliance Theory for FRAND Commitments and Other Patent Pledges", 2015 *UTAH L. REV.* 479, 499 – 500 (2015) (hereinafter Contreras, Market Reliance).

（2）其他专利承诺。并不是所有的协调专利承诺都是在标准制定组织内部做出的。正如上文指出的，与许多标准化技术相关的专利承诺是在标准制定组织之外做出的，甚至有很多承诺完全是在标准制定框架之外做出的。这种承诺的结构各有不同，但特征是其都具备两个共同的元素：存在做出承诺的统一形式，并且存在支持和做出承诺的一些有组织的社区。

这些社区的形式和组织化程度各不相同。例如，上文第二章（一）3讨论的生态专利共享计划（EPC）是一个由环境法研究所（ELI）管理的组织化程度相对高的团体。生态专利共享计划的参与者必须申请加入①，并且其成员必须遵守包括承诺条款和关于会员其他细节的一组详细的"基本规则"。可能最大的承诺社区就是第二章（一）2讨论的开源发明网络，有1000多个公司在其中承诺不对开源代码实施行为主张专利权。

稍微不正式的形式也存在，在这些组织中，标准化承诺条款被像开放式网络基金会（OWF）这样的组织提供给任何想使用它们的团体采纳。开放式网络基金会公布了在标准制定组织之外参与标准制定的公司做出其专利相关承诺能够使用的最终规范协议。② 该框架以及很多其他的标准和规范，已经被在第三章（一）1（2）以上的部分讨论的DMARC规范的支持者使用并取得一些成功。③

非营利的防御性专利许可基金会发起了防御性专利许可项目，在该项目中，很多公司被邀请公开发布一项承诺，该承诺将其专利授予同样做出类似承诺的其他公司。④ 授予的许可是按照防御性专利许可基金会制定的标

---

① "Eco-Patent Commons: Joining or Submitting Additional Patents to the Commons", Ecopatent Commons, http://ecopatentcommons.org/join.

② "Open Web Foundation Final Specification Agreement (OWFa 1.0) (Patent and Copyright Grants)", Openweb Foundation, http://www.openwebfoundation.org/legal/the-owf-1-0-agreements/owfa-1-0.

③ See infra Table 6.

④ "Frequently Asked Questions", Defensive Patent License, http://defensivepatentlicense.org/content/frequently-asked-questions.

准化条款制定的，同时也有来自各种社区的投入。① 防御性专利许可基金会的目的是阻止将专利权转让给非专利实施实体；并且，如果被许可人引起了对另一个防御性专利许可承诺者的专利侵权索赔或者转让一项专利权给并没有做出防御性专利许可承诺的实体，则允许专利权人撤回任何防御性专利许可。

此外，2011 年由 32 个基于网络的公司组成的团体"签署"了一个简短的声明，承诺它们"不针对少于 25 人的公司首次使用软件专利权的行为主张专利权"。② 除了这个简单声明，该团体没有确定的规则或政策，并且似乎是对任何想加入的其他公司保持开放。

表 6 提供了专利承诺数据库中查找到的非标准制定组织协调专利承诺的实例。

表 6 非标准制定组织协调专利承诺

名称	承诺者（社区）
开源发明网络	1000 多个公司
生态专利共享计划	博世、陶氏、杜邦、富士施乐、日立、惠普、IBM、诺基亚、Pitney Bowes、理光、索尼、大成建设、施乐
专利承诺	包括 Airbnb 和 Dropbox 在内的 33 个公司
OWF 最终规范协议	
DMARC	美国在线、美洲银行、云标、康卡斯特、电子认证标准、脸书、富达、Linked-In、微软、贝宝、Return Path、True Domain、Trusted Domain、雅虎
简单身份云管理（Simple Identity Cloud Management）	CANAIRE、思科、Ping Identity、SailPoint、Salesforce. com、Technology Nexus、Unbound ID
JSON	Citizen Agency、IBM、Mozilla、StatusNet、VMWare

---

① "Defensive Patent License V1. 0", Wlasnosc Intelektualna W Praktyce, http://prawo-ip. blogspot. com/2014/01/defensive-patent-license-v-10. html.

② As explained by Paul Graham, the apparent originator of the Software Small Business Pledge, the language of TPP is intentionally vague in order to make people use common sense when interpreting it. Paul Graham, "The Patent Pledge", http://paulgraham. com/patentpledge. html.

续表

名称	承诺者（社区）
GeoServices REST	美国环境系统研究所（ESRI）
Leap2A	Pebble Learning
开源计算项目电池柜硬件	脸书
开放授权包	脸书、雅虎
主板硬件	脸书
开放图谱协议	脸书
MASHSSL Core	SafeMashups
MediaRSS	雅虎
无线行业领导者 LTE 承诺	阿尔卡特朗讯、爱立信、日电、NextWave、诺基亚、诺基亚西门子网络、索尼爱立信
W-CDMA 的适度许可费率	日本电信电话公司、爱立信、诺基亚、西门子、富士通、日电、三菱电机、松下、索尼
领先科技公司联合支持 OSGi 技术	Gatespace Telematics、IBM、诺基亚、ProSyst、三星
对 Tuschi I siRNA 专利申请的不主张条款	麻省理工学院、Whitehead、马萨诸塞大学、德国马普

2. 单边专利承诺

不像协调专利承诺，单边专利承诺是由独立行动的公司做出的。它们在正式性和明确性的水平方面可能不同。但在每一种情况下，做出承诺的公司都是按照自身的条款进行承诺，没有其他主体的明确参与。

（1）标准制定组织中的单边承诺。尽管大多数的标准制定组织要求参与者做出专利承诺时使用标准化的形式，但是一些标准制定组织允许参与者按照自己选择的条款做出承诺。这种承诺种类最典型的例子发生在为互联网制定标准的互联网工程任务组中。互联网工程任务组要求其参与者披露专利和专利申请，该专利和专利申请可能对实施互联网工程任务组标准和规范的技术主张权利。然而，互联网工程任务组没有正式要求参与者基于任何特定条款许可这些专利和专利申请给其他人（例如，互联网工程任务组没有强制要求 FRAND 承诺）。结果是，参与互联网工程任务组标准制定的公司通常与专利信息披露一起做出自愿专利许可承诺。这些承诺主要是非主张承诺或免费许可承诺，采取多种形式，每个互联网工程任务组的参与者都可以为这种承诺自由开发其自身的风格和语言。尽管互联网工程任务组提供做出这些承诺可能使用的在线模板，该模板仅仅提供一个参与者可以做出任何选择的"自由文本框"。① 结果是，互联网工程任务组做出的一些许可承诺相对复杂，有许多注意事项和条件，而其他的许可承诺则非常简单。参与多个标准制定组织的公司经常试图实现其在不同组织做出的承诺之间的某种程度的一致性，所以在互联网工程任务组做出的一些自由形式的承诺，使用与其他标准制定组织规定语言相类似的语言。互联网工程任务组还将这些承诺公布在其网站上，使这些承诺普遍可用并且与它们所涉及的标准联系起来。

（2）网站公告和新闻发布。许多单边专利承诺是由公司在有组织的标准化活动之外的情境下做出的，尽管这些承诺也许和一个或者多个技术标准相关。大多数的这种单边承诺的做出（或者至少是发布）通过张贴在公司网站，通常再加上新闻发布或者其他通告。例如，微软维护着一个网站，该网站致力于微软多年来做出的专利承诺。② 尽管微软的承诺相对细化且在法律上健全，但是其内容仅仅由微软作为承诺者决定。③ 其他公司采用了不太正式的方法，例如张贴在特斯拉汽车公司在线博客上的简短承诺。

（3）对政府官员的声明。一些专利承诺是以向政府官员声明的形式做出的，该声明后来被记载在来往信件、官方公告或者政府部门的命令中。这些承诺做出的方式多种多样。有时候，这些承诺在与政府部门的谈判中做出，这种情况下，它们只在政府部门随后的命令或公告中被提及。在其

---

① Ietf Datatracker, https://datatracker.ietf.org.

② "Open Specifications Dev Center", Microsoft Corp., https://msdn.microsoft.com/enus/open specifications/default.

③ Some of Microsoft's unilateral pledges, of course, have been shaped by the need to comply with judicial and agency rulings.

他情况下，一个专利权人可能将现有文件直接交给政府部门，该现有文件无论是在线声明还是与标准制定组织的通信，都包含了专利权人的承诺。①此外，在有些情况下，向监管当局做出的承诺可能出现在正式的同意判决或者司法命令中。② 然而，该最后一种形式的承诺在性质上不同于本文主题所指的承诺，因为它们离开了"自愿"承诺的领域，并完全可以被纳入更好理解的司法制裁义务的范畴。

（4）其他公开声明。除了以上描述的形式，专利承诺还可以通过各种非正式的场合作出，包括演讲、新闻发布、采访和证明。例如，2013 年，思科系统的总法律顾问钱德勒，在《福布斯》上写了一篇在线文章，批判将专利出售给非专利实施实体（所谓的"专利流氓"）的公司。在这篇文章中，钱德勒承认思科本身也将一小部分专利出售给了非专利实施实体，但是同时承诺思科"不会再这么做了"。威瑞森公司的总法律顾问兰迪·米尔希也作出了类似承认，并在一个有记录的公开研讨会上口头承诺，雅虎也在其提交给众议院司法委员会的证明中做出了类似声明。③ 其中，有一些声明具有明显的非正式性，这也许会使其踌躇难行。当然，将公司要员的每一个漫不经心的评论都作为对公司有约束力的承诺也是不合理的，并且毫无疑问，需要额外的工作去区分有约束力和执行力的承诺与仅仅是期望和观点的声明。无论如何，似乎至少这些声明的一些子集旨在发挥有约束力保证的作用，并且应当被视为有约束力的承诺。

---

① "Statement of the Department of Justice's Antitrust Division on Its Decision to Close Its Investigations of Google Inc.'s Acquisition of Motorola Mobility Holdings Inc. and the Acquisitions of Certain Patents by Apple Inc., Microsoft Corp. and Research in Motion Ltd.", U. S. Dept. of Justice (Feb. 13, 2012), http://www.justice.gov/opa/pr/2012/February/12-at-210.html (hereinafter DOJ 2012 Approval Statement).

② See Contreras, "FRAND History", supra note 65 (detailing a long lineage of antitrust consent decrees containing patent licensing commitments).

③ "Improving the Patent System to Promote American Innovation and Competitiveness: Hearing Before the H. Comm. on the Judiciary, 113th Cong. 5 (2013)" (testimony of Kevin T. Kramer, VP and Dep. Gen. Counsel, IP, Yahoo! Inc.) ("[W]e act responsibly when selling patents. Our policy has to sell patents only to operate entities rather than to nonpracticing entities. We do not want our patents to be obtained by a troll and irresponsibly asserted against others in the Internet industry").

三 专利承诺的分类：一个分类方法

第二章提出的专利承诺的结构特征汇总揭示了几个要点。首先，专利承诺是在更广泛的行业和市场中做出的，而关于 FRAND 承诺的流行文献认为，承诺通常仅限于信息与通信技术行业。其次，即使这些承诺是由处于供应链相反两端的公司所做出的，专利承诺仍有许多结构和功能的共性。这些共性比行业分析也许更能表明专利承诺在市场内形成的一种广泛现象。专利承诺作为一个一般现象的分析，揭示了专利制度本身以及市场参与者为了实现商业目的和市场效率通过私人安排量身定制专利权的方式。

将专利承诺作为一个一般现象进行分析，需要理解激励专利权人不加考虑就放弃其专利权重要部分的基本原理。跨行业和组织结构做出的承诺范围涌现了四个基本动机：诱导型、集体行动、自愿约束和慈善责任。这些动机绝不是排他的，并且专利权人可能试图通过做出特殊承诺实现若干补充目标。然而，本部分建立的这种分类方法相当于一个有用的框架，如第四章所讨论的一样，用来评估不同类型承诺的最佳法律效果，以及用来评估支持这些承诺制作和传播的结构需求。

（一）四种专利承诺

1. 诱导型

最常见的专利承诺形式是引诱其他市场参与者做某事。专利承诺者试图诱导他人的行为可能存在差异，但是通常与第三方当事人对某种技术选择的采纳相关，该技术选择被承诺者所青睐。诱导型承诺有三种主要的子分类：意图诱使其他公司对符合一个或多个可交互操作性标准的产品接受和做出投资、旨在诱使其他公司采用不是由承诺者实际出售的某一青睐的特定技术平台、旨在诱使市场参与者接纳更广泛的平台技术。在每一种情况下，承诺者都要计算，确定其从试图引诱其他主体的行为中获取的利益很可能大于利用其专利将他人排除在市场之外获取的利益。

（1）可交互操作性。可交互操作性标准例如 USB、Wi-Fi、3G/4G、DVD 和 HTTP，能够使不同供应商生产的设备彼此交流和交互操作，而不需要定制化的分界面或者转化。通过产品可交互操作性产生的整个市场的收益和效率被称为"网络效应"。"网络效应"经常随着给定网络中兼容设备数量的增加而增长。可交互操作性还为新产品和服务打开了市场，因此促进了创新、竞争、消费者选择和经济增长。标准的公共福利使产品具有可交互操作性已经得到法院、监管机构和专家的广泛认可。

①通过标准制定组织的标准促进可交互操作性的承诺。尽管产品可交互操作性标准通常被公认为技术市场理想的特征，开发可交互操作性标准通常包括激烈的竞争对手之间的合作，并且可能引起争议。参加标准制定的公司处于有利地位，能够获得涵盖标准化工作主题技术的专利权，或者引导标准朝着它们自己专利立场的方向发展。因此，专家、监管机构和一些标准制定组织提出了一个问题，机会主义的专利权人能够在制造商对标准化技术进行大规模投资后（例如厂房、库存、劳动力、产品设计和培训），对遵守某一标准的产品主张专利权。一旦某一制造商作出了这种投资，就会被认为是"锁定"，并且不能在不产生大量成本的情况下转换到替代技术。不足为奇的是，一个生产商被"锁定"后，专利权人在与制造商谈判许可中将会有大量的杠杆，并且可以基于制造商的部分高转换成本收取超竞争许可费。该现象有的时候被称为"专利劫持"，并且在文献中被广泛讨论。除了损害潜在竞争者，理论上，专利劫持可以产生其他不良市场影响，包括提高消费者价格和抑制创新。

为了缓解专利劫持的风险、鼓励标准的广泛采纳以及激励制造商做出开发和部署标准化技术必要的投资，许多标准制定组织已经采取了要求其参与者做出专利承诺的政策。这些政策中最常见的是许可承诺，其要求每一标准制定组织参与者承诺其不会利用专利去阻碍标准的使用。许可承诺有几种不同风格。专利权人可以承诺按照"公平、合理、非歧视"的条件许可其必要专利，也可以承诺按照合理的条款免费许可这些专利，或者承诺根本不执行这些专利（非主张）。所有这些承诺有一个共同的目标，保证采纳标准的产品市场没有风险，该风险在专利权人锁定后显露并且试图阻碍产品的销售，或者收取经济上不合理的许可费。这种保证在诱使市场参与者采纳标准和基于标准化技术做出价值高的投资中至关重要。

尽管专利承诺的整个市场效益在标准化的背景下相对容易理解，但个体专利权人做出这种承诺的动机是更为微妙的。当然，许多专利权人是将会受益于标准化产品的制造商。这些专利权人可能直接从标准带来的产品可交互操作性中获利，并且因此可以确定，其潜在的产品相关利润将超过可归因于承诺所施加的限制造成的任何收入损失。在某些情况下，他们可能确定广泛、快速可用的交互操作性的好处相当大，以至于他们倾向于所有的参与者在免费的基础上许可他们的相关专利，从而消除对采纳标准而言任何与专利相关的障碍。这种免费许可的方法已经被包括蓝牙在内的许多重要标准采纳，还有万维网制定的包括 HTML、HTTP 和 XML 在内的大多数标准，以及因特网工程任务组制定的许多互联网标准。但是不管专利权人的承诺是按照 FRAND 条件许可其专利，还是免费许可其专利，其主要动机都是诱使其他市场参与者采纳相关标准并且进行补充投资。

然而，对于主要作为技术开发者的参与者，或者对于从技术和专利许可中，而不是从产品销售中获得很大一部分收入的参与者而言，考虑因素将变得更加复杂。这些参与者不太可能青睐极大地减少了其专利价值的承诺制度，并且也不太可能参加要求这种承诺的标准制定组织。因此，在这些以专利为中心和以产品为中心的标准开发者之间，标准制定组织敲定了折中的办法。通常，达成的折中办法是，标准制定组织政策要求参与者按照不明确的 FRAND 条件许可其必要专利，这可以给以专利为中心的开发者协商的自由，且能使其对专利收取恰当的许可费，同时仍然保证了市场，专利不会被用来阻碍使用某一标准的产品的出售，或者使此类产品的制造不经济。

②标准制定组织之外促进可交互操作性的承诺。关于行业标准的专利承诺不会仅仅出现在标准制定组织机构内部。实际上，许多这种承诺是在标准制定组织程序外部做出的，要么是标准制定组织制定的关于哪一个公

司被选定做出补充承诺的标准，要么不是在标准制定组织内部制定的标准。
尽管如此，如下文所解释的一样，非标准制定组织可交互操作性承诺的动
机和目标几乎与那些适用于标准制定组织的可交互操作性承诺的动机和目
标相同。

在某些情况下，公司可能选择对标准制定组织制定的可交互操作性的
标准做出承诺，并且关于该标准可能还存在额外的基于标准制定组织的承
诺。正如上文所讨论的一样，标准制定组织要求的承诺通常主要是基本准
入承诺①，在基本准入承诺中专利权人必须承诺按照 FRAND 条件或者按照
免费许可的条件许可其标准必要专利，或者承诺根本不主张这些专利。从
属许可承诺，包括在第二章（三）2 中讨论的最高提成费承诺和许可费计算
参数，通常没有被标准制定组织要求。然而，个别公司或公司集团有时为
了进一步鼓励使用标准，可能希望向市场提供附加保证。例如，2002 年，
日本电信电话公司、爱立信、诺基亚、西门子以及一些日本制造商承诺许
可其对 W-CDMA 3G 无线通信标准而言必要的专利，许可费率与每一家公司
持有的此类专利的数量成正比。关于随后的无线移动设备标准，类似的承
诺被这些主体和其他行业参与者做出。②

公司希望做出超越标准制定组织的承诺可能出于许多原因。关于最高额
许可费承诺（见表 5），它们可能希望当涉及专利密集型技术的时候，缓解市
场对潜在专利堆叠的担忧。同样地，在计算多组件产品许可费率时使用的许
可费基数具有不确定性，许可费计算承诺减少了围绕许可费基数的这种不确
定性。在这两种情况下，只能通过其成员的同意采取行动的标准制定组织，
对在其官方政策中落实这些要求可能无法达成充分的共识。因此，从某种程
度上讲，个体标准制定组织参与者决定采取额外的步骤诱使市场采用特定的
标准，符合它们的最佳利益，这些公司可能选择单方面做出这样的承诺。

2011 年，包括美国银行、美国贺卡公司、脸书、康卡斯特和谷歌在内

---

① See supra Section I. C. 1 (discussing Primary Access Commitments).

② See supra Tables 6 – 7.

的一组公司联合开发了一种打击欺诈和诈骗电子邮件的方法。① 该小组没有通过正式的标准制定组织工作，而是独立制作了一个技术规范，该技术规范被称为基于域的消息认证、报告和一致性（DMARC），在 2012 年初发布。② DMARC 小组主要通过电子邮件讨论列表操作，仅要求其参与者签署一份由开放式网络基金会发布的"贡献者许可协议"。开放式网络基金会承诺禁止每一个贡献者对任何使用 DMARC 技术规范的行为主张专利权。尽管该承诺实质上废弃了贡献者 DMARC 相关的专利，但是该承诺被用于实现尽可能广泛快速地采纳技术规范，结果很可能使贡献者（在线商和运营商）受益，该受益远远多于通过寻求许可或者主张其各自的专利权所能够获得的任何增值。DMARC 在标准制定组织之外做出的许多基于社区的可交互操作性承诺中努力选取一个作为范例。这种承诺的便利之处在于，存在标准化模板协议，如开放式网络基金会制作的标准化模板协议。③

（2）平台领导。如上文所述，当公司希望其产品和其他秉承同样标准的产品实现可交互操作时，这种可交互操作性考量就使公司做出专利承诺。通常情况下，没有一个单一的公司控制这种标准，并且做出承诺的公司的主要利益在于，成为网络或可交互操作性产品生态系统的一部分。

然而，有时单一的公司确实对特定的技术平台施加控制，无论是通过通常被称为"事实上的"标准的专有接口所有权，还是其他市场力量。有时候，事实上的标准在"标准战争"后就已经出现，例如索尼的盒式录像机系统和松下的 VHS 录像带格式之间的竞赛。在标准战争中，优胜者通常使用其可利用的包括专利在内的所有武器以获得市场份额。但是，事实标准不是必须通过战争出现，它们也可以基于对特定技术效益的市场认可以及超过竞争对手的优势而自然出现。

如果其他公司开发的产品使用或依赖它们的技术，控制特定事实标准

---

① See "About", DMARC, http://www.dmarc.org/about.html.
② "DMARC Overview", DMARC, http://www.dmarc.org/overview.html.
③ See supra Table 6 (listing other non-SDO standardization efforts that used the OWF model).

的公司就可以获得显著的市场优势。① 这种"平台"技术能够成为整个行业的基础。因此，公司经常努力说服产品开发者、服务提供者和终端用户采纳和开发与其专有技术平台兼容的产品。

这是在 20 世纪 80 年代飞利浦和索尼对其新的光盘（CD）媒体格式向全球的光盘和播放器制造商提供有吸引力的许可时所发生的。对所有潜在市场进入者的开放使 CD 技术在很短的时间内超过了与其竞争的家庭音频技术（盒式磁带、八轨道磁带、留声机）。有人认为，同样，与索尼在技术上更优越但是控制更严格的盒式录像机系统相比，松下在许可其 VHS 盒式磁带录像机（VCR）技术方面的灵活性促进了 VHS 更高的市场接受度。通过对其技术实施比索尼少的控制，松下成了无可争议的盒式磁带录像机市场的平台领导者。最近，Sun Microsystems 公司采纳了一个深思熟虑的策略，为了实现其 Java 平台的普遍采用，广泛提供 Java 许可给第三方。

专利承诺中专有平台的所有者使市场确信，它将使其专利对那些希望开发兼容产品和服务的人可用，兼容产品和服务可以帮助专利权人的平台被市场接受。这些承诺被称为平台领导承诺，因为它们的做出是为了诱使市场采纳专利权人的专有技术平台。

微软可以说做出了许多关于其产品接口和规格的这种平台领导承诺。这些承诺中最重要的就是微软的交互操作性原则，承诺按照 FRAND 条件以"低"许可费率许可覆盖某种开放通信协定的所有专利。② 微软的交互操作性原则覆盖了成百上千的标准和协定。③ 这其中，微软的 Exchange 同步协议套件使在公司电子邮件账号和移动设备之间同步电子邮件成为可能。微软

---

① The owners of proprietary platforms often enable developers to create products that are compatible with or run on the platform through application programmer interfaces (APIs) and other means. See David S. Evans, "The Antitrust Analysis of Rules and Standards for Software Platforms", Coase-Sandor Working Paper Series in Law and Economics, 2014, Nov. 8, at 5 – 6.

② "Interoperability Principles Program", Microsoft Corp., https://msdn. microsoft. com/en-us/openspecifications/dn646764.

③ "Patent Promises and Patents", Microsoft Corp., https://msdn. microsoft. com/enus/openspecifications/dn750984.

声称同步软件已经成为"移动消息同步的行业标准"。John Harkrider 表示，同步软件作为事实标准的出现可以归因于或者至少部分归因于微软的专利承诺涵盖了这一协议。他解释说，"不同于仅从技术优势或不受约束的市场竞争中出现的许多其他事实标准，微软鼓励行业将同步软件标准化，通过按照 FRAND 条件以'低许可费率'承诺许可其同步软件必要专利的方式实现。通过这样做，微软希望能够鼓励该技术的广泛实施，同时作为必然结果，阻止替代技术的发展"。该动机是平台领导承诺的特征，且已经被飞利浦、微软和其他公司所证明，这些公司时常在市场中取得巨大成功。

（3）市场开发。市场开发承诺的做出是为了促进广泛采用一种新兴的或正在出现的平台技术，在其中专利权人通常是领导者。这些承诺不像可交互操作性承诺和平台领导承诺，一般是针对广泛的技术类别，而不是单一的标准或产品。例如，一个专利权人做出可交互操作性承诺，可能不针对实施蓝牙短距离无线网络标准的任何产品主张其专利，而专利权人的市场发展承诺，可能不针对使用短距离无线网络的任何产品主张其专利权。在第一个实例中，承诺者希望促进对蓝牙标准的采纳和使用，使其超过竞争的标准。而在第二个实例中，承诺者希望促进对短距离无线网络产品的广泛使用，一般来说，是关于诸如家用光纤这样的竞争技术。

当存在不同技术平台竞争的时候，或者当一个新技术平台的支持者试图取代现有平台的时候，最有可能做出市场开发承诺。[①] 例如，2014 年特斯拉汽车公司承诺不向电动汽车制造商主张其 100 多项电动汽车电源管理的专利组合。尽管特斯拉的声明是令有些人困惑的，并且被其他人视为仅仅是宣传噱头，特斯拉的首席执行官埃隆·马斯克承认其希望创造一个萌芽期电动汽车行业成长的"安全空间"，尤其是在面对来自传统汽车巨大竞争的情况下。他解释道："特斯拉、其他制造电动汽车的公司以及全世界将受益

---

① Cf. Dorothy Gill Raymond, "Benefits and Risks of Patent Pooling for Standard-Setting Organizations", 16 Antitrust 41, 45 (observing that firms forming patent pools are likely to offer royalty-free licenses only when "there is the economic expectation of opening up new markets").

于一个共同的、迅速发展的电动汽车技术平台。"[①]

市场开发承诺，包括特斯拉所做出的该承诺在内，在寻求推动特定技术架构或平台的采用方面，与可交互操作性承诺和平台领导承诺类似。[②] 在特斯拉的例子中，该平台是一个全国的电动汽车基础设施，包括充电站、零部件供应商和汽车，全部符合特斯拉的标准和设计选择。尽管特斯拉并不拥有该基础设施的每一个方面，但是全国性采用一个电动汽车平台可以给作为先行者和车辆、零件、电池、充电站等供应者的特斯拉带来巨大的红利，也可以帮助羽翼未丰的电动车行业更有效地与传统汽车制造商竞争。因此，电动汽车市场的发展对特斯拉的潜在竞争利益是巨大的，公司的市场开发承诺是实现这一目标的明智和有效的工具。

如果需要特斯拉承诺潜在影响的进一步证据，只需要看看丰田几个月后做出的承诺即可。丰田声明其将对覆盖汽车氢燃料电池的近 5700 项专利授予免费许可，这可以视为对特斯拉承诺的直接回应。但是特斯拉试图清除专利障碍，以促进电动汽车技术的发展，丰田提倡一种替代的绿色汽车技术：氢燃料电池，在该技术领域丰田是领导者。两个汽车制造商因此寻求开发一个环保汽车的新兴市场，该新兴市场仍然是前途未卜的。

当然，市场开发承诺，对于汽车行业而言不是全新的或唯一的。这种承诺已被开源软件的支持者使用多年。像 Linux 和 Android 操作系统这样的广泛可用的开源平台的出现，带来了兼容软硬件强有力的新兴市场。但是，开源产品与诸如 Windows 和 iOS 之类的专有软件平台展开竞争，由于开源开发通常是以分布式和非商业的方式进行的，所以那些为开源平台制造软件的人，通常缺少受专有软件供应商控制的专利武器库和法律武器。因此，希望促进开源平台使用的公司可以做出市场开发专利承诺，其目的是诱使开发者、服务提供者和其他主体以较低的专利诉讼风险继续编写在开源平台上操作的软件。1000 多个公司参与开源发明网络支持了这样一个观念：

---

① Musk, supra note 1.
② See supra Section Ⅱ. B.

大量的开源产品和服务的市场参与者为了支持整个市场，愿意放弃对像 Linux 和 OpenStack 这样的开源平台主张专利的能力，即使这样做可能会降低其自身专利资产的价值。

在某些情况下，公司可能会寻求更直接的回报，以换取其开源专利承诺。例如，约凯·本克勒将 IBM 对 Linux 操作系统的支持解释为受双重动机的驱使：一是促进由其自身硬件服务器运行的操作系统的开发和改进；二是扩张其自身基于 Linux 的服务业务。他观察到，"在四年内，IBM 的 Linux 相关服务种类从几乎没有收入变为获得来自所有专利相关资源的双倍收入"。① 谷歌对安卓手机操作系统的支持以及其他公司对开源平台的支持也得出了类似的结论。

2. 集体行动

市场经常面临集体行动挑战，在集体行动挑战中每个市场参与者都明白，它将受益于一些由大量参与者采取的行动，但参与者本身不愿承担采取行动的费用。集体行动问题往往体现在环境领域，因为所有公司将可能从采取措施减少排放、节约能源和使用可持续材料中受益，但是很少有公司愿意承担独立推进这些目标的大量成本。由公司团体做出的专利承诺，例如，生态专利共享计划的参与者，可以帮助解决这种集体行动问题，并无须过多的单独开支就可实现共同目标。②

其他人也已经观察到专利诉讼领域的集体行动问题，因为向非实施实体出售专利的公司明白，通过这样做，它们推动了具有潜在破坏性和成本高昂的非实施实体诉讼，但是这些公司不愿放弃非实施实体乐于为未被充分利用的专利所支付的赔偿。正如在第二章（三）3（2）中所描述的那样，计算机与电信行业为数不多，但数量一直在增加的公司已经寻求使用专利承诺去遏止非实施实体诉讼的浪潮。不转让专利权给非实施实体的承诺，

---

① Yochai Benkler（2006），"The Wealth of Networks: How Social Production Transforms Markets and Freedom", at 46.

② See supra Section Ⅰ. A. 3.

或者终止此类转让的许可证，只有在其他人做出类似承诺的范围内对承诺者有用。① 因此，就像引诱承诺一样，集体行动承诺的做出主要是为了鼓励其他人采取行动。然而，承诺者试图诱使的行为不是对特定标准或技术平台的采纳，而是做出类似的专利承诺。

协调承诺，如防御性专利许可，明确依赖多方参与。但是单独的非实施实体转让承诺的价值在于其激励、诱导其他有同样想法的公司和高管做出类似承诺，使这些公司和高管不好意思拒绝做出这种承诺。因此，集体行动承诺的做出主要是为了诱使其他公司的模仿行为，以带给承诺者集体行动的好处。

3. 自愿约束

在某些情况下，一个专利权人可能为了说服市场或者特定的市场参与者而保证其不会以特定的方式主张专利权或者针对特定类别的侵权人主张专利权。实际上，专利权人通过做出专利承诺，自愿束缚了自己的手脚，以防止自己做出某种行动。这种方法通常是当整个市场或者是在特定主体之间存在对专利权人可能以不受欢迎的方式实施专利权的担忧时采取的。

自愿约束承诺通常指向的市场参与者是政府当局，承诺的做出是为了说服该政府当局批准正在审查的交易或停止对专利权人活动的调查。例如，竞争对手设定的合作标准可以引起许多反垄断者的担忧。专利承诺，尤其是 FRAND 承诺，限制参与标准制定的公司把竞争对手排除在标准化产品市场之外的能力，同时限制参与标准制定的公司对获得必要专利的行为收取过高许可费的能力。因此，美国和欧洲的反垄断和竞争执法机构已经意识到，FRAND 承诺是公司降低由合作标准制定引起的反垄断风险的最重要方式之一。

尽管 FRAND 承诺以及大多数其他形式的专利承诺通常能够被视为自愿约束承诺，但是在更多具体的实例中，公司已经做出的专利承诺是为了影

---

① When a patent holder transfers a patent to an NPE, it will typically obtain a promise from the NPE not to assert the patent against the original transferor. See supra Section Ⅰ.C.3.b.

响反垄断执法机构的决定。例如，早在 2012 年，苹果、微软和谷歌都向美国司法部反垄断局（DOJ）保证其不会向某种无线通信标准的实施者寻求禁令救济。这些自愿声明的动力是美国司法部反垄断局和欧洲委员会对三大基于专利的交易进行的待决审查：谷歌以 120 亿美元收购摩托罗拉移动，Rockstar Bidco（一个包括微软、苹果、行动研究公司、索尼和爱立信的联盟）以 45 亿美元从破产的北电网络公司财产中购买大量专利组合以及苹果收购 Novell 的 Linux 的专利。美国司法部反垄断局将这三家公司所做的承诺援引作为其批准拟议收购决定的关键因素。欧洲委员会也收到过这种承诺，其在同一天批准了谷歌收购摩托罗拉移动。

并不是所有的自愿约束承诺都是为了迎合执法机构而做出的。在某些情况下，自愿约束承诺的预期受众可能是法院。例如，麦利亚德基因公司由于分析化验基因诊断测试的定价，以及其扬言针对向公众提供类似测试的学术机构主张专利权而受到巨大的公众压力。① 麦利亚德基因公司的商业实践引起了美国民权联盟（ACLU）对七项麦利亚德的专利提起无效诉讼，导致了 2013 年美国最高法院的一项不利裁决②，以及许多寻求限制 DNA 专利可用性或有效性的立法倡议。③ 麦利亚德不向学术研究者主张其 DNA 专利的承诺，从真正基础性竞争优势方面，是公司花费成本相对较低的承诺，这能够使麦利亚德向法院表明，它不是一个富有攻击性的专利实施者，并且广泛支持着生物医学研究。

4. 慈善责任

越来越多的专利承诺是基于推进社会公益事业的外在目标而做出的。例如，生态专利共享计划解释说，"分享环境专利可以帮助其他人变得更生态友好，并以更环境可持续的方式运作——使技术创新能够满足社会创

---

① *Ass'n for Molecular Pathology v. Myriad Genetics*, Inc., 133 S. Ct. 2107, 2114 (2013).

② *Ass'n for Molecular Pathology v. Myriad Genetics*, Inc., 133 S. Ct. 2107, 2114 (2013), at 2117.

③ See, e.g., Genomic Research and Accessibility Act, H. R. 977, 110th Cong. (2007) (subsequent versions of this bill were introduced in several later Congresses).

新"。① 同样地，为促进创业和小企业的发展，许多公司承诺不针对少于25个员工的企业主张软件专利权。

所有这些承诺都可以被描绘为通过促进对社会有价值的技术进行无阻碍开发，或者通过降低行业专利诉讼的成本负担，支持广泛的社会福利目标。做出这种慈善责任承诺的公司受一系列因素的驱使，其中很少有纯粹做慈善的。首先，做出承诺的公司本身可能从其承诺的效果中获益。因此，无论是因为绿色技术使用的增长将创造更健康的环境，还是因为小企业的发展被认为是对市场、劳动力和经济存在有益影响，做出承诺的公司都将从支持相同原因承诺的集体效应中直接受益。

慈善责任承诺的另一个更直接的正当理由通常伴随其宣告的公共关系（PR）利益。如果专利的价值对做出承诺的公司而言是低的，这种公共关系利益可能实际上超过通过承诺所放弃的价值。例如，生态专利共享计划承认，其成员承诺的专利对其成员的主要业务未必是战略性的，并且承认这些公司通过支持环境友好的倡议获得了正面的宣传效果。以同样的方式，成为负面宣传话题的公司可能通过做出似乎使公众受益的承诺，试图改变公司的公共形象。这种情况下的成本收益分析相对简单：一个公司最好承诺低价值的专利，以换取一个公共关系利益，而不是让这些低价值专利尘封起来被束之高阁。

一些其他种类的承诺可能也有慈善责任承诺的一些属性。例如，自愿约束承诺，主要是为了减少公众或者政府对专利权人使用专利的关注，可能也被描绘成了为公益所采取的行动，同时也为承诺者提供了公共关系利益。麦利亚德基因公司和孟山都做出的专利承诺很可能就属于该种。尽管这两个公司为证明对其专利实施方案的自愿限制而在诉讼中都引用了其专利承诺，但是它们也在其网站上将这些承诺定性为是具有社会价值的。

同样，针对产业发展的诱导型承诺如果被认为促进了社会利益，则也

---

① "Overview", World Bus. Council for Sustainable Dev., http://www.wbcsd.org/work-program/capacity-building/eco-patent-commons/overview.aspx（hereinafter EPC Overview）.

同时具有慈善责任承诺的属性。特斯拉和丰田的专利承诺，明确寻求推动大型、新兴汽车市场的发展，也可以被描绘成为了促进环保事业而做出的。开源"运动"有思想渊源，长期以来一直与志愿精神、透明度、分享和开放的理想相联系。[1] 因此，尽管很多关于开源代码做出的专利承诺被归类为市场开发承诺，但是利他主义和社区精神的要素也可能影响公司做出此类承诺。

（二）可执行的和不可执行的承诺

第三章（一）描述了四类专利承诺隐含的经济和其他动机。诱导型承诺，尽管范围、结构和结果上往往不同，但是存在一个共同目标，即促进市场参与者支持或采纳在某种程度上对专利持有人有利的特殊技术平台。承诺者通常希望被承诺人根据承诺中包含的保证进行投资，并克制自己不采用竞争技术。自愿约束承诺，尽管也试图在其他主体中诱发行动，但是一般而言，其目标是像执法机构或者法院这样的政府参与者。这种承诺的目的不是影响技术采纳，而是使调查或裁决的结果以对专利权人有利的方式作出。慈善责任承诺，促进了一些社会公益，是为了给专利权人带来某种程度的利益，但对他人行为的影响较小。这些特征总结在表 7 中。

表 7　可执行的和不可执行的专利承诺

承诺类型	动机	其他主体的行动	可执行性
诱导型	诱使市场采纳承诺者青睐的某一特定标准或技术平台	投资于技术采用，不采纳替代技术	是
集体行动	实现对承诺者有益的集体目标	作出类似承诺	通常
自愿约束	说服市场/参与者，信赖承诺者不会完全主张其专利权	有利于承诺者的判决/裁定	有时

---

① See, e. g., Glyn Moody (2001), "Rebel Code: Inside Linux and the Open Source Revolution 24", Eric S. Raymond, "The Cathedral and the Bazaar 21", Tim O'Reilly ed., rev. ed. 2001 ("[T] he Linux community seemed to resemble a great babbling bazaar of differing agendas and approaches… out of which a coherent and stable system could seemingly emerge only by a succession of miracles").

续表

承诺类型	动机	其他主体的行动	可执行性
慈善责任	改善承诺者的公共关系	加强承诺者的良好印象	很少

表7还表明每一种类型的专利承诺"可予执行"的程度。即，所有其他因素相同的情况下，是否应将专利承诺视为具有约束力的法律义务。

长期以来，公司在不同的场合出于各种目的做出了公开承诺。公司经常承诺重视环境问题、支持家庭价值观、避免不公平的劳动行为、鼓励健康饮食以及协助救灾活动。人们普遍认为，这些忠告的声明，尽管可能为公司核心价值观以及公众福利的一般承诺提供了一些暗示，但是很少被视为具有约束力的法律义务。它们不是可执行的。这是为什么呢？因为这些承诺通常不会，也不打算诱使其他主体行动或者容忍。

此外，公司做出的一些类型的承诺被视为可执行的承诺。例如，关于处理个人数据的公司声明被联邦贸易委员会认为具有约束力和可执行性。①联邦贸易委员会警告说，"当公司告诉消费者，他们将保护消费者的个人信息，联邦贸易委员会可以并确实采取执法行动确保公司兑现这些诺言"。②

为了使一个公司的承诺可予执行，该承诺应该能够被承诺人合理地假定可以在承诺接受者中诱使行动或者容忍。因此，引诱承诺和集体行动承诺，意在促使市场参与者采取一些积极行动，不管是投资于特定技术取代其他技术，还是做出一个类似的承诺以减少整体非专利实施实体诉讼，都应该被认为是可执行的。同样地，向监管机构提出的自愿约束承诺，为了说服监管机构停止调查或者批准拟议中的交易，也应该承担充分法律可执行性的重担。然而，在诉讼的情况下做出的自愿约束承诺也许可执行性不高，因为法院不太可能依赖于这样的承诺，除非它体现在一个有约束力的

---

① "Enforcing Privacy Promises", *Fed. Trade Comm'n*, https://www.ftc.gov/newsevents/media-resources/protecting-consumer-privacy/enforcing-privacy-promises.

② "Enforcing Privacy Promises", *Fed. Trade Comm'n*, https://www.ftc.gov/newsevents/media-resources/protecting-consumer-privacy/enforcing-privacy-promises.

命令或同意判决书中。① 此外，慈善责任承诺，主要的效果在于将承诺者在公共视野中塑造为积极的形象，该承诺似乎不可能在预期的受众中引起行动、投资或容忍。因此，慈善责任承诺通常不应被认为是可执行的。

四　专利承诺登记

正如在第三章中讨论的一样，专利承诺的所有多样性能够支持重要的经济和社会目标。然而如果可执行专利承诺是为重要的市场活动和投资提供基础，则它们必须在某种程度上是可被做出这些承诺的个人和公司在法律上能够强制执行的。关于执行专利承诺的最佳方式，目前存在一些理论。这些理论包括普通法合同、反垄断法、允诺禁反言（Promissory Estoppel）、衡平法上的地役权（Equitable Servitude）和专利权滥用。但是无论哪一个执行理论最终占据优势，即使不是全部执行理论的关键因素，它们中大多数的关键因素是可执行承诺的受益者意识到，或者本应该意识到承诺及承诺条款存在的程度。

（一）专利承诺的通知作用

最近的学术研究已经认识到了专利的"通知"作用——作为专利制度的主要特征——请求保护的发明边界的公开披露。观点非常简单：为了使一项基于财产的制度有效运行，制度的参与者必须理解有关财产权利的范围。② 关于专利通知，最近的争论主要集中在许多专利权要求范围的模糊性和不确定性中，但是专利相关信息的需求，诸如使公众容易获得专

---

① Though U. S. antitrust enforcement agencies possess the authority to enter into binding consent orders with firms, this practice is not always followed, particularly in the context of merger approvals. See Farrell Malone & J. Gregory Sidak (2007), "Should Antitrust Consent Decrees Regulate Post-Merger Pricing?" *3 J. Comp. L. & Econ.*, 471, 475 – 476 (Discussing DOJ's preference for structural remedies in mergers, over types of conduct remedies embodied in consent decrees).

② See Abraham Bell & Gideon Parchomovsky, "Of Property and Information", *COLUM. L. REV.* (forthcoming 2016) ("[k] nowledge about title to property rights is crucial to enjoying their value").

利所有者的身份信息也获得了关注。

这是与专利承诺最直接相关的最后一个特征。为了使承诺实现承诺者期望的效果，无论是促使市场采用特定技术平台、支持特定的可交互操作性标准，还是从更有利的角度看待承诺者，广泛的大众传播或者承诺的"通知"都是需要的。同样，为了将承诺的利益延伸到全部预期种类的受益人，无论其是否构成不主张专利承诺、收取合理许可费率承诺或者不向侵权人寻求禁令救济承诺，广泛的公告通知也都是需要的。但是尽管这两方面都强调专利承诺的广泛传播和通知，许多专利承诺的通知功能已经衰退了。本部分讨论专利承诺的通知功能可能未能实现的方式。

1. 费解：承诺都去哪里了？

正如在第二章中描述的一样，专利承诺可能以各种方式做出，从向标准制定组织提交正式文件，到国会证词、演讲和公司新闻稿。在向相关市场提供广泛的通知方面，通过标准制定组织正式的披露程序做出的专利承诺最有可能符合该标准。标准制定组织经常在线发布专利和许可披露。标准制定组织参与者应该（或者至少应该被认为）对与他们合作的标准相关的专利披露有一个高度了解。

计划出售符合特定标准产品的制造商，在某些情况下可能对所做出的与标准相关的承诺有类似的认知水平。因此，希望进入 USB 集线器市场的公司，可以被合理预期去研究覆盖 USB 标准的专利状况，以及所存在的与这种专利相关的承诺。此外，将实施 250 多个不同标准的笔记本电脑制造商也许没有资源、时间或者人员去承担等量搜索，因此很可能不知道这些标准在专利权利主张方面所做的特定承诺。

在正式标准制定体制之外，对专利承诺的具体认知可能进一步下降。尽管包含专利承诺的公司新闻稿或者演讲做出时，可能吸引媒体和业界的广泛关注，但新闻周期和记忆是短暂的，这种承诺可能被那些潜在受益的人遗忘，甚至从来未曾被注意。缺乏与某一特定技术标准的联系也可能使承诺更难通过搜索来识别。因此，当 USB 集线器制造商希望找到 USB 标准相关的承诺时，仅仅通过适度的努力，搜索该著名标准相关的承诺就可以实现。但是当产品是软件应用、基因检测或者节能汽车的时候，查找相关承诺的难度就会显著增加。

2. 暂时性

与寻找专利承诺的问题密切相关的是在被做出后保存它们。即使一项承诺最初是以公开和广泛关注的方式做出的，如果它后来被移除、修改或移动到一个新的网址，则可能会出现问题。实际上，几乎不可能核实多年前所做的承诺是否已经被承诺者做出微妙或不微妙的改变。如果承诺仅仅从网络上消失，那么它们的持续状况是什么？专利权人是否应该兑现几年前移除的承诺？如果试图执行承诺的公司在承诺做出时并不存在，或者承诺已经被移除，是否存在问题呢？这些问题远非假设。众所周知，在线内容是易变的。① 许多专利承诺已经受到由网络连接和内容的消失引起的不确定性的影响。

例如，2011 年生态专利共享计划宣布日立承诺一项关于零件回收的未确认专利。然而到 2012 年中，日立不再被列为生态专利共享计划的会员，其专利没有在生态专利共享计划的承诺专利目录中列出。生态专利共享计划的基本规则规定，一旦专利被授予生态专利共享计划，即使专利所有人从生态专利共享计划中退出，也不能撤销这一承诺。因此，该项日立专利仍然是被承诺的，但具体的专利和承诺的任何其他条款都找不到了。虽然像 WayBackMachine. com 这样的网络存档服务能够帮忙，但是它们的结果是临时性的并且不能依赖于此提供一个完整的、过去每一刻的、世界各地的网站图片。

3. 继受者义务

在当今的动态技术市场中，专利转让的数量和速度都是空前的。特别是在电子信息产业中，专利在大型专利产品组合销售中转让，企业并购和其他交易往往受制于专利承诺。当最初的承诺者将基础专利转让给第三人时，专利承诺会发生什么呢？这些承诺会随着专利权发生转移而约束新的

---

① See Raizel Liebler & June Liebert, "Something Rotten in the State of Legal Citation: The Life Span of a United States Supreme Court Citation Containing an Internet Link (1996 – 2010)", 15 *YALE J. L. & TECH.* 273, 273 (2013) (finding nearly one third of web links cited in Supreme Court opinions from 1996 – 2010 are dead).

专利所有人，还是仅仅约束最初承诺者的个人承诺？

这个问题是联邦贸易委员会 2008 年行动反对谈判数据解决方案（N-Data）公司的核心。谈判数据解决方案公司是美国电气与电子工程师协会快速以太网标准必要专利的继受者。在获得专利后不久，谈判数据解决方案公司宣布，它将不兑现原专利所有人以 1000 美元的固定费用向所有实施者许可专利的承诺。[①] 联邦贸易委员会声称，谈判数据解决方案公司对最初专利承诺的漠视，违反《联邦贸易委员会法》的不公平竞争方法。[②] 这项行动通过与谈判数据解决方案公司达成和解，谈判数据解决方案公司同意兑现原所有者的专利承诺而解决。[③]

该问题在 2011 年再次出现，当时许多电信和计算机网络标准的主要贡献者北电网络破产，北电网络打算在"自由和明确"的基础上出售其剩余资产，包括大约 4000 项专利。[④] 一些产品供应商，以及美国电气与电子工程师协会，指出了其担忧北电网络的"自由和明确"出售，会使北电网络之前向一些标准制定组织做出的专利许可承诺失效。[⑤] 最终，专利的购买方，即由一些大的产品供应商组成的联盟，同意遵守北电网络原来的许可承诺。[⑥]

---

① Negotiated Data Solutions LLC, No. 051 – 0094, 2008 WL 4407246, at *4 (F. T. C. Sept. 22, 2008) (hereinafter N-Data Order).

② Negotiated Data Solutions LLC, No. 051 – 0094, 2008 WL 4407246, at *6 (F. T. C. Sept. 22 2008) (hereinafter N-Data Order).

③ Negotiated Data Solutions LLC, No. 051 – 0094, 2008 WL 4407246, While N-Data acknowledged that the acquired patent was subject to a Farnd commitment, it is declined to honor the original patent owner's flat license fee of $1000.

④ In re Nortel Networks Inc., No. 09 – 10138 (KG), 2011 WL 4831218 at *6 (Bankr. D. Del., Jul. 11, 2011). Under Section 363 (f) of the U. S. Bankruptcy Code, a bankruptcy trustee or debtor-in-possession may sell the bankruptcy estate's assets "free and clear of any interest in such property".

⑤ See In re Nortel Networks Inc., No. 09 – 10138 (KG), 2011 WL 4831218 at *6 (Bankr. D. Del., Jul. 11, 2011). Under Section 363 (f) of the U. S. Bankruptcy Code, a bankruptcy trustee or debtor-in-possession may sell the bankruptcy estate's assets "free and clear of any interest in such property", at 13.

⑥ In re Nortel Networks Inc., No. 09 – 10138 (KG), 2011 WL 4831218 at *6 (Bankr. D. Del., Jul. 11, 2011). Under Section 363 (f) of the U. S. Bankruptcy Code, a bankruptcy trustee or debtor-in-possession may sell the bankruptcy estate's assets "free and clear of any interest in such property", at 9.

为了解决随着基础专利转让而发生的专利承诺转让问题，越来越多的标准制定组织都要求，专利购买者受先前专利所有人做出承诺的约束。这一方法几乎得到了考虑过该问题的专家以及监管机构的普遍认可。尽管这样，还是会出现问题。专利权人可能没有向专利购买者告知以前的专利承诺，或者未能施加足够的合约条文以约束购买者遵守这些承诺。这种合约承诺由于某种情况也许不能够执行，并且即使这些合约承诺存在，原专利权人可能没有动力要求专利购买者履行合约条款。在这种情况下，一个不守规章的购买者如果能够令人信服地争辩称其在获得相关专利时不知道承诺的存在，就很可能逃避承诺义务。

此外，绝大多数标准制定组织还没有实施专利购买者受先前专利所有人做出承诺约束的这种要求，使向继受者主张专利承诺仅仅被作为一个法律问题来决定。尽管像谈判数据解决方案公司这样的案例在判决之前就达成了和解，但是普通法或者反垄断法是否明确约束专利的购买方兑现原专利所有人的承诺是不清楚的。

（二）关于专利承诺登记的考虑因素

正如 Abraham Bell 和 Gideon Parchomovsky 所观察到的一样，登记是"传达有关财产权信息的最常见方式"。[①] Douglas Baird 和 Thomas Jackson 概述了财产登记制度的传统正当理由：它们增加了关于财产权利的公共信息，并且因此能够使广泛有效和价值增值的交易发生。[②] Bell 和 Parchomovsky 给该传统的说明增加了财产登记的两个附加职能：防止非法和非合意性的财产交易的趋势，以及给予真正的财产所有人与其所有权相关的保证，使其能够更加充分地享有权利。鉴于这些普遍的好处，专利承诺信息公共登记的设置，是否能够帮助解决第四章（一）所讨论的执行、通知、持久性和

---

① Abraham Bell & Gideon Parchomovsky, "Of Property and Information", *Colum. L. Rev.* (forthcoming 2016), at 10.

② Douglas G. Baird & Thomas H. Jackson, "Information, Uncertainty, and the Transfer of Property", 13 *J. Legal Stud.* 299 (1984).

转让问题值得考虑。

1. 专利转让和许可登记制度

美国不动产转让登记制度一般可追溯到马萨诸塞湾殖民地的《1640 年不动产登记法案》①，虽然登记地契的做法直到 19 世纪才变得普遍。所有权登记制度的制定是为了设立一个所有权转让的公开记录，对交易双方和第三方当事人都有利。类似的所有权登记制度在其他形式的贵重个人财产中也存在，这些贵重财产包括汽车、飞机、轮船，甚至自行车。

在很多司法管辖区，专利的出售或其他转让必须在政府登记处登记以取得法律效力。② 尽管美国专利商标局为专利权转让提供了一个登记系统，但是登记一项专利权转让不是为了使转让有效。相反，美国的专利权转让登记系统类似于所谓的房地产"通知"登记法规，该登记防止将同一专利出售给一个购买者之后又出售给后续的其他购买者。《美国专利法》第二百六十一条规定，"一项转让或赠与行为，如果没有在成立之日三个月内或在后续出售或抵押日之前在美国专利商标局登记，则以后如有出售或抵押，无须事先通知，先前的转让或赠与行为对已支付合理对价的后续购买者或抵押权人不发生效力"。③

因此，如果先前的转让没有进行通告登记，后续转让的做出对先前的转让不知情，则先前未登记的转让容易受到后续转让的替代，法律通过这样的安排去实现对专利权转让登记的鼓励。然而，由于在美国专利转让的登记仍然是自愿的，许多专利转让没有登记，这就造成了关于专利所有权的一定程度的模糊性。

与专利权转让一样，专利权许可也可能登记在美国专利商标局。然而，与专利转让不同，专利许可不需要为了对抗后续的竞争性许可而登记。如

---

① R. Powell & P. Rohan, 14 Powell on Real Property § 82.01［1］（Michael Allan Wolf ed., 2015）.
② J. R. Jay Dratler, 2 Licensing of Intellectual Property § 8.02［1］n. 9（2015 update）（calling the requirement to record transfers and assignments of patents outside the U. S. "nearly universal" with multiple citations to foreign law）.
③ 35 U. S. C. § 261（2012）.

果专利权人后来又将该专利转让给对前一转让行为不知情的购买者，未经登记的专利转让可能不被承认，而未经登记的专利许可将会被承认，即使后来又授予了一个许可。因此，很少有理由去支持登记专利许可，并且，登记专利许可也许实际上会通过披露许可中包含的保密信息，使许可双方当事人处于不利地位。于是，很可能只有一小部分的专利许可实际上在美国专利商标局登记。

既然有了这样的前车之鉴，专利承诺登记似乎是不明智的或者顶多是价值甚微的，在形式性和确定性方面专利承诺登记甚至低于专利许可。然而，正如在下文中讨论的一样，这种登记具有极大的优点。

2. 专利承诺登记的潜在优点

一个统一、公开的专利承诺登记将解决在第四章（一）中讨论的专利承诺面临的许多问题。首先，专利承诺公开登记可以提供承诺做出时间的广泛且容易获得的通知。尽管一些标准制定组织已经保持了专利承诺的登记，但是这些登记仅仅与该标准制定组织的标准相关，通常不能链接到或搜索到其他标准制定组织的记录。此外，许多标准制定组织登记仅仅对标准制定组织成员开放，限制了其对更广泛市场的使用。并且，最重要的是，在这些标准制定组织之外，没有专利承诺登记或者统一的公开登记。一个单一、可信任的公开承诺存储库能够减轻标准制定组织维护自身公共数据库的负担，还有一个额外的好处就是，能够在披露方面施加必需的一致性和方便性，而目前的披露分布在多个网站上，并以各种不兼容的格式显示。

其次，专利承诺公共登记能够加强专利承诺预期受益者信赖承诺的法律论据。根据《美国版权法》，著作权转让或者独占许可登记"就登记文件中所陈述的事实使所有人获得了推定通知"。[①] 虽然《美国专利法》没有相应的规定，但是，通过类比版权法和许多来自普通法不动产转让的例子，可以主张在相关市场经营的第三方当事人应该在承诺登记时知晓承诺。

再次，专利承诺登记将保留承诺的内容，防止随后的变更和消失。就

---

① 17 U.S.C. § 205（c）（2012）.

像在第四章（一）2中讨论的一样，许多专利承诺可以被专利权人轻易移除而很少产生不利后果。专利承诺的永久公开登记可以创设显示承诺何时做出以及以什么样的条件做出的历史记录。

最后，登记系统可以可靠地通知专利购买方关于其所购买的专利做出的专利承诺，从而在没有发生诉讼的情况下，提高专利承诺首先被后续专利所有人兑现的可能性，如果发生诉讼，登记系统还可以增加后续专利所有人被要求兑现专利承诺的可能性。

3. 促进专利承诺登记的使用

以上提出的公开登记，如果公司未能使用其进行专利承诺登记，将没有价值。关于这种登记系统有三种使用制度可以实施：（1）完全自愿登记制度；（2）强制登记制度；（3）鼓励参与的自愿登记制度。

（1）完全自愿登记制度。完全自愿登记制度尽管可能最容易实施，但是其不可能产生最大效益。正如在上文第四章（二）1中所述，美国专利商标局目前对专利许可的自愿登记系统很少被使用。同样，与专利承诺有关的其他自愿披露/登记制度成败参半。一方面，互联网工程任务组允许自愿披露专利许可条件[①]，并在其在线数据库中报告了数以百计的承诺。另一方面，美国电气与电子工程师协会（IEEE）和欧洲电信标准协会（ETSI）都为参与者提供了自愿披露许可条款的方式，如最高许可费率，但只有少数公司在过去几年里做出了披露。公司未能利用自愿登记制度，存在几种可能的原因：整理、提交和管理与登记相关的固定成本；出于竞争的原因，公司可能更愿意使与其专利相关的尽可能多的信息保密；公司也许还未意识到参与登记制度的价值。因此，完全自愿的登记制度不可能产生显著效益。

（2）强制登记制度。政府强制的登记系统存在实施、管理和执行的大量问题。该系统要求一个有充足资金的激励机构以及监督该系统的发展、运作以及持续遵守情况的权威。此外，专利承诺强制登记必须制定明确的

---

① See supra Section I. D. 2. a（unilateral pledges in SDOs）.

规则，划定哪些承诺必须登记。在可予执行承诺和非可予执行承诺之间划清明确和可实施的界限，对争端解决而言，既意味着困难也意味着机遇。虽然所有这些障碍并不是无法克服的，但是专利承诺强制登记在政府层面上可能不是最佳的。

然而，在公共登记系统进行专利承诺登记可以被标准制定组织或者其他的私人机构强制要求。强制实行登记义务在标准制定组织层面有利有弊。标准制定组织强制登记的主要优势包括明确哪些承诺需要登记相对容易（例如，所做的所有与标准制定组织的标准相关的承诺）。实际上，正如第二章（一）所注意到的一样，许多标准制定组织已经要求与标准制定组织标准相关承诺的登记和发布。从众多个别的标准制定组织存储库转移到单一的、集中管理的公共存储库代表的是形式的改变，而不是已经在这些标准制定组织中存在的基本登记要求的改变。

然而，依赖标准制定组织强制专利承诺登记还有劣势。首先，标准制定组织通常以一致表决的方式运行，而从某种程度上讲，某些标准制定组织成员反对登记要求（例如，为了方便其承诺的更改或撤销），则该要求可能不会被批准。此外，正如在本文开始时所确定的那样，在标准制定组织的范围内做出的专利承诺只占市场中承诺的一小部分，无法解决大量非标准制定组织承诺的制度本质上仍然是不完善的。

（3）鼓励参与的自愿登记制度。鉴于自愿和强制登记制度的缺点，通过自愿公共登记建立一个有用且完整的专利承诺登记制度，是可能的最佳手段。自愿公共登记的使用已经获得了积极政府激励措施的鼓励，这些激励措施可能包括：减少涉及专利承诺的涉嫌反竞争行为的反垄断处罚，类似于根据《国家合作研究和生产法案》（NCRPA）给予合资企业的免除反垄断责任。[①] 例如，参与标准制定的公司被指控违反《谢尔曼法》第二条，涉

---

① 15 U.S.C. §§ 4301 - 06 (2012). The NCRPA permits firms that wish to engage in joint research or production to make a public notification listing their names and the scope of their joint activity, whereupon they are relieved of certain antitrust liability, including treble damages under the Sherman Act.

嫌通过欺骗手段对其专利从事排他性行为。① 根据《联邦贸易委员会法》第五条禁止不公平竞争方法的规定，也可以提出类似的索赔。② 如果专利权人做出并登记了一项按照公平、合理、非歧视的条件授予其专利许可的专利承诺，它可以免受这些基于欺骗手段的反垄断索赔，尽管按照禁反言、合同和其他理论，其仍面临潜在的责任。在这些案件中消除这些基于欺骗手段索赔的理由很简单：专利承诺的公开登记改善了承诺的公众认知，减少了专利权人欺骗的机会。

4. 登记的设计

任何专利承诺的公共登记都需要仔细规划和设计。专利承诺数据库是这个方向的第一步。它的创建是为了提供一个能够公开访问且稳定的专利承诺存储库。该数据库包含每个专利承诺在进入数据库时制作的 PDF 图像，该图像为防止承诺的后续更改提供了一些证据。然而，此存储库仅包含已通过管理者和其他志愿者识别的承诺、不允许专利权人自我登记的承诺。正因如此，它不能说是明确的或全面的。

最好的安排也许是一个由政府机构或非政府组织（NGO）维护的真正的公共存储库。该存储库应该对所有专利承诺开放并允许专利权人登记。如果存储库由国家专利局或办事处主办，则承诺可以直接连接到专利登记，便于给承诺定位并向任何审查相关专利登记的人提供通知。美国专利商标局（PTO）和欧洲专利局（EPO）已经有可搜索的电子数据库，为了容纳承诺的信息，该电子数据库通过合理努力可以做出令人信服的修改。此外，美国专利商标局和欧洲专利局都启动了与领先标准制定组织的合作项目，以协调各方所做的努力，包括将更多标准相关信息纳入现有技术数据库。

---

① See, e. g., *Broadcom Corp. v. Qualcomm*, Inc., 501 F. 3d 297, 314 (3d Cir. 2007) (explaining that a patent holder's intentionally false promise to license standards-essential patents "harms the competitive process by obscuring the costs of including proprietary standards technology in a standard and increasing the likelihood that the patent rights will confer monopoly power on the patent holder").

② See, e. g., In re Rambus, Inc., F. T. C. Dkt. No. 9302 (Liability Opinion, July 31, 2006), rev'd, 522 F. 3d 456 (D. C. Cir. 2008), cert. denied, 555 U. S. 1171 (2009); In re Dell Computer Corp., 121 F. T. C. 616 (1995).

因此，这些专利局将是主办和维护这些公开承诺存储库的合乎常理的机构。①

设计公共登记时要考虑的一个关键问题是登记中包括的信息种类和数量。一个专利承诺公共存储库至少应该包括有关承诺者、受影响的专利以及承诺本身特征的信息。至于形式，专利权人应该被允许以其选择的方式描述其专利承诺，但也应包括某种形式的分类体系（可能基于第二章所述的类别），以便能够有效地检索和分析大量记录在案的承诺。

一旦专利承诺进行了登记，就应该加盖日期和"冻结"，以避免对做出承诺时其所包括的范围产生歧义。当然，如果专利权人后来希望更改或者撤回该承诺，只要此种更改和撤回同样是加盖日期并被登记的，登记处就不应禁止，而且所有以前的承诺版本仍然可以公开地获取。

五　结语

专利承诺是在各行各业和不同背景下做出的。然而，仔细分析这些承诺既明确了它们之间的共性，也明确了差异。本文建立的四部分分类法，根据引导专利权人做出专利承诺的经济和其他动机，将专利承诺进行分类。在此基础上的分类揭示了这些专利承诺对其他市场参与者的预期效果。即，诱导型承诺和集体行动承诺都试图诱使市场参与者采纳会使承诺者受益的特定技术平台，并基于该选择而进行投资及放弃其他机会。因此，这些承诺应被视为法律上可强制执行的或"可执行的"义务。自愿约束承诺，从某种程度上讲，它们意图影响政府参与者批准交易或使专利权人的行为免除责任，也应该是可执行的。然而，慈善责任承诺的做出主要是为了实现

---

① Other possible hosts include the World Intellectual Property Organization (WIPO), a United Nations organization that already handles numerous international intellectual property matters, and the International Organization for Standardization (ISO). The drawbacks of these organizations as compared to national patent offices are the lack of a linkage to existing patent databases. Finally, a new international organization could be created to host and maintain such a repository.

社会目的和积极的公共关系利益，在市场参与者中不会引起同一水平的行动或容忍，因此不能被认为是可执行的。

为了尽量避免费解、暂时性和转让的缺陷（这些缺陷可能影响在当今的环境下做出的可执行承诺），本文建议设立一个由政府管理的专利承诺登记系统。虽然政府强制登记存在许多行政和法律问题，由标准制定组织进行的强制登记仅仅能够解决一部分可执行承诺的问题，但是自愿登记制度加上登记的政府激励措施可以取得显著的效益。

书　评

《知识产权研究》第二十六卷
第 249～252 页
© SSAP，2020

艺术法的魅力[*]

吴璞韵[**]　周　辰[***]

艺术概念的宽泛性常常使人们摸不着头脑，历史上的古圣先贤们都给出过不同的答案。当我们试图拿起法律武器解决日常生活中发生的艺术相关问题时，它不仅给研究者和从业律师们带来了巨大的困惑，也极大增加了法官在司法实践中的判案难度。随着中国艺术市场的蓬勃发展，文化艺术品交易中的问题逐渐让人们意识到，在中国"依法治国"的大背景下，法律成了处理矛盾和冲突的重要手段，但中国在相关方面研究的缺失使现实中的司法存在不少争议。

《艺术法：案例与材料》（*Art Law：Cases and Materials*）由伦纳德·杜博夫（Leonard DuBoff）和迈克尔·默里（Michael Murray）共同编著。伦纳德·杜博夫是美国艺术法专家，美国法学院协会艺术法分会创始人和前任主席，前美国国家艺术基金会特别项目协调员，参与了美国众多法律的起草工作，并于 1990 年获得了俄勒冈州赫赫有名的艺术奖。他先后在美国斯坦福大学法学院、俄勒冈州波特兰市的刘易斯和克拉克大学、美国黑斯廷斯民事宣传学院任教，也是荷兰海牙国际法学院的授课老师，同时还是一位资深的从业律师。这使他无论在理论还是实践上对艺术法领域都有相当

---

[*] 《艺术法：案例与材料》原名 *Art Law：Cases and Materials*，出版社：Wolters Kluwer，2017年3月29日，第2版，由伦纳德·杜博夫（Leonard DuBoff）和迈克尔·默里（Michael Murray）共同编著。

[**] 中央美术学院艺术管理与教育学院艺术法方向硕士研究生。

[***] 中央美术学院艺术管理与教育学院艺术法方向硕士研究生。

深刻的见解。伦纳德·杜博夫教授早年是一位工程师，1964 年他因爆炸失去了右手，左手严重受伤，双眼也几乎失明。但上帝是公平的，在医院治疗期间，他遇到了他的爱人，如今的杜博夫夫人，也是住院期间细心照顾他的护士——玛丽·安。在妻子玛丽·安的帮助下，伦纳德·杜博夫教授以优异的成绩完成了在法学院的学习。玛丽·安是杜博夫教授生活上的伴侣，也是杜博夫办公室的管理员、版权和商标法的法律助理。数年来，二人一直致力于为艺术法研究寻求更光明、更美好的未来。除法律研究外，杜博夫夫妇对生活也充满了热情，他们曾为几百位朋友主持了莎士比亚的戏剧会，深受邻居欢迎。当中国最早对美国人开放时，夫妇二人便来到中国，以中国的大美河山为背景拍摄了一部名为《骑行中国》（*cycling through China*）的纪录片，许多明星因参与拍摄也来到中国，节目于 1985 年在美国迪士尼频道播出。更值得一提的是，杜博夫夫妇还获得了美国国家鹰童军协会（the National Eagle Scout Association）颁发的杰出金鹰奖（Distinguish Eagle Scouts），以表彰他们对培养鹰童军做出的贡献。他们的奉献精神像蝴蝶效应一般影响着周围的人，如伦纳德·杜博夫和夫人玛丽·安喜欢的两句箴言说的一样，"智慧往往不会出现，但我们不该因它迟到而将其拒之门外。""没有行动的梦想，无济于事。"目前，杜博夫教授已撰写了 16 本有关艺术法的书籍，其法律评论文章和出版物多次被美国法院和评论员引用。杜博夫教授可以说是当之无愧的艺术法领域的先驱和最具影响力的艺术法学者之一。

《艺术法案例与材料》对艺术法研究方向学生、相关从业律师而言是非常权威的学习和参考资料。本书共分为三个部分："艺术家的权利"（"Artist's Rights"）、"艺术市场"（"Art Markets"）和"国际艺术和文化财产的保护"（"International Preservation of Art and Cultural Property"），从艺术法的主体——法律和艺术家出发，到艺术市场机制的评估，最后站在国际法的角度来探讨文化艺术作品的保护。作者会如书名所提到的向读者解释说明最重要的相关案例，此外，作者的"注释和问题"部分也起到抛砖引玉之用，引发了读者的进一步思考。

第一部分"艺术家的权利"论述了与艺术家密切相关的版权、商标、发表权、宪法第一修正案、精神权利和经济权利。比如：书中提到的雇用作品案例，根据美国版权法，雇员创作的作品的版权都属于雇主。如果一家非营利组织雇用一位雕塑家为其创作一件主题为无家可归者的作品，此时，这位雕塑家是版权法中所说的雇员吗？事实上，版权法所指的雇员在这里应该根据与代理有关的法律来理解。所以雕塑家并不是版权法上所指的雇员，他/她对作品拥有版权。在"注释和问题"中作者指出了当事人双方签订合同的重要性，提出了一个重要的概念：拥有艺术作品并不意味着享有版权，同理，拥有版权也不意味着拥有艺术作品，这二者在商业和资产分配上是分离的。基于此，作者抛出另一个发人深思的问题：如果雇主或者艺术委员会向艺术家提供创作所需工具、材料和工作场所的帮助，那么最终成果的归属又该如何？

在第二部分"艺术市场"里作者探讨了市场中画廊、销售商、私人客户、拍卖行和博物馆所涉及的法律问题。比如艺术家与艺术机构需签订有效的买卖合同（如：明确指出谁拥有作品的版权），拍卖行和博物馆在寄售、购买作品时需要注意的如：出售者是否占有作品，受托人或者主管人个人的私自交易行为、利益冲突、收购政策的制定、藏品的管理和交换等。这些环节都存在亟须解决的法律问题。

第三部分"国际艺术和文化财产的保护"中作者就战争和暴力对艺术的破坏和抢夺，分析了国际法律和条约在保护文化艺术作品方面的问题。例如，在保护本地美国人和土著居民创作的作品时，怎样的人才有资格成为该受到保护的群体一员呢？

《艺术法：案例与材料》这本书不只是对艺术法的概述，作者基于多年的教学和从业经验对案例进行的深度剖析和思考，不论对于学生、老师还是相关从业者都具有重要的参考价值，给人更深入的认识和启发，使人们真正了解艺术法的丰富内涵，并在面对相关问题时能更好地理解和应对，找到合适的处理办法。图1为《艺术法：案例与材料》封面。

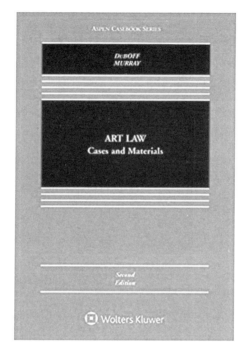

图1 《艺术法：案例与材料》封面

征稿启事

1. 《知识产权研究》是有关中国艺创、信息生产、传播、利用法律研究的学术出版物，自1996年创刊以来，至今已经出版了25卷，自2019年起，计划每年出版两卷。《知识产权研究》追求学术旨趣，鼓励信息自由，采用匿名审稿制度，摒弃论资排辈，仅以学术价值为用稿依据，尤其欢迎在校研究生、博士后和青年研究者投稿。

2. 《知识产权研究》设"主题研讨""司法前沿""书评"等栏目，刊登多种体裁的学术作品。

3. 根据学术刊物的惯例，《知识产权研究》要求来稿必须符合学术规范，在理论上有新意，或在资料的收集和分析上有所贡献；"书评"以评论为主，其中所涉及的作品内容简介不超过全文篇幅的四分之一，所选作品以近年出版的本领域重要专著为佳。

4. 请勿一稿数投。投稿一个月内作者会收到评审意见。

5. 来稿需为作者本人的研究成果。请作者确保对其作品拥有版权并不侵犯其他个人或组织的版权。译作者应确保译本未侵犯原作者或出版者的任何可能的权利，并在可能的损害发生时自行承担损害赔偿责任。

6. 《知识产权研究》热诚欢迎国内外学者将已经出版的专著惠赠本刊编辑部，备"书评"栏目之用，编者、作者共同营造健康的学术研讨氛围。

7. 作者投稿时，电子稿件请发送至：zhoulin@ cass. org. cn。

8. 《知识产权研究》鼓励学术创新、探讨和争鸣，所刊文章不代表本集刊编辑部立场，未经授权，不得转载、翻译。

9. 版权声明：《知识产权研究》集刊整体版权属于编辑部，该整体版权可授权社会科学文献出版社，在合同范围内使用；此举是为满足我国信息化建设的需要，实现刊物编辑和出版工作的网络化，扩大本集刊与作者信息交流渠道。凡在本集刊公开发表的作品，视同作者同意接受本声明。作者如不同意本声明，请在来稿时注明。

10. 由于经费所限，本集刊实难承担稿酬支出，文章刊出后，编辑部即向作者寄赠当期刊物两本。

稿件体例

一、稿件第一页请按以下顺序自上而下依次载明：篇名、作者名（译作顺序：原作者名、译者名）、摘要、关键词（三到五个，最多不超过五个）、正文。在正文末尾，请附上英文标题、英文作者名和300—500字的英文摘要。

二、正文内各级标题均按照首起退两格，按"一""（一）""1.""（1）"的层次设置。其中"1."以下（不包括"1."）层次标题不单占行，与正文连排。

三、各类表、图等，均分别用阿拉伯数字连续编号，后加冒号并注明图、表名称；图编号及名称置于图下端，表编号及名称置于表上端。

四、注释体例

（一）本刊提倡引用正式出版物，根据被引资料性质，作者原创作品格式为作者姓名＋冒号＋篇名或书名；非原创作品在作者姓名后加"主编""译""编译""编著"等字样。

（二）文中注释一律采用脚注，每页单独注码，注码样式为①②③等。

（三）非直接引用原文时，注释前加"参见"；非引用原始资料时，应注明"转引自"。

（四）数个注释引自同一资料时，体例与第一个注释相同。

（五）引用自己的作品时，请直接标明作者姓名，不要使用"拙文"等自谦词。

（六）具体注释举例

1. 著作类

① 郑成思：《知识产权法》，法律出版社，1997，第3页。

2. 论文类

① 马长山：《智能互联网时代的法律变革》，《法学研究》2018 年第 4 期。

3. 文集类

① 谢怀栻：《论著作权》，载中国版权研究会编《版权研究文选》，商务印书馆，1995，第 52—71 页。

4. 译作类

①〔美〕伦纳德·D. 杜博夫、克里斯蒂·O. 金：《艺术法概要》，周林译，知识产权出版社，2011，第 148 页。

5. 报纸类

① 参见刘树德《增强裁判说理的当下意义》，《人民法院报》2013 年 12 月 27 日，第 5 版。

6. 古籍类

①《汉书·刑法志》。

7. 辞书类

①《元照英美法词典》，法律出版社，2003，第 124 页。

8. 外文注释

作者（书出版年份）：《书名》（版次），译者，卷数，出版地：出版社。

作者（文章发表年份）：《文章名》，《所刊载书刊名》，期数，刊载页码。

author（year），*book name*，edn.，trans.，vol.，place：press name.

author（year），"article name"，*journal name*，vol.（no.），pages.

Table of Contents & Abstracts

Abstract: Scientific and technological achievements are results of practical value arise out of scientific researches and technological development. The transformation of scientific and technological achievements is a fundamental approach of transforming science and technology into realistic productive forces, a significant means to speed up the implementation of innovation-driven development strategy, to promote the integration of science and technology with economy and to embody the value of scientific researches.

This paper is based on judicial perspective and takes the practical judicial disputes over the transformation of scientific and technological achievements as the research objective. Features of the relevant cases will be clarified to analyze especially the ownership of scientific and technological achievements, problems arise from technology development, transfer, implementation and other issues such as trade secrets protection. Practical suggestions will also be put forward in order to improve and perfect the transformation of scientific and technological achievements and to promote the realization of the value of those achievements.

Keywords: Scientific and Technological Achievements; Empirical Analysis; Disputes

Studies on the Guidelines of Legal Affairs for the Transformation of Scientific and Technological Achievements

Huang Min / 31

Abstract: This paper is based on the studies commissioned by the China Law Association on Science and Technology. This paper aims to provide guidance for scientific research institutes, universities, enterprises, and scientific researchers on transferring their achievements into actual productivity by investment, incubation, establishment of a business and other related activities.

Keywords: Intellectual Property Rights; Scientific and Technological Achievements; Transformation of Scientific and Technological Achievements

Viewing the Design of Enterprise Intellectual Property System from the Rules of Science and Technology Innovation Board
—the Core Technical

Zhu qi / 47

Abstract: According to the SEC, Shanghai Stock Exchange and other regulatory bodies, core technical personnel and the core technology developed or mastered by them have become an important factor in the listing of science and technology enterprises. The purpose of this paper is to sort out the relevant provisions for core technical personnel in the Science and Technology Innovation Board and to analyze how enterprises should design intellectual property system for core technical personnel through the concepts, identification and legal characteristics of them. From a practical point of view, the system design of core technical personnel of enterprises mainly covers the disputes over the ownership of intellectual property rights, non-compete restriction and protection of trade secrets. This paper will make as comprehensive legal suggestions as possible on the basis of legal provisions and practical experience.

Keywords: Science and Technology Innovation Board; Core Technical Personnel; Intellectual Property; Non-compete Restriction; Trade Secrets

The Strategy and Countermeasure of Intellectual Property of Science and Technology Start-up Enterprises

—Investigation Report of Some Enterprises in Nanjing University Science Park

Tang Danlei / 59

Abstract: Establishing and improving intellectual property management strategies and systems are fundamental for science and technology start-ups to maintain their steady development. In cross-border cooperation, properly handling of intellectual property issues is essentially important for companies to protect and improve their own strength in the international market. Based on the research on some enterprises of Nanjing University Science Park, this paper summarizes the problems encountered by technology-based start-ups in both the process of formulating intellectual property strategies and cross-border cooperations between enterprises. Correspondingly, some proposals are provided in this paper.

Keywords: Intellectual Property Strategy of Enterprises; Start-up Enterprise; Technology Enterprise; Cross-border Cooperation between Enterprises

"Patent Transformation" Requires High Quality Service

—Interview with Mr. Gao Fei, President of Lezhi Xinchuang (Beijing) Intellectual Property Consulting Limited Company

Chong Yun / 69

Abstract: Through interviews with Intellectual Property service agency, this article provides readers with unique perspectives on the issue of "protection and transformation of patents". The interview mainly involves patent protection and litigation of enterprises, patent transformation of universities, and the status quo of the intellectual property service industry. The interviewee Gao Fei, the president, extends his views on ways for enterprises to protect and transform patent, the reasons and countermeasures for universities to raise the rate of transformation of scientific and technological achievements, and the status quo and prospects of the intellectual property service industry.

Keywords: Intellectual Property Service Agency; Intellectual Property Service Industry; Transformation of Patent; Transformation of Scientific and Technological Achievements

Studies on Information Law

Hold the Author's Bottom Line and Return to the Original Intention of Legislation

—Reflections on Liang Xin and Zhongba Copyright Case

Zhou Lin / 83

Abstract: This article based on the copyright case, Liang Xin and the Central Ballet Company (hereinafter referred to as "Zhongba"). The focus of the case is how to determine the validity of the license agreement (signed by Liang Xin and Zhongba) in June 1993 on the adaptation of the movie *Red women soldiers* into a ballet, and the agreement on a 5,000 yuan reward. The Copyright Law of 1990 specifically has a chapter on "copyright licensing contracts." Article 23 stipulates: "The use of works of others shall conclude a contract with a copyright owner or obtain a license." This is a step in which, in general, the use of copyright must be concluded. Then, Article 26 stipulates: "The validity period of the contract shall not exceed ten years." From this provision, the legislator's intention is very obvious, that is, by setting the contract ceiling (the longest no more than 10 years), protect authors who are in a weak position at the time of contract formation. These articles gave the plaintiff the legal bases to have won the case. After analyzing the trend of the copyright law in China (deleted the above mentioned two articles, the authors' position in dealing contracts become even more weak), the author made a comparative studies on the copyright laws among Germany, the United States and China, focusing on the position of the authors when they sign a copyright contract and the changes of the clauses of commissioned works in China's copyright law. By pointing out the weakening the status of authors in copyright contract legislation and justice, the author calls for learning from experience of German copyright legislation, strengthening the contractual status of the authors, and better embodying the legislative spirit of copyright law-to encourage the originality.

Keywords: Comparative Study; Copyright Law; Copyright Contact; Copyright Law Reform

The New Californian Data Protection Law
—In the Light of the EU General Data Protection Regulation

Thomas Hoeren Stefan Pinelli
translated by Tang Danlei / 93

Abstract: The introduction of the California Consumer Privacy Act of 2018 (CCPA) will have a profound impact on California and many companies around the world. This article is intended to provide an overview of the content of the act—the interpretation of the various legal definitions in the act, the specific scope of the act, the rights and obligations of the parties and the various avenues for rights relief. While introducing the new California law CCPA, this article will compare the similarities and differences between the CCPA and the other representative data protection law GDPR (EU General Data Protection Law). In addition, this article will provide guidance for companies around the world for their data protection strategies.

Keywords: Personal Data; Data Protection; CCPA; GDPR

Postgraduate Forum

Physiocracy: The Balance of Interests in the Perspective of Author's Rights

Wei Qi / 111

Abstract: The 1777 decree, as the starting point of the system, deeply influenced by the physiocracy, broke the monopoly of the guild, encouraged the free competition, paid attention to the protection of the natural rights of the author, and united the pursuit of personal interests into the maintenance of social interests. The idea of French physiocracy, which interwoven with the concept of natural rights and utilitarianism, still influenced the formation and development of the French Author's Rights system after the French Revolution. The decrees enacted after the French Revolution, which not only recognized and expanded the public domain, but also added the provisions of the deposit procedure, as well as the relevant judicial jurisprudence made in the 19th century for the recognition of the status of the main body of non-natural people, are reflected that France has strayed from the path of entirely natural rights under the influence of the physiocracy. The balance of interests between incentive creation and public access is actually the core of the Author's Rights system and the copyright system. In the Web 2.0 era, faced of rapid technological change, the balance of interests of the traditional copyright system still has a core value, and technology problems should be resolved by technology.

Keywords: Physiocracy; 1777 Decree; Public Domain; Balance of Interests; Web 2.0

The Copyrightability and Its Standards of Literary Character

—Enlightment of American Law

Mao Liwen / 136

Abstract: Literary character is completely described by words in literary works, which is comprised of name, characteristic and literal expression. Literary character with originality can be protected by copyright law because it corresponds to the definition of "Works", which are the object of Chinese Copyright Law. Besides, according to the Idea-Expression Dichotomy, literary character falls into the scope of expression because the three constituent elements are expression rather than idea. Therefore, literary character has copyrightablility independent of its carrier literary works. As for the standards to judge the copyrightability of literary character, after learning the Distinct Delineation Test and the Story Being Told Test through American judicial practice, we can draw a conclusion that it is a key point to determine certain quantity of literal expression and uniqueness of character as judgment standards. Combining with the requirement of originality in our copyright law, the judgment standards of copyrightability of literary character are originality, certain quantity of literal expression and uniqueness.

Keywords: Literary Character; Copyrightability; Judgment Standard; American Comparative Law

On the Infringement of Reference Elements in Non-deductive Fan Works
Zang Jiaxing / 153

Abstract: Along with the development of the network, on the one hand, Fan Works have produced commercial value that can not be ignored. On the other hand, Fan Works have also caused the problem of infringement by drawing on the elements of the original works. Although non-deductive works of the same kind do not infringe upon the right of adaptation and reproduction of the original works as a whole, it is undeniable that copyright law protects the original expression of the works, and even seemingly unrelated works may have infringement disputes. Non-deductive works of the same kind may infringe copyright even if only a small amount of original elements are used for reference. Based on this, this paper takes *Paramount Picture v. Axanar Production Corp* as an example to analyze the infringement of "reference elements" involved in non-deductive works of the same kind, so as to provide reference for the settlement of disputes between non-deductive works of the same kind and the original works in our judicial practice.

Keywords：Non-deductive Fan Works；Reference Elements；Infringement Issues

Judicial Frontier

Commercial Rights Protection of MV Works and Illegal Collective Management

Wang Hao   Cao Ke / 171

Abstract：Responding to the view in some judicial decisions which defined massive copyright claims of MV works initiated by other entities as illegal collective management activities, this article distinguishes between large-scaled copyright claims made by collective management organization and other entities. Based on the comparison of the two modes, it is demonstrated that the licensing methods and objects of these two modes have different focuses. The coexistence of both modes can effectively reduce the transaction and rights protection cost of copyright owners, and ultimately ensure that right sholder can maximize the benefit of their works through the mutual supplement of the two markets.

Keywords：MV Works；Massive Copyright Claims；Illegal Collective Management

Frontier of Foreign Law

Analysis of Article 13 About "Filtering Clause" of the EU Copyright Dinective

Chen Lu / 191

Abstract：On March 26, 2019, the European Parliament passed the EU Copyright Directive (Draft), which is a major innovation to the EU copyright system and a subversive adjustment to the interest relationship between the traditional content industry and online content sharing service provider. The legislative orientation of the civil law system to protect authors' rights has a great influence on the EU legislation. The EU has responded positively to the interests of authors through the EU Copyright Directive. One of the most typical and controversial clauses is the "filtering clause" —Article 13, which is the use of copyright protection information by online information sharing service providers.

Keywords: the EU Copyright Directive; The Online Content Sharing Service; Filtering Clause

Patent Pledges

Jorge L. Contreras
translated by Jin Song / 200

Abstract: At present, an increasing number of firms are making public pledges to limit the enforcement of their patents. In doing so, they are entering a little known middle ground between the public domain and exclusive property rights. The best-known of these patent pledges is FRAND commitments, in which patent holders commit to license their patents to manufacturers of standardized products on terms that are "fair, reasonable and non-discriminatory". But patent pledges have been appearing in settings well beyond standard-setting, including open source software, green technology and the life sciences. As a result, this increasingly prevalent private ordering mechanism is beginning to reshape the role and function of patents in the economy.

Despite their proliferation, little scholarships have explored the phenomenon of patent pledges beyond FRAND commitments and standard setting. This article fills this gap by providing the first comprehensive descriptive account of patent pledges across the board. It offers a four-part taxonomy of patent pledges based on the factors that motivate patent holders to make them and the effect they are intended to have on other market actors. Using this classification system, it argues that pledges are likely to induce reliance in other market actors should be treated as "actionable" and legally-enforceable, whereas others should not. And to provide the highest degree of market awareness and enforce-ability for actionable pledges, it calls for the creation of a state-sponsored public registry of patent pledges, accompanied by suitable governmental incentives for registration.

Keywords: Patent Pledges; FRAND Commitments; Classification System; Patent Registration

图书在版编目（CIP）数据

知识产权研究. 第二十六卷／周林主编. -- 北京：
社会科学文献出版社，2020.1
ISBN 978 - 7 - 5201 - 5929 - 6

Ⅰ.①知…　Ⅱ.①周…　Ⅲ.①知识产权 - 中国 - 文集
Ⅳ.①D923.404 - 53

中国版本图书馆 CIP 数据核字（2020）第 004751 号

知识产权研究（第二十六卷）

主　　编／周　林

出 版 人／谢寿光
组稿编辑／刘骁军
责任编辑／关晶焱
文稿编辑／张春玲

出　　版／社会科学文献出版社·集刊分社（010）59367161
　　　　　　地址：北京市北三环中路甲 29 号院华龙大厦　邮编：100029
　　　　　　网址：www. ssap. com. cn
发　　行／市场营销中心（010）59367081　59367083
印　　装／三河市尚艺印装有限公司

规　　格／开　本：787mm × 1092mm　1/16
　　　　　　印　张：17　字　数：244 千字
版　　次／2020 年 1 月第 1 版　2020 年 1 月第 1 次印刷
书　　号／ISBN 978 - 7 - 5201 - 5929 - 6
定　　价／78.00 元